浙江省哲学社会科学规划课题重点资助项目
"温州海外移民群体研究"
最终成果之二

教育部人文社会科学研究规划基金项目
"民国时期意大利华商群体研究"
阶段性成果

离散与凝聚

温州海外移民群体研究

徐华炳 / 著

上海三联书店

温州海外移民研究的
现状、方法与价值

("温州海外移民系列研究"总序)

朝鲜李朝郑麟趾所撰《高丽史》记载,永嘉人文士周佇在北宋真宗景德二年(1005)去往高丽,后入仕并定居二十余载至病死。南宋末年俞文豹撰《吹剑录外集》又载,南宋理宗淳祐年间(1241—1252),永嘉人王德用赴交趾经商,拜见国王,遂留之。南宋度宗咸淳五年(1269),永嘉人正念(号大休)东渡日本,创立了日本禅宗二十四流之一的佛源派。南宋末代宰相永嘉人陈宜中,在元世祖至元十九年(1282)抗元失败后,从占城避居暹罗以图借兵复国,终未成,后卒于彼。南宋洪迈所撰《夷坚支志》称,"温州巨商张愿,世为海贾,往来数十年,未尝失时。"元成宗元贞元年(1295),永嘉人周达观随元使团出使真腊,逗留一年许始返,后著成《真腊风土记》。……尽管温州人移民海外历史十分悠久,但在20世纪以前并未形成群体性移民现象,其影响力和被关注度甚微。清末,出洋的温州人渐增。陈翰笙的《华工出国史料汇编》辑录:"有洋人到浙江温州府平阳县地方,招有十几人同到澳门"。甲午之战后,一批才识之士受富国强兵和实业救国思想的影响,或为追寻革命或为深造学术,负笈日本或留学欧美,构成了近代温州海外移民中的特殊群体。进入20世纪,温州地区在20世纪20年代初期和20世纪30年代初期掀起两次移民高潮。但总体来看,在1949年前的温州海外移民总数并不多,即使统计到改革开放伊始,也仅5万人左右。

　　基于 20 世纪 80 年代以前的温州海外移民规模和发展历程，以及受当时的中国侨务政策等因素影响，温州海外移民研究在 1949—1982 年间未能获得正式起步，几乎处于空白状态。进入 20 世纪 80 年代，时任中国侨联负责人洪丝丝前瞻性地提议，"最好有人研究温州、青田华侨史"。1982 年，在全国和浙江省两级侨联领导的关心与重视下，根据省侨联关于编写浙江华侨史，并确定以温州市和青田县为试点的有关部署，温州市各级侨联从抓侨乡侨情调查入手，把编写侨史、侨志提到了重要议事日程，从而真正全面启动了温州海外移民研究。在改革开放政策的指引和温州地区新一轮出国高潮的带动下，温州海外移民研究取得了重大进展。国内外专家学者发表和出版了不少论著，温州师范专科学校（1987 年升格为温州师范学院，2006 年合并入温州大学）、温州市侨办分别在 1982 年和 1994 年成立了相应的华侨华人研究机构，这些都有效地提升了温州"侨"的知名度和学术影响力。

　　纵观近 40 年来的温州海外移民研究，可以概括出如下特点：

　　第一，研究内容上侧重于温州移民历史和移民社会两大方面。其中移民史领域的代表性成果有《温州华侨史》（1999）、《文成华侨志》（2002）、《乐清华侨志》（2007）和《瑞安市华侨志》（2011）；王春光、李明欢则运用社会学相关理论对温州海外移民社会问题进行了深度研究。他（她）们的《移民空间的建构：巴黎温州人跟踪研究》（2017）、《巴黎的温州人：一个移民群体的跨社会建构行动》（2000）、《移民的行动抉择与网络依赖——对温州侨乡现象的社会学透视》（2002）以及《"相对失落"与"连锁反应"：关于当代温州地区出国移民潮的分析与思考》（1999）等，可以说是目前为止关于温州海外移民研究颇有影响的学术论著。但是，较之于温州侨乡分布的广泛性和规模化的新移民，国内学界对温州侨乡社会及其变迁和新移民群体的研究还是不够深入，已有成果普遍缺乏理论范式。

　　第二,研究队伍以中青年学者为主,以本土学者或温州籍人士居多。陈学文、周望森和章志诚无疑是温州华侨华人研究领域的开拓者、老前辈,是名副其实的侨史专家,温州各地方侨联的一批老同志、老归侨和文史爱好者也是温州华侨史研究方面的有生力量。但这些研究人员早已退休,虽偶尔撰文叙事,很显然处于心有余而力不足的超负荷状态。近年来,随着温州海外移民规模和影响力的不断增大,涉足该领域研究的学者逐渐增多,特别是出现了不少中青年研究者。如夏凤珍(2013,等)、徐华炳(2012,等)、张一力(2015,等)、严晓鹏(2013,等)、郑乐静(2015,等)、陈翊(2017,等)和周欢怀(2014,等)。他(她)们对包括温州在内的浙南海外移民进行了不同视野下的分析,出版了有一定份量的学术论著。著名国际移民研究专家李明欢称浙江华侨研究群体为"浙江军团(2019)"。然而,由于温州地缘和血缘尤其是语言的特殊性,使得许多非温籍学者难以涉足或无法长期探究温州华侨华人问题。

　　第三,研究成果以资料性居多,高水准、原创性的学术论著屈指可数。就数量而言,改革开放40余年来,与闽、粤等移民大省的研究成果相比,温州海外移民研究所取得的成果也是有一席之地的,重要侨乡都曾做过深浅不一的调查研究,甚至有了专门的《世界温州人》杂志。然而,这些侨乡调查成果大多数为资料性的,人物传略、文集、纪念册和画册等描述性成果占相当比例,低水平、重复性的文章居多。在《华侨华人历史研究》等专业类核心期刊发表的论文仍不多,突破性与创新性的成果甚少。此外,对移民迁入地的研究不够平衡。大多数专家学者把研究的重点放在欧洲各国,对于南北美洲的温籍华侨华人研究较少,对于大洋洲及东南亚各国的研究则更少,至于对近年来移民中东及非洲的温州人,关注者只有一二。在人物群体的研究上,也存在不均衡性。作为精英人士的侨领、侨界知名人士、侨团负责人和华侨望族，的确是广大华侨华人中的佼佼者，具有代表性。但要重视对他们的研究并不等于可以忽视绝大多数普通侨民的研究，否则会给研究者产生误导，给社会造成不良导向。

面对温州海外移民研究的匮乏与不足，我们期望包括温州本土研究者在内的国内外学者在今后能够充分挖掘和利用乡土资源，做好侨乡社会的研究，做透乡土特色的侨乡文化研究，重点探究温州新移民群体的兴起、发展与未来趋势，以发挥"侨"牌效应，以支持侨乡发展战略。同时，为了促进该领域研究的长足发展，未来要跳出温州人的视角来研究温州人，要整合多重资源以保障研究的常态化、团队性和学术性，要主动邀请国内外感兴趣的专家学人来研究，要借鉴国外的成熟移民理论和其他侨乡研究的丰富经验，精诚合作，推动温州海外移民研究迈向更高阶段。

当然，回顾温州海外移民研究的学术史，最需要反思的是学术成果与为数众多及贡献力也不小的海外温州人的客观事实之间的不相对称。因此，为了尽早改变这种理论与实际之间的"剪刀差"现象，尽快提升海外温州人研究的层次，必须找准研究视角、运用科学的研究方法，以获得真正的理论价值和务实的实践价值。

首先，温州海外移民研究需要确立多维视角。

综合研究的视角："新的综合"研究，即学科之间的交叉、渗透和融合，越来越成为当今学术研究的普遍趋势，多学科交叉研究在移民课题上同样存在切实需求和巨大潜力。尤其在欧美国家，众多的学科关注移民问题，使其渐成一个显研究。温州海外移民群体同样属于一个多学科研究对象，它广泛涉及历史学、社会学、民族学、人类学、民俗学、经济学、心理学、文化学等学科的理论方法。因此，以综合研究的视角对温州海外移民问题进行跨学科研究，才能深刻认识问题本质，才能揭示出温州海外移民的演进历程与未来走向。

　　比较研究的视角：认识一个事物通常是借助于与其他事物比较来实现的，只有比较才有鉴别，只有鉴别才有认识。温州海外移民研究应当是一个极其复杂的认识过程，必然离不开比较。因此，要充分运用单项比较与综合比较，横向比较与纵向比较，求同比较与求异比较，定性比较与定量比较等，对温州海外移民问题进行比较研究，以期获得温州海外移民与全国移民的共同点，找出与其他地区移民的相异性，取长补短、协同发展，完善温州海外移民研究。

　　创新研究的视角：移民实践的迅猛变化势必挑战现有的移民理论。近 40 年来，温州海外移民无论是规模、质量，还是影响力、凝聚力，都产生了很多新情况，研究却相对滞后。因此，对这些新现象与变化要开展实地调研和学理解释，对照历史，探究演变轨迹及未来发展，并运用多学科的分析工具与方法加以阐述，以形成原创性的理论，从而在强化现实价值的同时提升华侨华人研究的学术层次。同时，温州海外移民实践基础上的移民理论创新，既可以推动移民模式、移民制度、移民文化、移民管理体制与机制等方面的创新，又可以指导新的中国移民实践活动。

　　实证研究的视角：文献分析是华侨华人研究领域最早也是最通用的研究方法，但随着史料的不断挖掘以及新移民呈现的新特点增多，重视田野考察和实地调查成为移民研究的必然选择。实证性研究作为一种研究范式，在国内外移民问题研究中受到了前所未有的重视，并且已在提炼和建构移民理论方面发挥了积极作用。因此，在分析和研究温州海外移民问题的过程中，同样要通过大量的实证调查，获取丰富而实际的第一手资料，进而加以验证相关理论假设，达到对所研究问题的规律性认识。

　　其次，温州海外移民研究需要坚持四大原则。

　　宏观研究与微观研究相结合原则：在宏观层面上，要把温州海外移民连同中国海外移民置身整个全球性的国际移民大潮中去考量。在微观层面上，要清楚地解析出温州海外移民为何连绵不断，为何集聚欧洲，为何仍从事餐饮、服装、皮革等传统行业等问题的原委。也就是说，在中国迅速走向世界，在温州不断提高国际知名度的当代，不能仅仅从中国的历史、文化视角和需要来研究华侨华人问题，而必须从世界的历史与文化，从华侨华人侨居的国度、地区和全球化的角度开展相关研究。事实亦证明，正是在全球化发展所推动的国际人口迁徙的国际大环境影响下，温州海外移民人口才增加，分布区域才日渐广泛，移民质量才显著上升。

静态研究与动态研究相结合原则：任何事物都是相对静止和绝对运动的统一。移民既是在一定的时间、地点和条件下进行的活动，但不论是迁出地还是迁入地，又都要按照相对稳定的行为规范办理移民手续；移民既是相当数量的人口迁徙行为，但又是置业安家定居的行动。所以，要充分认识到海外移民的静态性和动态性。温州海外移民数量的急剧增长、移民方式的多样化和职业结构的变迁等事实证明，只有分析与研究温州海外移民的静态结构与动态趋向及其内在联系，才可能把握温州海外移民群体社会经济现象的全貌，才能保持温州海外移民群体研究理论的活力。

定量研究与定性研究相结合原则：定量研究与定性研究是从自然科学领域引入社会科学领域的两种对立的研究范式，两者所探讨的就是社会现象的量质两方面问题。温州海外移民作为一种复杂的人文社会现象，只有把定量研究与定性研究结合起来，才有可能真正揭示出其本质与内在发展规律。其中定量研究主要就是依据调查问卷采集现实资料数据，运用经验测量、统计分析和建立模型等方法来测定海外移民群体的各种行为和表达海外移民的变化规律；定性研究主要是对收集的文献、数据进行认真判断和科学统计，并以文字描述为主，对海外移民现象的本质及其发展的具体规律做出理论性的解释和说明。

理论研究与实际应用相结合原则:"从学术研究扩展到政策实践领域的研究"是改革开放后 40 多年来华侨华人研究的特点之一。同样,理论探讨温州海外移民问题不是也不可能是为研究而研究,最终目的全在于应用。概括地说,研究温州海外移民及其理论至少包括两个任务:一是通过对温州海外移民群体的研究,揭示其形成和发展的具体规律,为建立适合中国国情、具有中国特色的整个移民理论体系服务;二是通过对温州海外移民群体存在的现实问题的解析,更好地为海外移民服务,为社会主义现代化建设和改革开放服务。

最后,温州海外移民研究需要实现两大价值。

理论价值:研究温州海外移民的理论价值主要有三个方面:其一是通过温州海外移民的研究,进一步形成具有温州特色的海外移民理论研究的框架体系,并通过国内和省际海外移民群体的比较研究,从中找出共同点和不同点,以揭示温州海外移民发展的具体规律;其二是通过温州海外移民的研究,根据移民实践所提出的一系列问题,从理论与实践的结合上对中国移民理论做出新的概括和总结。其三是通过对温州海外移民的研究,为建构具有中国特色的移民理论体系添砖加瓦,乃至为国际移民学的海洋增加有价值的一滴。

实践价值:研究温州海外移民的实践价值既不能脱离世界和中国移民发展的状况,更不能脱离温州发展的实际。这种实践价值可以概括为三个方面:其一是围绕温州海外移民侨居地特别是其在海外社会生活来开展研究,将有利于促进温州侨胞与居住国居民之间的文化融合,以提高他们的社会地位、社会福利和幸福指数,从而发挥海外温州人在住在国的积极作用;其二是围绕祖籍地温州侨乡进行调查研究,不但有利于推动温州侨乡建设,使温州侨乡建设的经验上升到理论,而且对政府的公信力建设和完善华侨相关政策具有积极意义；其三是通过对温州海外移民群体的整体研究，为温州涉侨部门创新侨务工作，提高知侨情、护侨益、赢侨心、聚侨力的服务水平和管理能力提供智力支持与技术参考，从而促进内外温州人的良性互动，更好地把"温州人经济"转化为"温州经济"。

　　总之，开展温州海外移民研究，要以深入、系统、全面地考察温州海外移民的实践为目标，要以揭示这一特殊群体形成与发展的具体规律及其趋向为归宿点，并针对其存在的问题提出对策建议，从而推动内外温州人互动，以更好地为温州经济社会发展服务。

〔本部分内容曾发表于《浙江学刊》2011年第1期，现略有修改。〕

自序：一位温州移民
眼中的温州移民

温州不是我的祖籍地，但与温州结缘却始于 90 多年前。这要归功于有胆识闯荡国内的温州一份子：我的曾外祖父。20 世纪 20 年代初，迫于生计的永嘉大箬岩农民钱启木携妻带子，担挑箩筐，翻山越岭，经处州、婺州、严州，一路乞讨、做短工，最后落脚杭州桐庐的乡村。外祖父在家里排行老大，7 岁时便出继给当地吴姓富家，放牛、做长工。而吴氏亦非本地人，其祖籍平阳，光绪年间经处州迁居桐庐，繁衍至今。外祖父兄弟五个，二弟后因躲避国民党抽壮丁，返迁永嘉定居，传承钱氏家香火……近世以来的温州人，就是那样走遍千山万水、来来回回，人口在流动，乡情在接续。温州人之所以"敢于抗命、乐于吃苦""喜流动好迁移"，与其所承载的区域文化不无关系。我发表的《区域文化与温州海外移民》(2012)认为，"温州文化实质就是一种移民文化，至少是一种富含移民因子的区域文化""具有移民特质的温州文化集传统性与开放性、地域性与民族性于一体，是动态的、迁移性的多元文化形态，是具有全球化趋向的区域文化。温州改革开放 30 多年的实践证明，这种文化是温州走到中国发展前列的首要'资本'，也是温州人在海外闯荡、生存、创业的最大财富。"受此文化熏陶的温州人"不认天命，自谋生路，冒险出国""爱商重商，精于生意，争当老板""尊家庭家族，崇祖消费存在非理性""逐利又仗义，爱抱团又倔强自负"。

我算不上地道的温州人，但却是标准的新温州人。这个"新"

归功于耐劳又精明的温州一份子：我的岳父母。1994 年,我与妻子在浙师大邂逅,校园恋爱三年。某日,她的一位温州同乡突然问道,"你与××谈恋爱,是不是想出国啊?"我当时完全不知其所云之意,但强烈地感受到"出国"在温州人心中的向往度。1995年,我第一次踏足温州,初见未来的岳父母。20 世纪 70 年代后期,小学毕业的岳丈被安排为村里的"赤脚医生",开始从事个体医生职业。40 余年来,他与目不识丁却能够看懂他所开处方的岳母,一直守着开设在自家的一间诊所。忙忙碌碌、精打细算,花费大半辈子的积蓄却"心甘情愿"地交给蛇头,只为送妻姐妻弟移居法国和葡萄牙。数年后,他们又毫无怨言地照顾起国外送回来的年幼孙辈……当代的温州人,就是这样不怕千辛万苦、任劳任怨,岁月在延伸,亲情在维系。

我应该称得上是温州移民的后代,也是温州的移民,更有意义的是我研究温州海外移民。或许是在大学里结识了温州籍妻子的原因,本科毕业论文"印度尼西亚华人同化的阻碍因素和出路"就是涉及华侨问题的。1997 年,于是放弃了回杭州地区工作的机会,正式成为温州外来移民。此后,与妻家的那些七大姨八大姑的华侨亲戚接触、闲谈、交流,成为生活常态。他(她)们出国前或是皮鞋厂小老板或是企业职工,或是在校学生或是待业状态,20 世纪 80 年代中后期至 21 世纪初,以非法移民、家庭团聚、旅游滞留、劳务输出和留学不归等途径,留居欧洲各国,成为遍及世界 130 多个国家和地区的天下温州人的一员……改革开放以来的温州人,就是如此千方百计、联亲络友,足迹在扩展,乡谊在增厚。我曾经以我妻家的旅欧亲友为案例,实证分析了他们的出国路径、职业变迁和融入状况等问题(2015)。其中发现,"经济因素并非唯一移民原因,逃难、虚荣心理也导致了移民行为",而出国者所构建的"移民链的各代之间并非都是直系的血缘关系,旁系的移民支链呈现枝繁叶茂之势。""以家庭团聚、协助经商、劳工申请、投资商贸以及留学等为主的合法移民，与持假证件、伪造证明、非法滞留、偷渡等非常规移民共同构成了中国人移民海外的渠道。当然，这些移民路径并不是截然孤立的，而是相互交叉、相互重叠的，有的甚至是互相促进的。"

　　21年来，尤其近十年，我的研究对象几乎涉及千逾年来各个时期走向海外的温州人。相应地发表了《周伫移居高丽考》(2016)《近代温州开埠与温州海外移民》(2014)《温州乐清海外留学移民特点解析》(2013)《温州苍南华侨的历史贡献及其特点》(2013)，以及《温州海外移民形态及其演变》(2010)等。他们多半为普通民众，亦有社会各界名流。但无论是宋代漂洋过海而辅助高丽的周伫或教化东洋的正念，还是近代创建新加坡温州会馆的陈岳书或归国创业的留日学生李墨西，抑或当代为中国公共外交和温州各领域发展添砖加瓦的侨领侨团，他们都凭着温州人特有的灵泛，在千言万语中化难解阻，彰显温州气派。尤其是作为"海外温州人的核心代表"的"温州海外移民世家"(2015)是其中"最有影响力的群体"。"他们用口袋、用脑袋，凭财力、凭智力，服务侨社、贡献侨居国，心系祖国、奉献祖籍地，在中外经济、公共外交、社会公益等诸多领域，发挥着不可替代的巨大作用。"

　　随着对温州海外移民研究的深入，我和一些志同道合的同事组建了"华侨华人研究所""浙江侨乡文化研究中心"等科研机构。同时，主动或受邀到海内外参加学术会议，开展相关学术交流。2008年10—11月，因澳大利亚莫纳西大学意大利研究中心的邀请，我前往意大利和法国做短期学术调研。在意大利最"中国"的城市普拉托、佛罗伦萨、法国巴黎等城市，亲见了温州华侨的各色生活——充满乡味却依然艰辛，目睹了温州华侨开办的各类店铺商场——海外版的"前店后厂"，见识了温州华侨社会的各种生存法则——弘义融利。身临温州海外移民的活动场域，感悟颇多甚深。回国后，先后从实地调查、游记随笔和友好城市等角度刊发了《意大利普拉托的中国移民社会调查》(2009)《普拉托，您好!》(2012)和《"孪生兄弟"普拉托》(2014)三篇文章。那次赴欧考察海外温州人，虽距今已有10多年，但有一事仍记忆犹新，就是以温州人为主要成员的普拉托华侨华人联谊会为解决当年的经济危机给当地华侨带来的系列问题而邀请中国驻佛罗伦萨总领事。那天，联谊会正副会长悉数出动，分工行事。挑选高档轿车，早早从普拉托前往佛罗伦萨。在总领馆几乎静候一整天，真诚打动总领事，以至其下班后专程到普拉托与联谊会座谈。而面谈又被温州籍华侨安排在最有档次的香港大酒店，变成与总领事共进晚宴，餐后又喝咖啡续聊。席间，联谊会成员们一边频频举杯，一边细细汇报欧洲经济危机导致华侨赚钱日渐艰难以及回国签证繁琐等诸多情状。约至凌晨，终让总领事允诺些许，联谊会负责人方亲自驾车送其回佛城。我荣幸受邀参加晚宴，现场体悟了温州华侨为人处世的智慧与谋略，真切感受到温州海外移民的抱团力量。

海外温州人不仅闯荡他国，也多有奔赴台港澳。2016年9月初，我借苏州大学博士交换生的机会前往中国台湾地区东吴大学访学，继而有幸置身台湾地区观察温籍台胞的生活实态。因为何朝育何纪豪父子对温州大学的慈善情缘，我曾写过一篇小文《何朝育的"温州情结"与慈善人生》(2009)，所以出发前就计划去拜会何家。9月10日，我带着试一试的心态，加了何纪豪先生的微信。当时正值中秋节前夕，他又有事在温州。结果，完全未曾想到，他不仅立即回复了我的微信，而且专程打电话来祝福佳节快乐，表示"温州来的，都是朋友，有需要，尽管告知"。那时，一股浓浓的温州家乡情油然而生。在台湾地区半年，他时常电话、微信联系我，还帮我安排好与台北温州同乡会交谈，数次邀请我参加他与友人的聚餐，甚至邀我和同事到他母亲家做客。拜会黄美英女士，让我这个研究温州移民的温州移民后代真切地领悟了温州海外移民的真情厚谊和重情崇义。那天，她专门梳妆着旗袍，沏了上好的"东方美人"茶等候我们。叙聊间，她不仅念念不忘温州往昔，而且让我们坐在她身旁，一直紧握着我们的手。当我感谢何老先生和她对温州大学和温州慈善公益事业的支持时，她只是说，"尽一份力而已"！

　　像何氏这样关心温州家乡发展而乐善好施的海外温州人，自抗日战争以来举不胜举。而每次前往温州各地侨乡调查访谈，总是会不断地看到海外赤子捐建的学校、医院、桥路、亭塔，那一方方镌刻着海外华侨桑梓情怀的碑刻无不一次次地触动我。经过数年的采集、整理，2016 年 10 月终于出版了弘扬他们爱国爱乡精神的专著《温州海外移民与侨乡慈善公益》。本书在对温州华侨慈善捐赠进行文本解读的基础上，考察温州侨胞捐资兴学情形，再以县域、人物为中心展开个案分析与实证研究，通过研究温州海外移民历史进程中有代表性的县、乡来把握温州侨乡慈善公益事业的传承与发展，初步构建起一个近代以来温州侨乡社会慈善公益事业发展的谱系。总之，80 多年的实践表明，"海外温州人虽旅居不同国家、从事不同职业，生活水平不等、文化宗教差异，但随其经济实力的增强和社会地位的提高，对亲人眷属和祖籍地的感情却越来越浓厚。他们通过投资兴业、捐资助学、参与城市发展、兴办社会公益、助推新农村建设和扶助弱势群体等方式，表达赤子情怀。"为了尽量还原海外温州人维桑系梓的历史场景，我们依据地方历史文本(如报纸、族谱、碑刻、自传等)开始全面梳理温州华侨华人的慈善公益事迹。目前，60 余万字的第一辑——《〈温州侨乡报〉所刊慈善公益事》已由中国华侨出版社出版。温州华侨不仅热心温州的慈善捐赠事业，也助推温州经济社会的直接发展，积极创办侨资侨属企业。我曾翻阅各县市大量档案，撰成《扩张与失衡：改革开放以来的温州侨资侨属企业研究》一文(2015)，统计发现其规模一度达到 2000 多家，改革开放以来"经历了平稳发展、快速增长和转型升级三个阶段，呈现出数量急剧扩张、投资形式多样化、科技含量不高、区域分布不均和行业结构失衡等特点。"

在温州工作21年，知晓、遇见、访谈过数百上千的温州海外移民。或是古籍文献中的华侨先辈，或是档案文本里的难侨华工，或是新闻媒体上的侨界翘楚，但不管你我是否认识，他（她）们都千真万确地书写着温州故事，不管你我是否理解，他（她）们都情真意切地秉承着温州精神。在中国台湾地区"国史馆"，众多的温州籍华侨名字尘封在民国档案里；在《台湾日日新报》上，也有不少的温州籍乡民渡海做苦力的新闻。掀开卷宗或细读报章，他们在海外的奋斗史跃然纸上，字里行间都是他们的创业史。正如我刊发在《温州日报》的《温州人海外奋斗史：筚路蓝缕　创业海外》中所描述的，"出国，对近代温州农村许多人来说，实为生活所迫而寻找的一条求生之路。"但是，"一代代温州人为了更好地生存和发展，不惜背井离乡，闯荡异国他乡，书写了一部可歌可泣的温州人海外奋斗史"。在为瑞安华侨历史博物馆征集史料的过程中，当考证那一本本老护照，翻看那充满传奇故事的异国皮箱，端详那一样样老物件……我为海外温州乡贤的坚毅与魄力而啧啧称赞，为海外温州人的聪明与才智而拍手叫绝。

尽管在学术上，我已结总结了《温州海外移民研究的现状、视角、原则和价值》（2011），以及开展《区域移民及其社会研究的价值：以温州为例》（2012），但与温州移民血脉相连的我，没有理由停止书写温州移民。亦因此，整理近10年所发表的学术论文和所刊载的报端文章，辑录成《离散与凝聚：温州海外移民群体研究》，以作"温州海外移民系列研究"之二。

〔本部分内容曾发表于温州文史资料专辑《我与温州模式》（中国文史出版社2018年版），并被选登《人民政协报》（2018年11月29日，春秋周刊版）〕

目　　录

第三编　海外温州人群像

第四编　践行海外温州人研究

第一编　行走天下的温州人

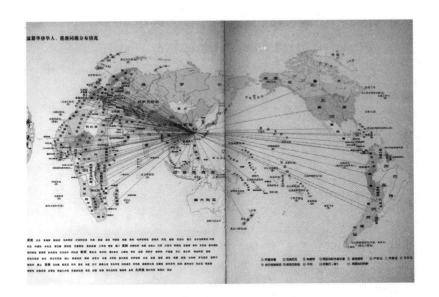

周佇移居高丽考

对于华人华侨史、中韩关系史和吴越地方史的研究者来说，周佇是一个绕不开的人物。他首开宋文士移民海外参政风气之先，是中国人移居朝鲜半岛的先驱之一，被载入多部东亚国际关系史论著中。但这些论著在谈及周佇时存在一个共同的现象：只是点到其人或是略述其事迹。史料记载的过于简略引发了学术界在有关周佇研究诸多问题上的分歧与质疑。不仅如此，由于国内尚未找到关于周佇的任何原始资料，使得中国学者们在理解高丽史料中周佇生平时出现偏差，甚至在其移居高丽的身份、年份和在高丽朝内政外交事务中所发挥的作用等方面存在一些讹误。鉴于此，有必要依据《高丽史》和《高丽史节要》等原始史料对周佇身份、移居高丽时间及其在高丽的活动事迹作出细致探讨。

一、周佇移居高丽的身份及时间考

周佇（？—1024），中国宋代文人。高丽穆宗（997—1009）时，随商船到高丽，结识高丽翰林学士蔡忠顺。蔡知其有才，密奏穆宗留之。穆宗按照蔡忠顺的荐举，授其为礼宾省主簿。高丽显宗（1010—1031）为避契丹入侵而南迁时，他因扈从有功，升任礼部侍郎，后官至礼部尚书。他文采出众，高丽致北宋的外交文书多出于其手。[①] 朝鲜李氏王朝郑麟趾著的《高丽史》有其传：

> 周佇，宋温州人。穆宗时随商舶来，学士蔡忠顺知其有才，密奏留之。初授礼宾省注簿。不数月，除拾遗，遂掌制诰。显宗避契丹南幸，伫[②]扈从有功，由是大显。骤迁礼部侍郎、中枢院直学士，历内史舍人、秘书监、右常侍，拜翰林学士承旨、崇文辅国功臣、左散骑常侍、上柱国、海南县开国男，食邑三百户。寻，进礼部尚书。十五年卒。性谦恭，工文翰，交聘辞命，多出其手，恩遇无比。[③]

然而，后人的一些论著在引证有关周佇的史料时，出现了许多理解性分歧和逻辑性讹误。其中最常见的问题是关于其移居高丽的身份和正式移居高丽的时间。

（一）周佇移居高丽的身份

学术界对此问题主要有两种说法：一说他是随船商人[④]，另说他是东渡文士。

---

① 杨保筠：《华侨华人百科全书》(人物卷)，北京：中国华侨出版社，2001年，第726页。

② "伫"通"佇"。除直接引述文字外，本书将"周佇""周伫"统一为"周佇"。

③ [朝]郑麟趾：《高丽史·穆宗世家》(卷三)，[韩]奎章阁本。

④ 如章志诚的《温州华侨史》(今日中国出版社1999年)，周瑞金的《青史不忘匡济才——刘绍宽及温州文化传统考略》(《文汇报》2002年6月8日)，胡晓慧的《温州人的经济性格及其成因分析》(《温州日报》2005年5月28日)和陈丽霞的《温州人地关系研究：960—1840》(浙江大学博士论文2005年)等认为周佇是到高丽经商。而凡子的《"温州模式"——四谈温州人》(《大陆桥视野》2005年第4期)，伍显军的《宋代瓯窑青瓷的新发现与研究》(《东方博物》2010年第2期)，杨轶清的《浙商的全球化生存》(《金融博览》2011年第12期)，王春红的《从形成原因分析温州区域文化的特性》(《电子科技大学学报(社科版)》2013年第4期)以及笔者的多篇文章直接将周佇身份界定为温州(永嘉)商人。在这些论著中，以海外商贸和区域经济为主题的尤为明显强调周佇的"商"味，这是非常不正确的。

　　判定周伫是随船商人的主要依据来源于《高丽史·周伫传》中的"随商舶来"之记载。《高丽史》与《高丽史节要》①同属高丽朝官方组织修撰之书,体例精审、笔法规范,史料来源可以互为补充和印证。两书在记录中国人移居高丽情形时,都会记载他们移居的时间、身份和动机等。其中,对入境的中国商人移民多以"宋商"直接标明,入境主要动机则都表述为"献土物"或"献方物",如:

　　　　庚子,宋商柳诚等四十九人来。(《高丽史·仁宗世家》)
　　　　丁丑,宋商林机等来,献土物。(《高丽史·文宗世家》)
　　　　戊寅,宋商毛罗、女真等来,献土物。(《高丽史·肃宗世家》)
　　　　九月,辛亥,宋商杨从盛等四十九人来,献土物。(《高丽史·文宗世家》)
　　　　十一月,庚戌,宋商洪保等二十人来。(《高丽史·文宗世家》)
　　　　宋商吴迪等六十三人持宋明州牒来,报徽宗及宁德皇后郑氏崩于金。(《高丽史·仁宗世家》)

　　同样,两部史书对入境的文士类移民也有详细地记录,但并未采取用"宋商"表明宋朝商人移民的记录手法,没有出现"文士×××"之类的表述,而是使用"随商舶来""随商舶"等明确表达是"跟随商人们前来"以区别于商人的文句。同时,对他们在入境前所取得的功名或他们在高丽朝的历任官职作一定的简介,如:

────────────

　　① 《高丽史节要》是1452年朝鲜王朝编纂的关于高丽的正史著作,是根据1451年成书的《高丽史》独立编纂并详细研究其中部分内容而成,具有很高的历史价值。

> 刘载，宋泉州人。宣宗时，随商舶来，试以诗赋，授千牛卫录事参军。（《高丽史·诸臣列传》）
>
> 金希碑，本群山岛人。其先随商舶，到开城留居，遂以为籍。初以监牧直补散员，累迁忠清道按察使，有清望，转将军。（《高丽史·诸臣列传》）
>
> 时宋进士王逢辰，随商舶而至，乞赴试，别赐乙科。（《高丽史节要·卷十三》）

比照上述两组史料可发现，高丽史书在记述宋代的商人和文士两类移民时，存在一个"潜规则"：对入境文士记录明显详于入境商人，并且对商人侧重记其抵达高丽时的情况，对文士则侧重记其留居高丽后的事迹。这种"重文轻商"的行为与当时高丽朝效仿宋朝的"文尊武卑"策略及重文轻商政策有很大关联。这在《高丽史》与《高丽史节要》都有例证，明确规定商人世代不许为官，甚至非常严格地区别对待客死异乡的商人和士兵。如：

> 二十七年正月，有司奏，"按令典，'工商家，执技事上，专其业，不得入仕与士齿。'"（《高丽史·卷七十五·选举志》）
>
> 六月，教曰，"军人在防戍，若在道死者，官给敛具，函其骨，驿送于家。其商旅死而不记姓名本贯者，所在官司权厝，志其老壮形貌，勿使疑误。"（《高丽史节要·显宗世家》）

基于上述的史料，可以判定，依据"随商舶来"一条而推断周伫为随船商人，并不能成立。其实，《高丽史》对周伫身份是有非常确切记录的：

> 八年春正月，……是岁，宋温州文士周伫来投，授礼宾注簿。

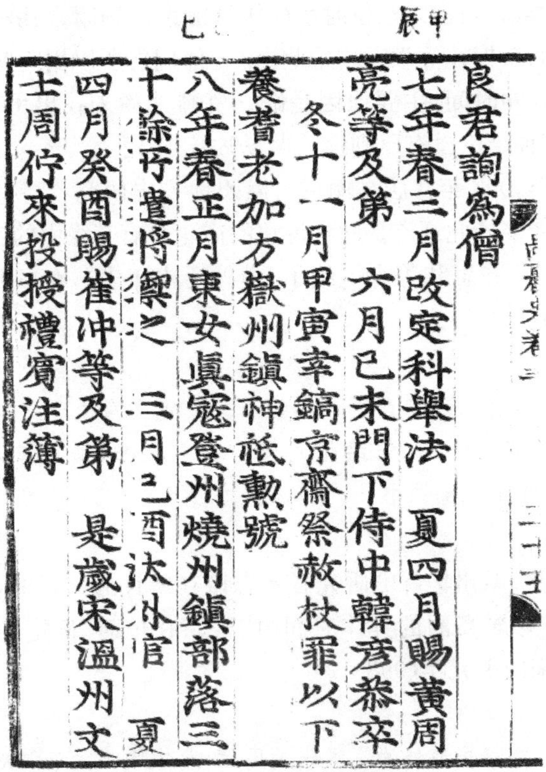

甲辰　乙巳

良君詢爲僧
七年春三月改定科舉法　夏四月賜黃周
亮等及第　六月己未門下侍中韓彦恭卒
冬十一月甲寅幸鎬京齋祭赦杖罪以下
養耆老加方嶽州鎮神祇勳號
八年春正月東女眞寇登州燒州鎮部落三
十餘所遣將禦之　三月乙酉汰外官　夏
四月癸酉賜崔沖等及第　是歲宋溫州文
士周佇來投授禮賓注簿

图 1 《高丽史》载周佇移居事

这亦是“东渡文士”一说的最有力佐证。[①]

所以，整部《高丽史》对周佇身份的记载，并没有也不可能出现“宋商周佇”之类的表述，仅提及“随商舶来”，而是按照记载文士移民的风格对其入境后的为官事迹做了着墨。

（二）周佇正式定居高丽的时间

以往研究者对此问题所持的观点大体可以划分为四类：

① ［朝］郑麟趾：《高丽史・穆宗世家》（卷三），［韩］奎章阁本。

第一类,高丽穆宗在位时期移居高丽说。杨昭全、陈瑞赞、潘承玉、吴潮、李梅花等学者均采此说。[①] 他们之所以用时间段来划定周伫赴高丽时间,主要原因是缺乏资料或尚未找出可靠证据。很显然,这种结论没有原则性错误,却过于宽泛。

第二类,998 年移居高丽说。温州地方史研究者特别是华侨研究爱好者多持此观点。此种说法的产生是有其缘由的:

1958 年,齐思和等人主编了《中外历史年表》,在"998 年"编目中撰述到:

> 998 年[高丽]改西京为镐京。改定文武两班及军人田柴科。穆宗在位时,宋温州人周伫随商舶来,命以官,久掌制诰,后终于礼部尚书。[②]

1991 年,温州华侨史研究者章志诚在解读此条目时,选择性地[③]将周伫移居高丽的具体时间由"穆宗在位时"确定为穆宗元年,即"北宋咸平元年(998):

> 最早移居海外的是温州人周伫,北宋咸平元年(998 年),随商船到高丽(今朝鲜),结识高丽人蔡忠顺,蔡知其才,乃密奏高丽

---

① 杨昭全、孙玉梅的《朝鲜华侨史》,陈瑞赞的《东瓯逸事汇录》,潘承玉的《中华文化格局中的越文化》,吴潮的《浙江籍海外人士研究》和李梅花的《10—13 世纪宋丽日文化交流研究》。

② 齐思和、刘启戈、聂崇岐、䕞伯赞:《中外历史年表(公元前 5000 年—公元1918 年)》,北京:生活·读书·新知三联书店,1958 年,第 389 页。

③ 这种选择除学术性的理解不到位外,可能更多地是情感性认识所致。因为作为国内最早研究温州华侨史的专家之一的章先生是温州本土学者,他在解读"穆宗在位时",倾向性地择取了穆宗元年(998 年)作为周伫移居高丽的时间。而笔者作为温州海外移民研究者,在以往的研究成果中也以一种附和的心理,默认了此观点,进而影响到国内其他学者的认知。借此作检讨。

王廷,"留之,初授礼宾省主簿。不数月,除拾遗,遂掌制诰。"①

随后,"998年说"被一批从事温州地方史的温籍本土学人所大范围采纳,以致为温州市下辖区县所编的多本华侨志所公认而在学术界广泛流传。

"时段说"与"998年说"形成的共同特征是未充分掌握和全面解读朝鲜王朝的原始史料,由此产生片面性的结论。事实上,全面考证《高丽史》和《高丽史节要》,可以清晰地查寻出周伫正式移居高丽的确切时间。

> 八年春正月,东女真寇登州。烧州镇部落三十余所,遣将御之。……是岁,宋温州文士周伫来投,授礼宾注簿。(《高丽史·三卷·穆宗世家》)
>
> 八年(宋景德二年,契丹统和二十三年)春正月,东女真寇登州。烧州镇村部落三十余所而去,遣将御之。……是岁,宋温州文士周伫来投,授礼宾注簿。(《高丽史节要·卷二·穆宗世家》)

第三类,宋真宗景德二年(1005年,高丽穆宗八年)移居高丽说。杨通方、杨渭生等持此观点:

> 对投化的中国文人武士,高丽朝廷除授予官职外,一般还赐与衣物、田庄。1005年,宋温州文士周伫投化高丽,被授予礼宾注簿。1013年,宋闽人文士戴翼投化高丽,被授予儒

---

① 章志诚:《温州华侨历史概况》,载温州市政协文史资料委员会编:《温州文史资料》(第7辑),温州:内部刊印,1991年。

林郎守官令，并得赐衣物、田庄。（杨通方，1993）①

　　宋真宗景德二年（1005，高丽穆宗八年），温州文士周伫随商船到高丽，学士蔡忠顺知其有才，密奏留之。初授礼宾注簿，其后官至礼部尚书。（杨渭生，1994）②

　　"1005 年说"同样获得了不少学者的支持，引述此观点的论著以华人华侨研究领域的工具书为代表。如杨保筠主编的《华人华侨百科全书·人物卷》，周南京主编的《世界华侨华人词典》等。

　　第四类，宋景德三年（1006）移居高丽说。此说见载于朝鲜茅亭李源益所编的《纪年东史约·高丽纪·卷四》：

　　　　丙午九年，景德三年，命举才堪治民者。

　　　　初，王患内外学教渐随，令十道师长，奖劝生徒，逐年荐举。至是，令文班、常参以上各举才堪治民者一人，视当否以赏罚之。时，宋温州人周伫随商舶来，蔡忠顺知其才密奏留之，遂掌制诰。③

　　这则材料虽有"景德三年"的明确时间表述，但述及周伫内容时，又出现一个模糊时间概念"时"。那这个"时"究竟是与"景德三年"一致的确切时间点还是一个大致的时间段？对此，再进一步剖析：

　　关于高丽穆宗颁布求贤诏书的记载，可从多部信史中获得证实。《高丽史》载：

　　　　穆宗九年四月诏："文班常参以上，各举才堪治民者一

---

　　①　陈玉龙、杨通方、夏应元、范毓周：《汉文化论纲：兼述中朝中日中越文化交流》，北京：北京大学出版社，1993 年，第 222 页。

　　②　转引自沈善洪：《韩国研究》，杭州：杭州大学出版社，1994 年，第 100 页。

　　③　[韩]韩国国史编撰馆：《纪年东史卷约》，http://db.history.go.kr.

人,视所举当否,赏罚。"①

《高丽史节要》同样记录了此事:

> 九年(宋景德三年,契丹统和二十四年)……,夏四月,令
> 文官六品以上各举才堪治民者一人,且曰:"所举可赏并赏,
> 举者罚亦如之。"②

《高丽史》与《高丽史节要》不仅都记载了周佇来投时间和穆宗颁布求贤诏书的具体年份,而且完全吻合。两部史书均为官修,在厘清同一历史事件的年份时,不可能犯相同错误,亦不会自相矛盾。所以,《纪年东史约》所指"时"应当理解为时间约数,据此也即可排除"1006年说"。

综上,依据《高丽史》与《高丽史节要》等原始史料及其分析,可以确定周佇正式移居高丽的时间应为高丽穆宗八年(宋真宗景德二年,1005年)。

二、周佇留居高丽事迹考

周佇移居之际的高丽社会正处于一种内外交困的境地:契丹不断寇略,使高丽王朝不堪其扰,只得求援于宋王朝。然未果,最终向契丹乞和。宋太宗淳化五年(994),高丽奉契丹正朔。自此始,王氏高丽与契丹维持了18年的宗主关系。

在此期间,高丽内政同样极不稳定,尤其是体现在王位更替上:成宗去世后,穆宗继位,献哀王太后皇甫氏摄政。穆宗在位

---

① [朝]郑麟趾:《高丽史·选举志三》(卷七十五),[韩]奎章阁本。
② [朝]春秋馆:《高丽史节要·穆宗世家》(卷二),[韩]奎章阁本。

时，外戚干政又十分猖獗，相继引发了金致阳和康肇干预废立之事。① 此宫廷内斗使得穆宗被杀，大良君王询继位，是为显宗。②

面对如此复杂情势，高丽朝的最高统治者对"投化人"的现实需求性和潜意识的安全感开始渐增。一是因高丽本国人才缺乏，在屡颁求贤诏令的情况下，自然欣闻文教发达的宋国文士来投；二是因高丽长期饱受外戚和豪强势力干扰的痛苦，故而对类似宦官却忠诚度高、不易结党的外来移民情有独钟。在这样特定的历史环境里，有技艺又安全的宋国文人武士移民无疑容易获得高丽统治者的青睐和倚重。周伫即为典型代表，他因辅助穆宗和支持显宗有功而历事两朝，不断地得到拔擢和重用。

（一）军事活动：拱卫有功

高丽穆宗八年，温州文士周伫开始了他留居朝鲜半岛的生涯。显宗二年（1011 年，宋大中祥符四年）春正月，高丽遭逢国难，契丹军大举入侵，"契丹主入京城，焚烧大庙，宫阙民屋皆尽。是日王次广州。丁丑，扈从诸臣闻拱辰等被执，皆惊惧散走，惟侍郎忠肃张延佑、蔡忠顺、周伫、柳宗、金应仁不去。"③④在许多人都选择离散或是叛逃的危难情形中，周伫以一个外来"投化人"的身份，难能可贵地决定扈从显宗，使其忠勇果敢的一面得以在显宗面前充分表现。《朝鲜史·下卷·置关防》对于此役有更为详细地记载，并高度表彰了周伫在此役中的气节与贡献：

---

①　金致阳，新罗后裔、高丽文官。康肇，穆宗和显宗时期的大将。1009 年，金致阳火烧高丽王宫后威胁要杀死穆宗篡位。穆宗速传北部戍边将领康肇救驾。康到开城后立刻处死了金致阳及其支持者。与康为敌的大臣们随即散布谣言说康要谋反篡位。穆宗得知后开始策划杀康。康便下令其部下杀死所有与其为敌的人，包括穆宗王诵。随后，康肇立穆宗堂叔王询为王，即高丽显宗。

②　王仪：《赵宋与王氏高丽及日本的关系》，台北：台湾中华书局，1980 年，第 36 页。

③　[朝]郑麟趾：《高丽史·穆宗世家》（卷三），[韩]奎章阁本。

④　[朝]郑麟趾：《高丽史·显宗世家》（卷四），[韩]奎章阁本。

先是河拱宸使契丹。为所留。辰谋归国。外示忠勤。人以告契丹主。鞠之。辰以实对。且曰臣于本国不敢有二心。辞气益厉。遂被害。契丹人称之。契丹又屡遣使求铁州龟州龙州郭州诸城。又攻通州郭州。互有胜败。知终不可敌。乃奉正朔。通使聘。

上将军金训崔实等。率卫兵作乱。王伪游西京。拟汉高云梦之游。遂诛之。乃罢三司御史台。置金吾台都正署。使武臣常参以下兼文职。自是武臣布列台阁。朝纲紊乱。邯赞崔沆周佇等矫正之。内外以宁。农桑屡熟。称为中兴。①

此役虽是高丽王朝经历的一场大劫,但周佇等人在变乱之中表现出来的忠诚度却得到见证。周佇除了在战乱中彰显忠诚外,在战后拨乱反正、整肃朝纲过程中的行为更得显宗垂青,并形成高度的互信。由此可知,周佇对高丽达到"内外以宁,农桑屡熟"的中兴盛况的贡献,是不可小觑的。显宗事后论功行赏,周佇再得拔擢,官升礼部侍郎,"以蔡忠顺为秘书监,朴暹为司宰卿,周佇为礼部侍郎,中枢院直学士韩昌弼为合门通事舍人。"②

(二) 文教事业: 修史定制

显宗四年(1013 年,宋大中祥符六年)九月,周佇再得显宗赏识,委以大任:奉命修撰高丽国史,并再度编修历代文集中因契丹入侵所焚毁部分。"以吏部尚书参知政事崔沆监修国史,礼部尚书金审言修国史,礼部侍郎周佇、内史舍人尹徵古、侍御史黄周

---

① [日]吉备西村:《朝鲜史》(下卷),[日]独头山熊译,上海:点石斋书局,光绪29 年,第 6 页。
② [朝]郑麟趾:《高丽史·显宗世家》(卷四),[韩]奎章阁本。

亮、右拾遗崔冲并为修撰官。"①由此始，周伫与崔沆、金审言、黄周亮等人合作，编纂高丽太祖到第七代穆宗止的七代实录。最终完成于德宗年间，共三十六卷。②

　　在制度建设方面，新罗曾效仿唐制，高丽也在相当长时间内借鉴和模仿宋朝制度。宋制对高丽影响最能体现在高丽科举制的建立与完善，而双冀、周伫在其中的贡献不可低估。

表1：高丽仿效宋制略举表③

建制年份	高丽制度	宋朝制度
983	制定三省、六曹、七寺、十二牧	其中中枢院采用枢密院制度
993	置常平仓、义仓	采中国防荒平粜办法，参考宋朝实例办理
1094—1106	修正礼法	以《开宝正礼》为范本
1145	铸定"三韩通宝"等铜钱	参考宋朝铸钱范式

　　显宗五年（1014年，宋大中祥符七年）四月，周伫奉命担任科举主考官，"秘书监周伫知贡举取进士赐禹贤符等十一人及第"，为高丽选拔官吏人才。韩国学者金台俊对周伫等人在制定和实施科举制度中所做的贡献给予详细点赞：

　　　　在制定和施行科举制度中，贡献最大者要数双冀、王融、周伫等人。双冀原为后周官吏，……专司文柄。参与科举事业并作出众多贡献的另一个人是王融。……后来宋温州人

---

　　① ［朝］郑麟趾：《高丽史·显宗世家》（卷四），［韩］奎章阁本。
　　② 卓见国：《韩国高丽朝私学十二徒之研究》，载宋晞编：《史学论集》，台北：中华文化大学出版部，1983年，第815页。
　　③ 此表据王仪的《赵宋与王氏高丽及日本的关系》所制。

周佇、闽人胡宗旦等相继东来。显宗时同中国来往文书多出周佇之手(《益斋集》)。周佇是随商船来的,经蔡忠顺荐举,获得显宗信任,授以翰林学士功臣名号,升进为礼部尚书。据传,周佇甚能文翰,但保存至今的作品只有收入《东文选》卷四的《入宋奉表》一篇。①

在此值得注意的是,金台俊认为周佇遗文仅有《入宋奉表》一篇,但经中国学者黄纯艳考证后,认为还有一篇为《本国入宋进奉起居表》。②

(三) 外交领域:文书多出其手

周佇擅长文书,尤其表现在外交文书的撰写方面。出其之手的高丽致北宋的外交文书不仅文采出众,而且措辞相当得体,堪称古代外交文书中的上乘之作。因为周佇作为一个由宋室入高丽的"投化人",身份有些许尴尬。在处理外交问题时,他既要考虑自己身份的特殊性,又要以大局为重,协调好两国之间的立场与关系。为此,他运用谨慎而礼貌的措辞,有效地处理了这个两难问题。他既不妄自菲薄,"素非越断之俦",也不失对宋朝的友好示意,赞曰:"盖世之功高三代,动天之德振九法。"这在他仅存的两篇遗文中可得佐证:③

(入宋)进奉表

臣讳言。修德而来远人。明君之至化。去危而就有道。达者之良规。依仁既协于朝宗。作贡盍陈于任土。中谢。

---

①　[韩]金台俊:《朝鲜汉文学史》,张琏瑰译,北京:社会科学文献出版社,1996年,第43页。

②　黄纯艳:《高丽史史籍概要》,兰州:甘肃人民出版社,2007年,第229页。

③　周佇的两篇遗文均收录入李氏朝鲜的徐居正主持编纂的《东文选》。该文选是李氏朝鲜(1392—1910)初期一部专选东国(朝鲜古代自称中原以东)诗文的总集。

窃念臣扶桑旧境。孤竹遗基。礼让修身。早忝卫多之号。衣冠具体。素非越断之俦。自上祖之改家。继忠诚而许国。一枝一叶。皆袭汉封。乃子乃孙。迭遵周道。夙夜匪懈。风雨不渝。执心虔奉于九重。屈指已经于七代。岂谓顷因邻敌。来耀兵威。抑陈为子之仪。强有夺人之志。事非获己。礼且从宜。往来虽隔于华风。终始不忘于汉化。空极瞻天之目。殊无就日之期。中夏文明。斯实同于蚁慕。北方风教。盖恐迫于鲸吞。顾厄运以既周。感彼苍之垂祐。果绝交于朔野。荐纳欸于圣朝。双阙舞干。恩已容于向化。三韩执壤。礼敢后于来庭。故伸臣子之诚。用踵祖宗之旧。期尽忠而尽孝。显惟一以惟精。虽捧块持芹至陋。切陈于微恳。而楚鸡辽豕贻讥。难避于惭。愿念涉遐。俾彰事大。傥记言笔下。许甄录于梯航。则何陋乡中。载混同于文轨。

本国入宋进奉起居表

臣讳言节气，伏惟皇帝陛下，道法二仪，明齐两曜。盖世之功高三代，动天之德振九絃。近悦远来，圣化已覃于四海，节移律换，皇龄定保于千秋。凡居覆载之中，尽祷延洪之业。中谢。臣身居兔域，路隔鲸波。遥瞻祝寿之山，空知目断。仰望朝宗之水，不觉魂飞。臣伏限所守，不获躬诣阙庭，无任瞻天恋圣激切屏营之至。①

　　周佇的才华、处事能力和辅政绩效得到显宗的褒奖和朝臣的认同，而干练、忠诚的人格以及出色的才能亦使其度过了"恩遇无比"的一生。显宗九年（1018 年，宋天禧二年）六月，周佇由礼部侍

---

　　① ［朝］朝鲜古书刊行会编委会：《朝鲜群书大系续》（第十四辑）《东文选》，朝鲜古书刊行会，大正 3 年。

郎改任右常侍，"己亥，以李龚、周伫为左右常侍。"①显宗十二年（1021年，宋天禧五年）六月，"丁卯，以张莹为尚书，左仆射同内史门下平章事仍令致仕。周伫为翰林学士承旨。"②同年，随显宗赴玄化寺，"王如玄化寺，亲篆碑额。尝命翰林学士周伫制碑文，参知政事蔡忠顺制碑阴并书。"

蔡忠顺所撰《大慈恩玄化寺碑阴记》详述了此事，兹节录如下：

> 妙愿将周，嘉猷盉记。爰命翰林学士承旨周伫，碑之于初。续遣行吏部尚书、参知政事蔡忠顺，书之于次。便发良工刻字。毕而临欲其竖，此际圣上驾幸。亲览之日，稍符睿览，深悦圣情。于是亲就刊石之上，乃援笔以御札，碑之篆额。并其御书篆额四字，亦亲御札。不唯其御翰挥来，若龙盘于云水。抑亦其宸襟熠处，必龟感于光荣。是以随驾百寮，皆就拜睹，莫不共呼万岁，仰而叹之。③

至于玄化寺碑文内容，《海东金石苑》及《朝鲜金石总览》均有载：

> 玄化寺碑
> 碑阳由周伫撰文。首题"有宋高丽国灵鹫山新创大慈恩玄化寺碑铭"，额题"灵鹫山大慈恩玄化寺之碑铭"，末记年月天禧五年(1021)七月（正书　四十四行　行六十四字　额篆书　四行　行三行）。额下题"御书撰额"四字（正书）。碑阴

---

① ［朝］郑麟趾：《高丽史·显宗世家》(卷四)，［韩］奎章阁本。
② ［朝］郑麟趾：《高丽史·显宗世家》(卷四)，［韩］奎章阁本。
③ 任继愈：《中华传世文选》，长春：吉林人民出版社，1998年，第35页。

由蔡忠顺撰并书。首题"高丽国灵鹫山大慈恩玄化寺碑阴记"，慧仁等刻，末记年月太平二年（1022）秋相月（行书　三十九行　行七十二字）①

显宗十三年（1022 年，宋乾兴元年）十月，"辛酉，以周伫为礼部尚书，李作仁为司宪大夫，金猛为中枢副使。"②显宗十五年（1024 年，宋天圣二年）五月，"庚戌，礼部尚书周伫卒。"③

纵观周伫一生，在动乱时期，他所展示出的睿智和忠诚得到了高丽王朝的长期肯定；而在和平时期，他又积极参与高丽的国史编修、改定科举、睦邻宋丽关系等一系列活动，既丰富和发展了高丽本国的文教事业，亦成为中韩两国历史上人员友好互动的明证与典范。

三、余论：朝鲜半岛华侨史研究的前景

朝鲜半岛华侨史研究是近 60 年来的一个新兴研究领域。现有学术成果主要集中在近现代部分，而对于古代朝鲜半岛华侨史的研究涉及甚少。回顾 20 世纪以来朝鲜半岛华侨史的研究，可以发现国内外学界相关研究多属于概论性或宏观性的叙事，对朝鲜半岛华侨史上的重要地区、社团、人物以及相关重要史实的实证研究十分缺乏。尽管在整体上，"清代以前的海外移民的规模很小，历史文献中留下的有关记载太少"④，但就中国人移居朝鲜半岛而言，不仅早在周初就有殷族箕子率众去往朝鲜，成为中国

---

① 李仙竹：《北京大学图书馆藏古代朝鲜文献解题》，北京：北京大学出版社，1997 年，第 285 页。

② ［朝］郑麟趾：《高丽史·显宗世家》（卷四），［韩］奎章阁本。

③ ［朝］郑麟趾：《高丽史·显宗世家》（卷四），［韩］奎章阁本。

④ 葛剑雄：《中国移民史》（第六卷），福州：福建人民出版社，1997 年，第 512 页。

人移居海外的先驱，而且中朝陆境相连，移民便利，古代中朝关系融洽，移居朝鲜半岛的人数并不算少，北宋和元代尤为鼎盛，成分亦复杂。[①] 所以，古代朝鲜半岛华侨的被关注度及相应研究成果是与其客观活动程度不相称的。较之于东南亚华侨史研究现状，朝鲜半岛华侨史研究相去甚远。这是该领域研究的窘状，却又为研究者留下了很大空间，可以发展为华侨史研究的新增长点。

　　同时，个案材料的匮乏不仅是近现代朝鲜半岛华侨史研究的普遍问题，更是古代朝鲜半岛华侨史研究亟待解决的症结所在。从分析周伫的过程中可见，针对与之同时代的高丽华侨个案研究的论著颇少，比如双冀、胡宗旦、慎修[②]等的研究仍然匮乏。至今，学术界对于朝鲜半岛华侨中的文人、武士、商人、技师等各类群体的个案研究，大多只是着力于概括性描述和互相引证。而通过上述周伫移居高丽相关史实的考证可知，研究者们若长期、过于宽泛的描述或引证，不仅影响论著本身的权威性与说服力，更是不利于整个学术生态的良性循环。因此，深入挖掘原始资料，更大规模的搜集整理与分析古代华侨史，厘清个体与群体之间的辩证关系，通过深入剖析典型案例来拉近观察群体的视野，使两者互为表里、相辅相成，将会成为朝鲜半岛华侨史研究的一大必要选择，乃至成为弥补中国古代海外移民研究欠缺的必由路径。而近年来，日本、韩国、新加坡以及中国台湾地区的古代文书资料数据库的大量开放，使得发掘和补充此研究领域的新史料成为一种值得期待的可能。

---

　　① 　杨昭全、孙玉梅：《朝鲜华侨史》，北京：中国华侨出版公司，1991年，第7页。
　　② 　慎修，宋开封府人。高丽文宗朝时，随船舶去高丽，因"有学识，且精医术"，登第官至司徒、左仆射、参知政事。

温州人海外奋斗史略

自瓯越先民建东瓯国以来,温州境内人口迁徙不断,但从早期的徐人、越人、楚人和闽人入瓯,到"永嘉南渡"而来的北方士族,都属于迁入型移民。至唐宋,伴随中国封建社会的日趋繁荣和疆域的扩展,中外交往更加频繁,地处东南沿海的温州便有了与海外直接通商贸易的渠道,温州港亦一度成为官方指定的开放口岸。在此大背景下,温州人揭开了走向海外的序幕。

一、温州海外移民先驱

翻阅已知的典籍文献,有姓氏可考的第一位温州海外移民当属永嘉人周伫。据郑麟趾的《高丽史·周伫传》记载,北宋真宗景德二年,周伫放洋北去,到达高丽,后结识当地人并被举荐到高丽王朝而重用,弃商入仕,官至礼部尚书。这是华人至当时止在海外参政获得的最高职位,比泉州人刘载同样在高丽获得低于礼部尚书的司空尚书右仆职位要早一个世纪;南宋末年俞文豹的《吹剑录外集》又载,南宋理宗淳祐年间,永嘉人王德用因科举屡试不第,遂与胞兄德明"尽卖其田庐",携带物品,赴交趾(今越南北部)经商,拜见交趾国王。国王以其"才艺而敏"而"厚礼留之,遣乃兄国",其遂侨居交趾;又如南宋度宗咸淳五年,永嘉人正念随兰溪道隆东渡日本,传临济宗,历任禅兴、建长、寿福、圆觉诸禅寺住持,居日本约 20 年后圆寂。他创立了日本禅宗二十四流之一的佛源派(也称大休派),为镰仓禅宗的发展做出巨大贡献;南宋末代宰相陈宜中系永嘉人,在元世祖至元十九年抗元失败后,从占城(今越南南部)避居暹罗(今泰国)以图借兵复国,终未成,后卒于彼;此外,南宋洪迈在《夷坚支志》中称:"温州巨商张愿,世为海贾,往来数十年,未尝失时。"随元朝友好使团出使真腊(今柬埔寨)的永嘉人周达观在考察当地社会时,遇一位薛姓温州同乡,而彼则"居番三十五矣"。由此可推断,宋元之际,出洋、定居甚或与当地人共同生活繁衍的温州人渐多。

中古温州侨居海外为文字记载者数量虽不多,移居海外缘由或因经商或因谋生或因传教,然多为有才之士,并在他邦颇有建树。

1293 年,元政府撤销了温州市舶司,并入庆元(今宁波)市舶司管辖。温州港对外开放被迫停止,但中外贸易并未断绝,即便是实行严厉的"海禁""迁界"和闭关锁国政策的明清时期,温州人仍未中断为经商而闯荡海外的活动。如清代的孙雨人在《永嘉闻见录》中记载了温州人王谦光经营海外贸易的事迹,"王谦光者,温州府诸生也。家贫不能自活,客于通洋经纪之家。习见从洋者利不赀,谦光亦累赀数十金同往,初至日本,获利数十倍。"

二、近代温州移民百年沧桑

鸦片战争爆发后,中国国门洞开,恰遇资本主义发展上升阶段,西方各国急需大量廉价劳动力。于是,在国内落后的社会经济压力和西方列强的"招募"诱使下,包括温州在内的近代中国乡村里的人们迫于生计而再度远涉重洋。如 1847—1866 年间,"有洋人到浙江温州府平阳县地方,招有十几人同到澳门",再送到古巴哈瓦那种植园做苦力。1876 年,《中英烟台条约》要求开辟温州为通商口岸以及 1877 年瓯海关设立后,洋货长驱直入,洋行纷纷开设,极大地破坏了温州传统的家庭手工业和小农经济结构,使得众多破产的农民或手工业者被迫远走他乡或出国谋生。如历来以土靛染布为业的文成县李林乡光明村村民因无力与外国染料业竞争,纷纷失业,以致他们不得不通过亲友关系,离乡背井、长途跋涉,前往国外谋生。这也就成了穷乡僻壤的温州山区出国人数众多的一个重要原因。

纵观 1840—1949 年的近代温州史,温州人闯荡海外的执着跃然纸上,海外温州人的艰辛生活历历在目,温州人移民海外的特征可圈可点。

移民规模呈现阶段性、缓慢式增长态势。近代温州百年尤其是作为通商口岸的 70 多年里,出国人数总体呈攀升趋势,特别是进入 20 世纪以后,移民规模明显扩大,乃至产生两次移民高峰。1919—1924 年期间,温州出现了历史上前所未有的成规模移民现象。仅 1920 年冬到 1922 年春,温州、处州两地赴日本卖伞和石货的行商多达 3500 人以上,到日本做工的乡民数量更是暴涨。但这波移民潮因 1923 年 9 月发生的日本关东大地震,以及其间有众多温籍旅日侨胞被驱赶或残杀而渐息。第二波移民潮发生在 1929—1939 年期间。其中现属文成县境内在此 10 年间就有 786 人出国,1936 年 1 月在马来亚丁加奴龙运铁矿当苦力的温州人超过千人。"二战"爆发,国内外形势急剧恶化,温州人出国道路再度中断,出国人数骤减,甚至已侨居海外的部分华侨为躲避战火或支援国内抗战而纷纷回国。

移民渠道以海上交通为主。温州"艰山海阻"的地理条件使得海洋航路成为温州人走向周边乃至海外的主要途径。温州开埠后,海运更是成为温州人域外之行的首选。1877 年 4 月,英国怡和洋行所属康克斯特(Conquest)客货轮驶抵温州,首次开通了温沪航线。此后,温州港又陆续开通至宁波、福州、厦门、汕头、南通和镇江等国内航线,以及日本、新加坡、苏门答腊、中国香港等国际性航线。到 1946 年,温州港进出口船舶吨位已增至 359692 吨,"二战"后新发展的温州港籍沿海轮汽船共约 120 艘,这些良好的客观条件无疑为温州乡民出洋提供了机会。旅波兰归侨王岩郎回忆,1919 年 9 月,他"到温州乘海轮去上海,……下旬乘外轮从上海启程,途径 32 天抵达法国马赛,再从马赛到巴黎";新加坡归侨胡有志则是在"1935 年古历正月二十日,……从温州乘货轮经过两天两夜到达厦门,船费是 7 块银元。……从厦门出发坐了九天九夜的轮船到达新加坡"。

移民目的地以日本、南洋及欧洲为主。宋元以来,温州与日本时有贸易往来,两地海程相近,加之明治维新以来的日本经济快速发展,从而吸引了不少的瓯海、瑞安山区农民和手工业者前往。瑞安桂峰乡 1915—1937 年移民日本有 179 人,占全乡同期出国总人数的 69.65%;20 世纪 20 年代文成县出国华侨共 455人,旅居日本的有 261 人,占该时期全县华侨总数的 57.36%。随着日本当局排华活动的加剧,特别是关东大地震中的无辜华工遭残杀后,温州移民转向东南亚和欧洲。1924—1949 年间,乐清县出境人数总计 670 人,其中前去日本的仅 40 人,到达荷属东印度、英属新加坡和马来亚的有 408 人;1927—1936 年间移居欧洲的文成人有 306 人,占该县 1949 年前旅欧华侨总数的 79.3%;丽岙镇 1929—1937 年出国的 303 人中,除 1 人去新加坡外,全部流向欧洲的法国、荷兰和意大利。

移民群体以农民、手工业者和知识分子为主。温州"七山一水二分田"的"穷山恶水"已使百姓身处窘境,而资本主义经济的涌入更将其逼入绝境。文成、瑞安、瓯海等山区的无地或失地农民只得闯出山林,远赴异国他乡,出卖劳力,以开矿、做木器、种橡胶、种菜、养猪以及从事小贩、行商为生。旅居印尼和新加坡等地的乐清籍华侨虽靠做木工之技获得较固定收入,却同样充满心酸。他们一天干活 12 个小时以上,所得工资除去吃饭、住宿等费用所剩无几,晚上睡"料凳",生活之艰苦,实属罕见。甲午之战后,一批才识之士受富国强兵和实业救国思想的影响,或为追寻革命或为深造学术而赴日本和欧美留学,成为近代温州海外移民中的特殊群体。1902 年,平阳的陈蔚和乐清的石铎考取官费留学日本,成为温州最早的出国留学生。此后,温州社会"留日"风潮兴盛。至 1911 年,乐清籍 41 名留学生全部留学日本。20 世纪 20 年代到 30 年代前后,温州人留学足迹负笈德法英等欧洲国家以及美国、澳洲。无论留日或旅欧,他们均偏重于学习制度、立法、技艺、师范、商科、工程等专业。归国后兴学校办实业,或创办杂志报刊,介绍西方新知识新文化,或倡立新学,推动新文化运动,走科学救国之路,或投身于国内新政新法之建立,或工程建设者,不一而足,建树非凡。

出国,对近代温州农村许多人来说,实为生活所迫而寻找的一条求生之路。但即便如此,至新中国成立,温州海外移民总量也不过 3 万左右,真正规模化、群体性、连锁型的海外移民现象产生在改革开放以后。

三、当代新移民名扬海内外

中华人民共和国成立后 30 年里,由于中外关系和国内政局等因素的影响,温州人出国并不显著。1979 年中国对外开放政策的实行尤其是 1984 年温州被确立为首批沿海开放城市以来,温州地区再度掀起出国热潮,11 个县(市、区)都有人走出国门,文成、瑞安和瓯海成为重点侨乡。温籍侨胞从改革开放之初的约 5 万人发展到 1987 年的 9 万多人(除龙湾区外),再从 2005 年的 42.5 万增长至 2009 年的 50 多万。分布的国家和地区由最初的几个拓展到如今的 110 多个,从西欧到北美,从澳洲到非洲,几乎世界的每个角落都能邂逅温州人，每个场合都能传来温州话。30多年来，温州海外移民不仅总量飙升，移居范围扩大，而且出现了"家族化移民"现象。文成籍侨领胡允迪及其下代提挈赴欧的亲友多达415人，侨领郑珍存家族成员的近九成（158：178）定居国外。目前，温州海外移民家族在西班牙、法国、意大利、荷兰、德国、奥地利、比利时等国大中城市都有集居或散居者。

　　改革开放后出国的温州新移民，无论在移民动机与移民类型上，还是在文化程度与职业结构上，都和以往移民有显著差异。

　　近代移民绝大多数迫于生计而闯荡海外，生存是头等大事。新移民们则以"家庭团聚""继承财产""劳工输出"乃至"旅游探亲"等方式，成批地奔向海外。2000年以来，以投资、商务和留学等创业方式移民海外的人数明显增多。洛杉矶温州同乡会会长叶康松是最早到美国创办跨国公司的中国农民，1991年创办了美国康龙集团；阿联酋温州商会会长陈志远是第一个淘金迪拜的温州商人。他1999年到迪拜，2000创办了迪拜中国商品城，2005年又投资创办了智利中国商贸城；革命先驱、著名社会活动家林环岛烈士的外孙林海帆1984年毅然放弃在复旦大学遗传所就读研究生的机会，前往美国著名的常青藤大学之一的康奈尔大学攻读博士学位，现为美国耶鲁大学教授、著名生物遗传学家。据2006—2008年数据统计，温州商务出国人数达15933人，留学出国2985人，截至目前，全市留学人员约5000余人。

　　早年去海外闯荡的温州人基本来自偏远山区，文化程度普遍低下，属于初高小甚至文盲半文盲。改革开放后的出国者文化素质明显提升，初高中学历占很高比例并出现大学及以上的高学历。文成县1979—1999年间有824名工薪阶层干部职工出国，其中来自教育系统的占45.13％；1995年，鹿城区七都镇海外华侨华人中有406人具有大专以上文化学历，占全镇华侨总数的7.18％；1995年在美国的瓯海籍华侨华人中，大学以上文化程度的有 127 人,其中获博士、硕士学位,担任教授、工程师的有 19 人。据市侨联最新统计数据显示,海外温籍专业人士多达 8000 余人。

海外温州人受教育程度的提高和知识结构的转变,直接促进了他们所从事行业的变迁。第一代华侨的主要经济行为是做苦力和"卖散"式的小商贩生意;第二代华侨则跃升到相对固定的中餐、皮革、服装等行业;第三四代的新移民们不仅突破了老华侨以"三把刀"为主的传统行业的取向,开始涉足居住国的各行各业,并朝着多元化方向发展。1990 年移民意大利的陈朝霞就是从餐馆打工起步,逐渐拥有自己的餐馆业,2005 年又创办了意大利灵达地产公司,2011 年开始投资文化产业,合资创办了意大利侨网,2012 年被授予"全球华人杰出创新企业家"称号;瓯海丽岙籍华商黄学胜 1978 年移居法国,从送货工到开皮包、服装等专卖店,继而从事中国商品进出口贸易,最后转轨商业地产。2010 年,由其创办的欧华集团成为在欧洲首个上市的华商企业。可以说,联合创业、进入主流社会成为当下温州海外移民的追求目标。

随着移民数量的不断增多,海外温州人组建侨社以联结祖国、联络乡情,加强团结、服务侨胞。从 1923 年创立最早的社团——新加坡温州同乡会开始,90 多年来,300 多个温籍侨团遍及天下。从旅法华侨俱乐部到法国华侨华人会、从瓯海同乡会到旅荷华侨总会,从罗马华侨华人联合会到巴西里约华人联谊会、从美国加州温州同乡会到南部非洲温州同乡会,直至欧洲最大的、也是全球唯一的一个跨国洲际华人社团组织——欧洲华侨华人社团联合会,都是温籍侨领创建或主持过的有影响力的侨团。温籍华侨华人不仅通过侨团维护同胞权益,还积极创办中文学校、中文报刊、中文侨网和华语电台,发出温州人的声音,弘扬中华文化。西班牙马德里中文学校、意大利佛罗伦萨中文学校、《欧华时报》、意大利侨网和欧洲华语广播电台等等,都是温州海外移民的大手笔之作。

海外温州人既商行天下、团行天下，也智行天下、善行天下。他们以商界为根基，群聚科技界、进军司法界、问津政坛。身兼三个"院士"称号的永嘉籍旅美学者徐遐生、美中律师协会首任会长陈小敏、美国商务部原部长助理黄建南等等，就是其中的杰出代表。海外温州人不仅凭借自身的智力与财力跻身当地上层社会并贡献侨居国，而且成为中外交往中的重要民间大使。有打响"海外华人反独促统第一枪"的欧洲中国和平统一促进会会长张曼新，有推动温州与普拉托缔结友好城市的旅意侨领张力，有把温州产品全面打入西非市场的旅贝宁华侨林秋兰，有促成丹麦亲王访问并提升温州知名度的旅法侨领戴任胜，还有全力协助使馆安置利比亚撤侨的希腊温籍侨团……他们的行为举事不仅证实了温州人的开拓精神，更展现了温州人的良好国际形象。

60年、100年、1000年，温州人移民海外的旅程，是时空之旅、跨越之旅，是生存之旅、创业之旅，是传奇之旅、未来之旅。

近代瑞安华侨群体面相^①

一、瑞安沿革及华侨史略

瑞安,天瑞地安也。自三国吴初始建罗阳县至今,已有 1700 多年。唐天复二年(902)始称瑞安,并沿用至今。宋时属两浙路温州府,明景泰三年(1452)"划义翔乡五都十二里之地归泰顺县"^②。清朝,瑞安县属温处道。民国三年(1914),属瓯海道。1948 年 1 月,"划大峃玉壶等 10 个乡(镇)归文成县"^③。1949 年 9 月,瑞安县人民政府成立。1958 年文成县重新并入,1961 年又析出。1987 年撤县设市。依此建置沿革,瑞安县境的民众最早出国可以追溯至南宋。据史料记载,南宋端平元年(1234),瑞安义翔乡五十九都仙居(今泰顺县罗阳镇仙居村)人徐霆(字长孺)随使

① 2017 年以来,笔者在主持创建浙江省第一家华侨历史博物馆——瑞安华侨历史博物馆——的过程中,查阅到不少民国时期和新中国初期的涉侨档案,同时征集到一些十分珍贵的原生态华侨史料。解读这些涉侨档案和民间文献,不仅可以更为直观、真实地感受近代瑞安华侨的日常生活,也可以更为深层、全面地再现他们的群体变迁。本部分内容即为基于上述档案与民间文献,对近代瑞安海外移民多维面相的实证研究。

② 瑞安市地名委员会编:《瑞安市地名志》,内部刊印,1988 年,第 7 页。
③ 瑞安市地名委员会编:《瑞安市地名志》,内部刊印,1988 年,第 7 页。

赴蒙古,后著有《北征日记》①。然而,继此开拓者之后,由于闽浙沿海城乡不断受到倭寇和西方殖民者的侵扰,以及防范郑成功进攻等原因,明清两朝采取了严厉的海禁措施及近百年的闭关政策,结果导致从明朝至鸦片战争的 400 多年间,除有过短暂的海外贸易开放阶段,瑞安人移居海外的活动几近中断。

　　1840 年中国国门被迫打开后,地处东南沿海的优越地理位置的瑞安人重新获得出洋机会。县境内出现较为明显的出洋情形是在 1877 年温州开埠后,移民海外"呈现一种缓慢式上升、阶段性高潮的整体攀升趋势"②。尤其是进入 20 世纪,逐渐产生了连锁性、规模化移民,并形成三次出国高潮,继而构建了一部跌宕起伏的瑞安华侨百年史。

图 1:旅日侨商陈仕明所持 1924 年民国北京政府发放的"国籍证书"

----

①　(明)《万历温州府志》(卷十一·人物志);《蒙兀儿史记》卷第三·成吉思可汗本纪　第二下　蒙兀儿史记,民国刊本。

②　徐华炳:《温州海外移民与侨乡慈善公益》,北京:中国社会科学出版社,2016年,第 24 页。

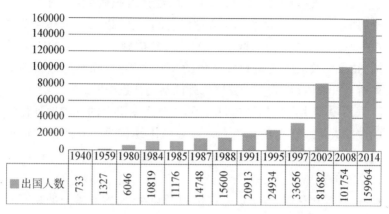

图2：1940—2014年瑞安海外移民数量增长趋势

二、近代瑞安人出国性状

瑞安是浙江省传统侨乡，也是中国重点侨乡之一。其之所以拥有丰富的侨务资源，在很大程度上是基于近代乡民闯荡出国的实践积累，特别是民国时期移民海外行动塑造了瑞安华侨的群体特征。

（一）清末民初的留洋热

现代意义上的留学生虽非华侨范畴，但他们作为近代国民出国的重要引导力、诱发源，无疑是近代瑞安海外移民中的特殊群体。

19世纪末20世纪初，在甲午战败的刺激下，国人的日本观开始转变，晚清政府亦因此推行"新政"，加之日本接受中国留学生的有利政策和留日的客观便利性等因素，尤其是在温州地方官员与开明乡绅的积极倡导与大力支持下，温州地区一批怀着"富国强兵""实业救国"思想的有识之士负笈东洋深造。而其中，瑞安

籍留日学生独领风骚，人数占温州留日生总数的 2/5，达到 50
多人①。

表 1：清末瑞安留日学生名录

姓名	学校及科目	到日年份	费别
林 摄	成城学校、陆军士官学校	1902	南洋官费
黄 瓒	成城学校、陆军士官学校	1902	南洋官费
林大同	宏文书院、日本东北大学土木工程科	1903	自费
林大间	东京高等工业学校	1903	自费
许 壬	政法大学	1903	自费
许 燊	宏文书院、明治大学法律科	1903	
许 铸	早稻田大学文史专业	1903	
黄曾锴	正则英语学校、东京高等商业学校	1903	自费
黄曾铭	东京高等工业学校电机技术	1903	
黄曾延	成城学校、庆应义塾大学理财科	1903	自费
孙 任	明治大学	1903	自费
朱祖林	宏文书院	1903	自费
项 骏	预备入校	1903	自费
林 潜	预备入校	1903	
洪彦远	东京高等师范学校数理科	1904	官费
洪彦亮	东京帝国大学	1904	自费
薛 楷	东京高等工业学校电机科	1904	官费
沈 靖	陆军士官学校	1904	官费
王鼎卿	早稻田大学	1904	地方官费

① 徐华炳：《温州海外移民与侨乡慈善公益》，北京：中国社会科学出版社，2016
年，第 56 页。

（续表）

姓名	学校及科目	到日年份	费别
陈　恺	宏文书院数理化专修班	1904	地方官费
许　藩	宏文书院数理化专修班	1904	地方官费
许　微	成城学校	1904	自费
许　微	成城学校、东京帝国大学冶金科	1904	
李墨轩	宏文书院食品制造专业	1904	自费
李慕林	政法大学	1904	自费
唐　介	政法大学	1904	官费
余　钢	同文书院	1904	自费
孙　衡	成城学校	1904	自费
朱绍年	早稻田大学	1904	
林绍章		1904	
林大禹		1904	
项　雅	振武学校	1906	
金嵘轩	东京高等师范学校	1906	
何浩然	陆军联队	1906	
许　璇	东京帝国大学农科	1907	官费
虞廷恺	早稻田大学政经科	1908	
岑崇基	早稻田大学师范科		
周　籀	明治大学		
洪彦达	早稻田大学		
洪彦威	早稻田大学		
洪彦淇	早稻田大学		
洪绍芳	早稻田大学师范科		
唐　震	早稻田大学师范科		
唐　揆	明治大学		

（续表）

姓名	学校及科目	到日年份	费别
项廷骅	早稻田大学物理化学科		
项 肩	明治大学		
项 竞	东京大学高等警务		
陈志谦	陆军士官学校		
吴树基	明治大学		
林岂儿	飞行学校		
孙 铮	政法大学经济科		
陈伟心（女）	东洋医科医疗专科		

资料来源：依据浙江留日学生会编《浙江潮》、浙江省辛亥革命研究会编《辛亥革命浙江史料选辑》（浙江人民出版社，1981年）和胡珠生著《温州近代史》（辽宁人民出版社，2000年）等整理而成。

　　上表显示，清末瑞安留日学生群体所习学科广泛，尤以军事、法政和师范专业为主。自费生占相当比重，女性留学生的出现异常耀眼。这批"留日军团"归国后，活跃在地方和中央的各级机构、社会经济或文化教育等行业，为近代浙江特别是温州教育近代化和瑞安近代工业化作出了很大的贡献。如林大同曾任民国政府浙江省水利委员会会长；李墨轩创办太久保罐头厂，是浙江最早的海归企业家，是浙江最早的食品罐头企业创始人；孙任创办了温州第一份日报《东瓯日报》；金嵘轩曾任浙江省立第十中学（今温州中学）校长和温州师范专科学校首任校长；许璇曾出任浙江大学农学院院长、中华农学会总理事长等职，成为我国现代农学主要奠基人；虞廷恺"一生致力于兴办新学，发展民族工商业，爱国救国，堪称中国民主革命的先驱"[1]，等等。

---

　　① 政协瑞安市文史资料委员会编：《虞廷恺家书》，北京：中国文史出版社，2010年，王蒙序。

民国时期，瑞安人留学、游学、出国考察的活动接连不断，而且求学的国家、专业及层次，都有显著扩展或提高。

表 2：民国瑞安留学生名录（不完全统计）

姓名	出国时间	留学国家	就读学校	所学专业	学位学历
薛济光	1916	日本	东京大学	政治科法学系	学士
薛济明	1916	日本美国	东京工业大学美国伊利诺伊大学	应用化学化学	博士
林镜平	1916	日本	千叶医科大学	医学	研究生
蔡屏周	1917	日本	东京高等师范学校		
方兆镐	1919	日本	东京大岗山工业大学	机械	
洪天遂	1925	日本	东京帝国大学	医学	研究生
伍献文	1928	法国	巴黎大学	动物学	博士
曾勉	1928	法国	蒙彼利埃大学	园艺学	博士
曾省	1929	法国	里昂大学	生物学	博士
张更	1933	美国	哈佛大学	地质学	博士
方兆楷	1933	日本	东京精密高等学校		
黄宗甄	1934	日本	北海道函馆高等水产学校	水产学	
苏雪林（女）		法国	里昂国立艺术学院		
林大经		日本			
朱介夫		日本			
洪特民		日本			

资料来源：依据温州、瑞安地方文史资料，《温州日报》《瑞安日报》和《天下瑞安人》等报刊内容所整理。

　　民国瑞安籍留学生在海外求学，不仅钻研学问，还积极参与社会活动，或组织社团或创办刊物或协济华工。

图3：留日旧温属同乡会职员照①
（内有薛济明、薛济光、林镜平、方兆镐等瑞安籍留日生）

　　他们回国后积极报效祖（籍）国，并陆续成长为地区乃至国家层面的专业领军人物。如中国海洋与湖泊科考先驱、中国科学院院士伍献文，园艺学家、中国农业科学院柑橘研究所所长曾勉，农业昆虫学家、运用生物防治害虫的先驱曾省，地质学家、教育家张更，以及南京国民政府全国公路总局局长方兆镐、浙江省化学工厂厂长薛济明、温州医学院创始人林镜平、瑞安市人民医院创始人洪天遂等。

---

　　① 《留日旧温属同乡会职员》，瑞安市档案馆藏，档案号：M018-001-009-001。

图 4：中华留日东京高等师范学校同窗会创办的《同窗会志》①

（二）20 世纪前期的谋生潮

近代出洋的瑞安人绝大多数为失地、少地的农民和手工业者，他们主要来自玉壶、湖岭、陶山等西部山区乡镇，还有一部分来自塘下、城区等东部平地的小商人和贫苦知识分子也加入移民行列。笔者通过解析瑞安档案馆藏 1959 年 3 月的《瑞安县华侨国内外分布情况登记册》等卷宗，②可证实近代瑞安华侨群体具有如下实态：

①　《中华留日东京高等师范学校同窗会同窗会志》，瑞安市档案馆藏，档案号：M018 - 001 - 002 - 001。

②　《瑞安县华侨国内外分布情况登记册》，瑞安市档案馆藏，档案号：004 - 011 - 033。该档案内容是瑞安县委在新中国成立后所做的第一份华侨情况统计，对于研究近代瑞安华侨具有重要的参考价值。但限于当时的条件，统计报告中的错误也不少，包括错别字、数据不一致或核算不精准等。为此，笔者在上述行文中，均作了修正。

1. 海外分布遍及亚欧非美各洲

据当年统计,瑞安县共有华侨 554 户 1327 人(含今属文成县辖的 211 户 509 人)。他们主要聚集在法国、荷兰、意大利、日本和英属新马,归侨 366 人也主要返自这些国家或地区。

表 3:近代瑞安华侨海外分布情况

洲域	国家/地区	户数	人数	洲域	国家/地区	户数	人数
亚洲	英属新、马	153	486	欧洲	法国	200	441
	日本	30	40		荷兰	83	193
	苏联	2	2		意大利	56	98
	泰国	1	6		西德	4	8
	印度尼西亚	1	6		东德	4	6
小计	6	187	540		比利时	4	6
美洲	美国	2	4		罗马尼亚	4	12
	南美地区	2	4		葡萄牙	2	4
小计	2	4	8		英国	1	1
非洲	摩洛哥	2	4	小计	9	358	769
	法属突尼斯	1	2	其他地区	1	2	4
小计	2	3	6	合计	20	554	1327

2. 境内输出地呈现哑铃状分布态势

民国时期,瑞安全县辖大峃、高楼、陶山、仙降和塘下 5 个区,基本上被自西向东注入东海的飞云江分割成南北两部分(见图 5)。其中最东部的塘下区和最西部的大峃区的出国人数都逾 500 人,处于中北部的陶山区华侨人口约 200 人,而位于飞云江以南的仙降区及高楼区均不足百人。从档案分析来看,出国重心之所以形成如此格局,很大原因是受到更具移民规模的北部邻县青田人出国潮的带动。而且两县出国者之间往往都有不同程度的亲缘关系，继而在浙南一带产生家庭化甚至家族化移民现象，特别是胡姓、周姓、杨姓、郑姓和潘姓等。①

图 5：1943 年 4 月绘制的瑞安县区域图
（藏中国台湾地区"中央研究院内政部"图书馆）

3. 出国最高潮产生于 1930 年前后

"温州是个典型的移民社会，温州人素有流动的传统"②。近代瓯海关的开放，更是诱发了温州人的移民基因，他们以更强烈的冒险精神、重商意识和开放态度闯荡国外，从而掀起了多轮移民潮。瑞安人亦然，在 20 世纪 20 年代后期至 20 世纪 30 年代末形成出国波峰。

---

　　①　徐华炳：《温州海外移民世家研究》，《浙江学刊》2015 第 4 期，第 53—62 页。

　　②　徐华炳：《温州海外移民与侨乡慈善公益》，北京：中国社会科学出版社，2016年，第 1 页。

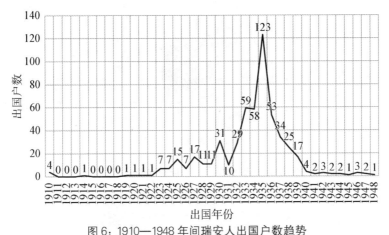

图 6：1910—1948 年间瑞安人出国户数趋势

4．职业以做工为主，餐饮、商贩次之

限于自身的薄弱经济基础，以及普遍不高的文化程度，近代瑞安华侨在海外社会绝大多数从事谋生型职业，同时因侨居地不同而存在一定的结构性差异。如旅居东南亚的华侨，大多"做工、种菜、养猪。只有个别是经营商业"；在法国的华侨因聚集在巴黎，"绝大部分是制皮革和经营商业，只有个别是做工"；在意大利的华侨以米兰为集聚地，其职业类型与法国华侨相同；而在荷兰海牙、阿姆斯特丹的华侨，"大部分开餐馆、酒店，个别从事经商"；侨居在日本的华侨，则"开面店为数最多"①。

（三）遭遇两次非常事件

包括华侨华人在内的国际移民运动作为跨国跨境行为，"自20世纪初开始就告别了自由移民时代，一直置于国家的严格控制之下"。而"国际移民与发展、安全、政治等重大问题紧密关联且

---

① 《瑞安县华侨国内外分布情况登记册》，瑞安市档案馆藏，档案号：004-011-033。

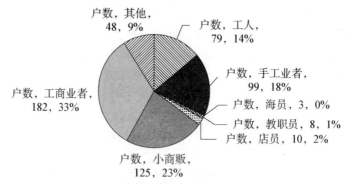

图7：近代瑞安华侨海外职业结构户数比例

图8：中国国民党党员转入登记表①

（登记表内信息表明，卓瑞发曾在日本东京经营面店10年）

---

① 《民国二十七年国民党员个人登记表》，瑞安市档案馆藏，档案号：M001 -
001 - 033 - 001。

相互作用……世界移民全景图是由活生生的普通移民们千姿百态的移民活动所构织而成的"①。近代瑞安华侨的发展进程亦是如此,深受祖国和侨居国政策乃至国际局势的深刻影响,他们的命运甚至生命时有为居住国的非常事件所左右。

1. 日本关东大地震改变瑞安华侨出国方向

1923 年 9 月,日本关东地区发生大地震,在地的瑞安华侨自然也遭受天灾。然而,更为令人震惊的是,当地军警和暴徒在震灾中肆无忌惮地驱赶、殴打甚至屠杀华工,幸存者则绝大部分被遣送回国。经过中外学者近 30 多年的努力整理,证实此次惨案中遇害的中国人总计 716 人。其中受害的瑞安籍华工 202 人,包括死亡 174 人,伤者 10 人,不详 18 人。

受上述惨案的恐慌效应和中日民族危机加剧等因素影响,20世纪 20 年代中后期的瑞安人出国目的地发生重大转向,南洋、欧洲成为主要选择地(见图 9),继而出现 1929—1939 年间持续近 10年的 20 世纪第二波出国潮。

2. "二战"及战后遣返改变瑞安华侨出国进程

第二次世界大战不仅使参战国付出沉重代价,也给当地华侨造成重大损失。旅居世界各地的瑞安华侨同样受到不同程度的影响,尤其是身处法西斯国家意大利和德国的瑞安华侨们,或财产被损、或肉体被押,甚至生命伤亡。爬梳中国台湾地区"中央研究院"近史所档案馆藏 1945—1949 年有关"旅意大利华侨二次大战损失赔偿"卷宗发现,②"二战"期间意大利华侨约有 1000 多人,大多数来自青田、瑞安。翻阅其中的"中国留意侨胞战时损失调查表",可以真切感受他们当时的周遭与处境。

---

① 徐华炳:《中国海外移民个体行动抉择分析——以旅欧温州人为例》,《社会科学战线》2015 第 6 期,第 177—186 页。

② 《旅义华侨二次大战损失赔偿》,中国台湾地区"中央研究院"近史所档案馆,馆藏号:04 - 12 - 002 - 01。

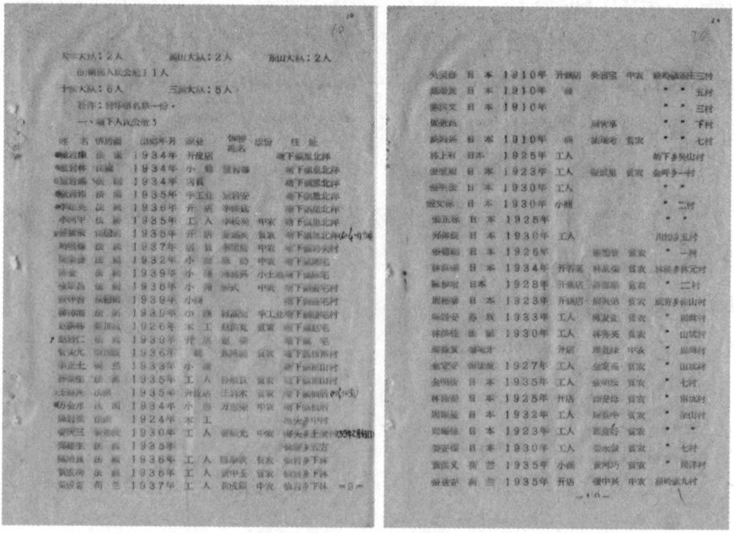

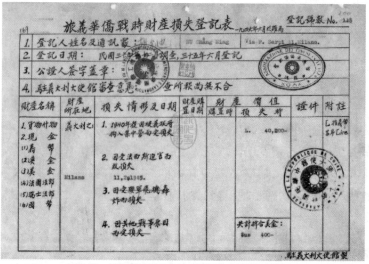

图 9：《瑞安县华侨国内外分布情况登记册》卷宗内页

旅義華僑戰時財產損失登記表 一九四六年六月於羅馬

登記號數 No. 143

1. 登記人姓名及通訊處：	HU Chang Ming　Via P. Sarpi 11, Milano.
2. 登記日期：	民國三十四年十二月調查，三十五年六月登記
3. 公證人簽字蓋章：	
4. 駐義大利大使館審查意見：	查所報尚無不合

財產名稱	財產所在地	損失情形及日期	財產購置日期	財產價值 購置時	財產價值 損失時	證件	附註
1. 貨物什物 2. 現金 (1) 義幣 (2) 英金 (3) 美金 (4) 法國法郎 (5) 瑞士法郎 (6) 國幣	義大利之 Milano	1. 1940年被因被義政府拘入集中營而受損失 2. 因受法西斯追害而致損失 11, 2, 1945. 3. 因受聯軍飛機轟炸而損失 4. 因其他戰事原因而受損失			L. 40,000- 共計折合美金：$us 400-		L. 指義幣 名叫 Lire

駐義大利大使館製

图 10：旅意华侨胡允迪战时财产损失登记表

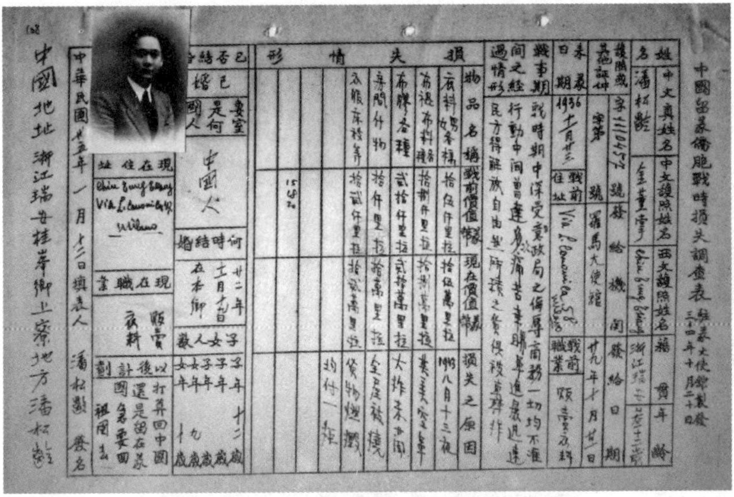
中國留義僑胞戰時損失調查表 駐義大使館製發 三十四年十月二十日

姓名：中文真姓名 潘松鶴；中文護照姓名；西文護照姓名；籍貫 浙江瑞安；年齡

護照或登記證件：字 號；發給機關 羅馬大使館；發給日期

戰前住址；戰前職業 販賣衣料

戰事期間之經過情形

損失情形：物品名稱；戰前價值；現在價值；損失之原因

已否結婚；妻室是何國人 中國人；何時結婚；子女人數

現在住址；現在職業 販賣衣料；以後計劃 打算回中國 還是留在義國 急要回祖國去

中華民國卅五年一月十二日填表人 潘松鶴 簽名

中國地址 浙江瑞安桂峰鄉上寮地方潘松鶴

图 11：旅意华侨潘松鹤战时损失调查表

战争结束后，为了尽量挽回意大利侨胞的各种损失，以瑞安籍侨商胡志贤为首的数位有声望的瑞安、青田籍侨领联合中国驻意大利大使馆，数次向意大利政府提出交涉。与此同时，出于团结在地华侨力量以应对赔偿交涉事宜，以及凝聚乡情乡谊的需要，旅居米兰的浙南侨胞在 1945 年 8 月成立意大利甚或欧洲最早的侨团——米[美]兰华侨工商联合会（见图 13）。经过该团体的积极工作，旅意华侨几乎都得到了数额不等的损失赔偿。1946 年，米兰华侨工商联合会进一步发展成为旅意北部华侨工商会，胡志贤当选首任会长。该侨团历经 70 余年，至今仍健康发展。

“二战”结束后，根据华侨们自己的意愿，或留在意大利，或依照联合国善后救济总署和中华民国行政院善后救济总署的安排，统一乘船遣返回中国。大部分华侨在登记“以后计划”时，选择“急要回国去”。据初步统计，“二战”后被遣返的瑞安籍意大利华侨有 70 多人，整个浙南地区有 300 多人。经过“二战”洗劫后的旅意华商几乎都没有留下像样的财产。尤其是选择回国的那批老华侨，可以说除

图 12：胡志贤就代领同乡赔偿款致中国驻意大利大使馆函

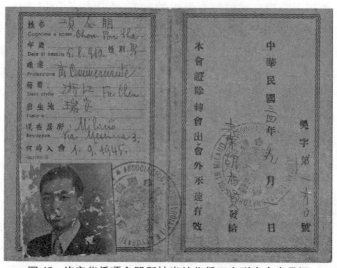

图 13：旅意华侨项全朋所持米兰华侨工商联合会会员证

了带回随身一点行囊,根本没有任何金钱遗产,有些甚至凭难民证才回到家中。但从精神层面和社会资源角度来说,民国时期意大利华侨华商的打拼精神、移民经验和经商模式已经很好地传递到 1949 年尤其是改革开放后出国的新一代华侨华商身上。

图 14:旅意华侨郑棣柳难民回籍证

三、余论

"没有可资信赖的档案文献史料,一切都只是推测和想像"①,

---

① 徐立望:《重新发现青田——民国青田华侨档案史料论述》,《浙江档案》2015年第 1 期,第 50—51 页。

而"华侨档案文献形成于晚清民国时期"①，所以，华侨档案之于近代以来的华侨研究的作用与价值是毋庸置疑的。浙江侨务资源虽略逊色于闽粤等侨务大省，但以温州地区和青田为中心的重点侨乡的各级档案机构同样藏有不菲的华侨特色档案。至目前，青田华侨档案的挖掘与整理已经取得很好的成果，②但温州地区的涉侨档案整理却不尽如人意。不仅如此，浙江全省尽管省本级、青田县、温州市及所辖的乐清、瑞安、文成等县市，甚至桂峰等个别乡镇都编辑出版了华侨史志，③也积累了一定数量的研究这些区域的不同时期的学术论著。但总体来看，已有成果对浙江各级档案馆所藏涉侨档案的利用是不足的。基于此，今后的浙江华侨研究者应该与浙江各级档案馆尤其是侨乡地区档案馆通力协力，以有效研发涉侨档案，并抓紧征集涉侨实物、文书、书信、契约、族谱等原生态民间文献。由此，既可以构建丰富的浙江区域特色华侨档案资源，以"打响侨乡档案文化品牌"④，又可以拓展浙江华侨史研究的常规路径，以弥补浙江华侨研究尚存的空白与空档。

---

　　①　王华：《晚清民国华侨档案整理与研究》，《河南图书馆学刊》2015 年第 12 期，第 130 页。

　　②　青田县档案馆联合浙江大学历史文献与民俗研究中心，共同编辑了 4 辑《青田华侨档案汇编（民国）》，并在 2014—2017 年间由浙江古籍出版社陆续出版。

　　③　现已出版或刊印的华侨史志有：《浙江华侨史》《浙江省华侨志》《民国浙江华侨史》《温州华侨史》《文成华侨志》《乐清华侨志》《瑞安市华侨志》《青田华侨史》《桂峰华侨志》，以及《玉壶华侨百年》等。

　　④　傅旭芬、徐立望：《青田民国时期涉侨档案简介》，《浙江档案》2015 年第 12 期，第 44—45 页。

旅欧温州人个体行动抉择

移民自人类历史开创以来从未中止过。随着全球化的扩展和深入,国际移民的规模和速度急剧扩大和提升。"今天无论在工业化国家还是欠发达国家,没有移民经历和不受移民影响的人实在少见。这种普遍的经历与感受已经成为移民时代的标志。"①据联合国估计,全球大约每三十五人中就有一个国际移民,仅中国海外移民就高达4543万,已经成为全球最大移民输出国②。如此规模的国际移民,无论是全球性迁移还是区域性流动,其"多样性和复杂性"远远超乎人们的想象,以致思考和评判其的维度不会也不可能一致。一方面,国际移民与发展、安全、政治等重大问题紧密关联且相互作用,所以用全球视野来宏观考察和进行综合治理是理所当然的。但另一方面,世界移民全景图是由活生生的普通移民们千姿百态的移民活动所构织而成的。正如联合国秘书长潘基文所说,"这个巨大的(移民)数字背后是具体的人的命运"③。因此,我们对移民个体及其抉择行为同样要给予关注,要注

---

① Stephen Castles、Mark J. Miller:《The Age of Migration》, Basingstoke Hampshire, Palgrave, 2003, pp. 5.

② 王望波、庄国土:《2008年海外华侨华人概述》,北京:世界知识出版社,2010年,第7页。

③ 《全球移民已达两亿人 联合国庆祝"国际移民日"》,http://news.163.com/07/1219/12/402U2JCN000120GU.html,2007年12月19日。

重对移民及其活动场域的实证调查,要尊重移民们的内心情感倾诉。然而,在已有的中国海外移民研究中,人们普遍把目光集中在移民精英群体上,相对忽视普通侨民的生计与生态。不可否认,侨界名人名流的确是广大华侨华人中的佼佼者,具有移民标识度,要重视对他们的研究,但这并不等于可以忽视对绝大多数普通侨民的关注。因此,本书选取全国著名侨乡温州及 P 氏移民家族为个案,结合笔者在意大利和法国的实地调查,围绕移民的出国渠道、职业选择和融入状况来求证移民个体抉择行为与社会变迁的关系。

一、P 氏家族移民谱系①

据可考文字记载,温州人移居海外的历史可上溯至 1005 年。但 20 世纪之前的温州人移居海外活动基本上属于孤立行为,并未有大批乡民出洋,也未出现连锁性、群体性的移民海外现象,移居区域亦较零星分散。温州成规模的移民浪潮是从"一战"后开始的,历经百年的三个阶段(表 1)发展,至今约有 69 万海外温州人分布在五大洲的 130 多个国家和地区。

表 1:温州人移居海外的三次高潮

阶段	时间	原因	群体	规模	目的地	中断因素
第一波	"一战"结束至 20 世纪 20 年代初	为生计而出国做工行商	瑞安、瓯海两地的山区农民和小手工业者	1922 年春统计,在日本的温州、处州(今丽水)人有 5000 余人	大部分前往日本,少量去东南亚	1923 年日本关东大地震期间,遭日方杀戮和驱赶

---

① 为了保护和尊重调查对象的隐私,本书所引人名均采用化名,并用 P 氏来代表整个移民家族,但作者确保其中材料的真实性与可信度。

（续表）

阶段	时间	原因	群体	规模	目的地	中断因素
第二波	20世纪30年代	遭遇特大自然灾害而出洋谋生,或躲避抓壮丁而避居海外	乐清、文成地区的农民、手工业者和贫苦知识分子	仅1929—1937年的瑞安丽岙镇就有425人出国	以南洋、欧洲为主	1939年欧洲战场"二战"爆发
第三波	1979年改革开放以来	投资、留学、创业等为主	以投资移民、商务移民、留学移民等类型的新移民为主	2014年统计,有68.8万多人	遍及世界130多个国家和地区	（目前仍在持续）

　　P氏家族是浙南地区典型的移民家族,从20世纪30年代开始,经过近80年的移民,先后有直旁系共20多人移居以欧洲为主的世界各地。

表2：P氏家族移民海外情况

关系代①	血缘关系	移民顺序	移民身份	移民时间	移民国家	其他
第一代	（血缘源）	[1]潘乾	本人	1933年	先到法国后赴巴西	晚年回国定居
第二代	直系	[2]潘坤	潘乾之子	1976年	巴西	
		[3]潘美	潘坤之妻	1978年		
		[4—5]潘直	潘坤之子	1980年		携夫人
		[6—7]潘时	潘坤之子	1986年		携夫人
		[8]潘迪	潘乾之侄女	1988年	先到巴西,后去西班牙	
	旁系	[9]徐晓	潘乾妹妹之女		先到巴西,后去法国	

――――――――

　　① 此处所指的"代",并非通常意义上的按辈分划分的"年龄代",而是特指在移民过程中的先行者与后继者之间形成的一种牵携攀带的链条式的"关系代"。

（续表）

关系代①	血缘关系		移民顺序	移民身份	移民时间	移民国家	其他
第三代	旁系	徐晓一系	[10]徐青	徐晓之弟	1992 年	法国	
			[11]章龙	徐青之妻			
			[12]徐林	徐晓之哥	1996 年		
			[13]季莲	徐林夫人	1995 年		
第四代			[14]徐晨	徐林之女	2000 年		加入法国籍
			[15]徐栋	徐林之子			
			[16]周煌	徐晓表弟			加入法国籍
			[17]戴国		2001 年	西班牙	
			[18]戴芳				
			[19]叶星			法国	
			[20]苏柳	徐晓表妹	2002 年		
			[21]戴雅			意大利	
			[22]戴姬		2003 年		
			[23]戴诚	徐晓表弟			
		章龙一系	[24]章庭	章龙之弟	1996 年	先到法国，后去葡萄牙	
			[25]潘丽	章庭之妻	1999 年	先到法国，后去葡萄牙	

通过对 P 氏家族这一浙南侨乡众多移民家庭缩影的梳理，可以分析得出：

第一，移民波段和密度与中国改革开放前后的移民浪潮情势相吻合。P 氏的第一代早在 20 世纪 30 年代就已远涉欧洲；1949 年—1971 年，由于中国与欧美国家基本未建立外交关系，使得这一时期的出国人数颇少。这样，在改革开放后就势必出现了移民井喷情势。所以 P 氏的第二、三、四代在 1978 年后密集地奔赴国外，其中 20 世纪 90 年代以来尤其是 21 世纪初更是达到了高峰阶段，这批新移民也恰好构成了旅欧温州人的主体。与此同时，伴随现代社会的不断发展，新移民比老移民更具"移民自觉"，寻求移民的主动性明显。P 氏的第一代移民是被迫型的，从第二代尤其是第四代开始，要求出国发展的愿望表现得相当强烈，移民速率明显加快。这是移民规律的必然反映，也是符合现代社会的发展趋向的。因为"现代社会的一个主要特征是流动性"，而移民是一种社会流动，流动不但带来社会的活力和发展，而且也是每个现代化的人适应现代生活、寻求发展的一种手段。①

　　第二，移民链的代际之间并非都是直系的血缘关系，旁系的移民支链呈现枝繁叶茂之势。随着第一代移民潘乾把自己国内所有的直系亲属在 1976 年—1986 年间分批接到侨居地，完成家庭团聚的夙愿后，P 氏的直系移民过程也基本结束了。与此同时，以旁系为主的第二层级的家庭移民开始接班，并引带出第三、四层级的家庭移民。之所以能如此顺利过渡，就在于该移民链是以颇具代表性的温州人移民方式来构建的，即并不仅仅以直系血缘的关系来传递移民节点，它还包括代际之间和代际内部不分远亲近邻的牵携攀带。在该移民谱系中，徐晓其实是潘乾亲妹之女，是从直系链转向旁系链的关键人物，但其父亲直言不讳地说，"（徐晓）是当作他（潘乾）的女儿来办理出国手续的"②。这种"移花接木"似乎有些荒唐，但依赖于血脉关系产生的强劲移民链脉，既是中国数千年宗法制度的折射，也恰恰证明了温州社会人情关

---

①　转引自王春光：《巴黎的温州人——一个移民群体的跨社会建构行动》，南昌：江西人民出版社，2000 年，第 3 页。
②　2014 年 10 月 26 日对徐晓父亲的采访笔录。

系的巨大张力，从而为进一步移民提供了丰富的社会资本和持续的移民链。

二、移民原因与渠道类型的分析

1. 经济因素并非唯一移民原因，逃难、虚荣心理也导致了移民行为。

大多数学者认为，国家地区间的经济差别、发展不平衡是国际移民的首因，移民大多是与经济、地理和人口因素相关。从宏观角度讲，现在的人们仍然是为提高经济生活水平、寻求更好工作机会而移民，"父母当年是为了积累经济资本到国外去闯一闯的"①。但同时，还有非经济因素而导致人们出走他乡的现象，如躲避战争、谋求政治利益，甚至不同姓氏家族或大小家族间的争斗"也是促进移民的一个因素"②。事实上，遭遇贫困的人未必一定要选择移民海外。他们完全可以留在原区域内忍受或改变现状，或者迁徙到国内其他地区去生活，何况"那些最为贫穷的人受全球不平等状况的影响最大，根本就没钱迁徙。许多真正因为穷愁无计而背井离乡的也只局限于国内，一般是从乡村到城市而不是迁往国外"③。所以，进行移民原因分析时，必须综合考虑经济主因与其他因素对个体移民动机的综合效力。

调查P氏家族发现，移民"领头羊"潘乾的家地处温州的鱼米之乡，家境因其父亲从医而在当时当地都算得上富裕，但促使其移民并不是生存的直接压力或致富的更高需求，却因躲避抓壮丁而被迫去欧洲谋生。这是一个非经济原因移民的典例。至于

---

① 2014年7月31日对徐晨的采访笔录。
② 潘琳：《炎黄子孙——华人移民史》，上海：上海三联书店，1993年，第19页。
③ ［美］Khalid Koser：《国际移民》，吴周放译，南京：译林出版社，2009年，第35页。

潘乾儿孙辈的移民动因,毫无疑问是为了非经济因素的家庭团聚。调查还发现,代际内或者同期出国的或同村人之间还存在着一种复杂的面子或攀比心理。"他从出国到现在都想着回来,只是怕妈妈反对。其实,他当时两次冒险偷渡出国,说到底就是妈妈的面子,觉得别人都能出去,自己的儿子也能够到国外去闯一闯。"[①]有些人甚至是在他人鼓动下出国的,"当时并没有主动出国的念头,是在朋友们的怂恿下才做出决定的。后来觉得在家也没有明确的工作,每天的生活比较无聊,就去递交了出国申请,结果很幸运地被批准了。"[②]

　　分析 P 氏成员的出国动机,至少可以证实纯经济性质的移民并不是占全部,他们的移民行为可能夹杂着心理方面(如价值观、希望、恐惧等)和社会方面(如身份、家庭与性需求等)的要素。20世纪 80 年代以来,女性移民在国际移民中的比例上升就是一个有力佐证。在 P 氏家族中的女性移民比例占 56%,且大多是出于维护家庭的完整性或与配偶相聚的社会性因素而移民的。

　　2. 移民渠道不外乎合法移民和非常规移民[③]两类,其中非正常移民比例偏高且具体形式多样。

　　中国人移民海外在不同历史阶段有着不同的路子,但归结起来无非就是合法移民和非常规移民两种。P 氏家族移民海外的过程充分印证了这一结论。

　　(1) 非常规移民

　　非常规移民的类型、性质有很多种。因战争、政局突变、重大

---

① 2015 年 2 月 5 日对潘丽的采访笔录。

② 2015 年 2 月 5 日对潘丽的采访笔录。

③ 这里采用"非常规移民"或"非正常移民"而不是"非法移民"的表述,理由在于"非法"一词否认了人之所以为人的特性——主体行为的人本身不可能是非法的,其二是该词带有犯罪活动的意味。大多数移民尽管可能违反了相关的管理法规,但并非罪犯。

自然灾害等非主观因素所造成的、被动式的移民都可归属于非正常移民。如 20 世纪 30 年代,由于欧美各国已经没有在中国招募近代"殖民苦力"或"一战华工",于是潘乾只得采用当时的浙南人去欧洲的通常办法——通过熟人(一般都是同乡)关系,花钱买一本去欧洲某国的护照,然后从上海乘远洋轮船赴欧。"浙南人确实历来就存在非正常渠道移民海外的现象。古代,青田、温州人出国,很多人至多只带上一张地方官手写的'牒文'……近代(尤其是民国之前),浙南人出国的情形,仍是与古代基本无异。"①

　　在 20 世纪初期出国潮中,"藏舱"②是一种较常见的非正常移民手段。不过,当时参与这种移民行为的人们的初衷旨在省钱,并不懂得合法、非法的区别。然而,这种出国方法在 20 世纪八九十年代被人重新复制并加以"改进",结果使这种特定历史阶段的特殊出国方式发生了根本性的改变:花钱买出国的手段依然保留了下来,但偷渡到他国的终极目的替代了原先的省钱初衷。P 氏家族中的非正常移民人数多达 60％,第三四代的绝大多数成员是非常规移民。从表面上看,他们的出国手续都是正当、充分的,是得到中国相关部门批准并办理了护照,但这些以探亲、旅游等名义合法出境的成员抵达目的国后却滞留当地。"家里花了 11 万元办了旅游签证让我出了国,到巴黎后就留在那里了"③。然后,他们会等待侨居国大赦等机会获得合法居留证。"妈妈和爸爸是在 1996 年和 1997 年偷渡出国的,不久就遇上法国政府发布大赦令,很容易获得了居留证"④。

---

① 周望森:《浙江华侨史》,北京:中国华侨出版社,2010 年,第 116 页。
② "藏舱"作为近代一种特殊的偷渡现象,一般是由活动在上海码头的被称为"包头"的线人(即掮客)来操作的。他们在得到一笔二百至四百银元的不等代办费后,买通远洋客轮上的一些船员,让偷渡者藏匿在轮船的煤舱等隐秘处,达到移居欧洲的目的。
③ 2015 年 2 月 5 日对潘丽的采访笔录。
④ 2014 年 7 月 31 日对徐晨的采访笔录。

　　毋庸置疑,各种程度与形式的非正常移民都是要冒风险的,即便侥幸成功者也仍心有余悸。当问及现在是否会建议年轻人继续冒险到国外去发展时,很多受访成员毫不犹豫地认为偷渡不好,明确表示不会再鼓动其他人那样做。"这种行为肯定是不好的,对个人来说是拿生命做赌注,偷渡毕竟是个未知数"①,而且很多非正常移民到国外后往往无法获得合法身份而被迫打黑工,收入很低,甚至只得用开水加面包度日。与此同时,随着偷渡成本的增加和中国经济的快速增长等原因,20世纪90年代初在温州地区比较普遍的"黄牛背"现象,在2000年后明显减少,民众都不主张也认为没有必要再通过这种冒险渠道出国。

　　(2) 合法移民

　　合法移民渠道主要是指在国外拥有居留身份的华侨通过家庭团聚、劳务申请的方式将其在国内的亲属或朋友接到国外居住。这种方式在1949年前出国的老华侨与国内家人之间尤为普遍,而对这些早期移民回国认亲并带亲属出国的行为,各国政府都持比较认可与宽容的态度。P氏的潘乾就是依据巴西有关移民政策,以家庭团聚名义将第二代悉数带出国。不过,当时的家庭团聚政策只限于配偶和未成年子女,潘乾最终是凭借自身的老华侨名望,前后用了10年时间才实现全面团聚,而第四代的徐晨、徐栋则因未满18岁而直接成功申请出国了。

　　至于一些旁系亲属和朋友就很难以此种方式移民,只得以劳工身份申请出国。在P氏第四代开始移民的21世纪初期,这种申请途径在浙南侨乡是比较流行的。这往往是由一些改革开放后的新移民来提出申请,因为他们不仅拥有合法的居留身份,而且已经办起了属于自己的制衣或制革等小工场。他们以企业主移民的身份向当地移民局和中国大使馆提出引进中国劳工的申

---

① 2014年7月27日对徐青的采访笔录。

请,得到批准后,就把相关材料寄给国内的人去申请护照和签证。当然,没有当上老板也是可以借助老乡、朋友或亲戚,为自己的国内亲人办理劳工移民。这些劳工抵达国外后,须到当地警察局办理工作居留,一般一年后便可转为正式居留。尽管劳工移民因身份较低,生活条件较差,被温州人认为是"掉身份"的,但作为一种正规出国渠道,比非正常移民有人身保障且移民成本偏低,而且一旦获得正式工作就不易被法国这类高福利国家的企业所解雇。不过,近年来尤其是 2008 年全球经济危机以来,随着经济的衰落和当地居民失业率的增高,法国等西欧国家或提高劳工申请条件或减少劳工移民数量,这反而在客观上促使温州移民寻求新的合法途径。据相关数据显示,温州地区的投资、商务、留学等新型的创业型移民人数明显增多,仅 2006 年—2008 年间的商务出国人数就达 15933 人,留学出国有 2985 人。①

综上所述,以家庭团聚、协助经商、劳工申请、投资商贸以及留学等为主的合法移民,与持假证件、伪造证明、非法滞留、偷渡等非常规移民共同构成了现当代中国人移民海外的渠道。当然,这些移民路径并不是截然孤立的,而是相互交叉、相互重叠的,有的甚至是互相促进的。

三、海外移民职业选择与发展机遇分析

1. 行业随时代变迁而不断多元化

经济因素的确不是移民海外的唯一原因,但这并不意味着中国移民到了海外不以赚钱为重心。事实是,旅欧的温州人不因生活环境的改变而遗失了"善贾"的文化基因。他们秉承了"敢为天下先"的温州人精神,把"赚钱自觉"移植到移民社会中加以发挥。

---

① 王崇倩:《温州人海外创业三十年》,《世界温州人》2008 年第 1 期。

因此,拼命工作赚大钱成为了他们生活的主旋律,经济活动成为他们最重要的活动。为了赚钱的核心目的,他们几乎从事所有可涉足的行业,其职业选择也自然随时代变迁而变化。

以拎卖摆摊为特征的小商贩生意(也叫"摆卖")是 1949 年前去欧洲的浙南移民所从事的主要经济活动。小商贩的经济水平无疑是低下的,他们的生活是可想而知的艰苦。他们或走街串巷,提篮叫卖,或在闹市街头摆下地摊,高声吆喝,经销的都是人们常用的领带、背带、皮夹等小商品或手工艺品,收入十分微薄。P 氏的第一代移民潘乾就是在这样低劣的职业中开始谋生并创业。他曾从马赛辗转到土伦甚至横渡地中海南下,到法国殖民地的阿尔及利亚和突尼斯做小生意,后来又在巴黎至里昂的交通沿线叫卖等。

二战结束进入 20 世纪 50 年代以后,随着西欧经济的恢复、发展,旅欧华侨的职业经历了一次重大的提升。一方面是"走出了独自打拼、孤立经营的滞后状态",另一方面是"开始基本上摒弃了拎卖方式的小商经营,开始了中餐、皮革、服装等服务业"[①]。少数积累了资本的旅欧浙南移民,则率先与他人合股或独资创办了小商店、小餐馆、小公司或小工场等实业,但能够长期良好发展的只占少数。潘乾就先后与同乡合开过皮革小工场、日用小百货批发公司和小五金厂,但因后续资金和技术的短缺等因素,经营的实业或倒闭或亏损或贱卖。

改革开放前后,家庭团聚型移民大多是继承或协助祖父辈经营早先创立的传统产业。进入 20 世纪 90 年代后,大批的温州新移民涌向欧洲大陆。这些初来乍到者特别是其中的非正常移民,因为一时间难以找到合适的工作或因没有合法身份,往往沿袭 20

---

① 周望森:《浙江华侨史》,北京:中国华侨出版社,2010 年,第 177—178 页。

世纪早期移民们的传统贩卖方式(通称"卖散"①)来生存。而大部分新移民的创业路径是：先在亲朋好友开办的餐馆或工场打工(包括"打黑工")，获得正式居留后，受雇为合法工人，再积累一定的原始资本后，便开设起属于自己的餐馆或工场。在这些相对固定而独立的经济模式中，一些温州移民变成了老板，从而开始了更大的行业发展。其中，服装、皮革业和中餐馆是他们操持最多也是最容易占据的行业。"刚到法国时，先在温州人开的制衣厂打工，2000 年获得居留证后开始自己做服装销售，现在有两间店面。表兄弟姐妹大多数也是从事服装业，个别在餐馆业做工。"②到目前为止，制衣、餐饮仍然是旅欧温州移民从事的最主要行业。如全巴黎大区至少有数百家温州移民开办的制衣工场，一大半的温州移民在制衣厂缝制衣帽。③

　　上述所提及行业对旅欧温州移民来说，是个相对独立的劳动力就业市场，能够得到就业和发展的机会，至今似仍显现其不可或缺，意义重大。与此同时，部分老板或企业主随着资本、经验的积累，不断开拓新的经营领域，行业形式逐渐多元化。如建筑业、装潢业，尤其是进出口贸易业的发展势头都颇强劲。在意大利还出现了许多较新颖且适应移民需求的行业，"如商业性质的小型超市和食品供应店、金融业的西联汇款、教育类的各式华文学校、IT 类的电脑专卖店、复印打字店和网吧，家政服务、房地产中介、中药堂、金店、书店、娱乐中心，以及代办护照签证的中介机构等

---

① 为了维持生活，"卖散"者早上天刚亮就要出发，提着篮子，背个背包，穿着"草鞋"，卖的是从中国进口的小玩具小商品。不过，这种从早期旅欧浙江人的传统拎卖业发展而来的行业在当代不仅得以延续而且也在变异。如一些有经济实力的老板也会参与，他们会批发来小商品，租个固定的摊位，然后开着专门的货物车去零售，有些类似中国的集市，也就是温州人所说的"摆摊"。

② 2014 年 7 月 27 日对徐青的采访笔录。

③ 王方辉：《去巴黎当华侨》，北京：世界知识出版社，2004 年，第 9 页。

其他面向华人社会的服务行业似雨后春笋,破土而出。他们的商业利益开始多元化"①。

2. 事业发展面临自身与社会的双重挑战

"温州人的吃苦耐劳、敢于冒险的精神,是温州经济发展的基本决定因素。"②难怪他们会自豪地说"温州人在哪里都有饭吃"③,而且一旦温州人占据了侨居地某个行业,当地人几乎很难跟温州移民竞争。然而,温州人受区域文化及观念意识的限制而形成的"自恋情结""普遍的'鸡头'情结"和"强烈的'投机'意识"也充分渗透在海外温州人身上,进而影响他们的经济发展,加之在欧洲的同乡移民人数与日俱增,使得他们感到生意越来越难做。

直言之,旅欧温州移民们面临着不小的经济发展压力,这既有来自侨居国政策和管理方面的外部因素,也有源自移民及移民社会内部的自身缺陷,最为严重的是激烈的行业竞争包括恶性竞争。"2003年,我们居住的那个地区(葡萄牙里斯本市郊)只有三四家超市,现在已经发展到三四十家了,华人移民间的不正当竞争也时有发生。"④由于服装加工业属于低端产业,法国、意大利、葡萄牙、西班牙等国的华人移民纷纷进入该行业,使得从业人数倍增,竞争尤为激烈。其实,这样的竞争不只出现在传统行业,也存在于教育等新兴服务业。笔者曾在意大利普拉托调查发现,当地较成规模的几家华文学校采取批评或指责对方缺点与不足的办法来反衬自己的长处,甚至在街头广告和招生宣传内容上也针锋相对。毫无疑问,这种行为有损华人自身的形象和声誉,也会被包括政府官员在内的当地人所蔑视、嫌弃,同时还会引发地方政府对华人企业采取禁止打店面招牌、突击检查乃至刁难性检

①　徐华炳:《意大利普拉托的中国移民社会调查》,《八桂侨刊》2009年第2期。
②　张启明:《温州引进外资的障碍因素分析》,《温州大学学报》2003年第2期。
③　2014年7月27日对徐青的采访笔录。
④　2015年2月5日对潘丽的采访笔录。

查、高额罚款和限制营业执照颁发等打击手段。

此外，卫生状况不良、企业整体形象不佳、经营管理不当、宣传力度不够、信息渠道不畅等等，都是海外中国移民企业存在的不足。还有当地媒体的负面报道、高额的税收和本地居民的不满等，也不同程度地损害着它们的发展。"当地居民对这些行业的评价基本不好，认为污染严重、噪声大、卫生状况差，当地居民还进行过游行，这多少会打击华侨的传统行业"①。而当下的全球经济危机对整个海外中国移民的冲击很大、影响深刻，尽管他们一直努力地探索新出路，试图实现行业的转型升级，但没有实质性进展的世界经济令他们对今后的发展充满忧虑和迷茫。

四、海外移民融入状况与文化认同分析

1. 语言与教育的两难困境

语言作为文化的主要载体，是人际交流的必备工具。然而，老一辈移民迫于生计、年龄和文化水平等因素的限制，只是学会了应付日常生活的一些简单口语，难以与外界真正沟通。潘乾早年谋生法国，只能靠初学的几句简单法语，夹杂着手势同当地人做生意。而他们到了晚年，往往选择回中国安度余生，"这其中的缘由主要还是在于难以真正地融入，语言上的障碍既让自己觉得自卑又让当地居民看不起"②。第二三代移民尽管在国内接受了一定程度的初高中文化教育，可一到国外却因埋头做工而很少与当地社会接触，结果也未能很好地掌握当地语言。"我们这一代人拼命的赚钱，特别是温州人，一星期七天都在赚钱。这样就很少有时间专门去学习法语了，只是在日常生活中学些简单用语。

---

① 2014 年 7 月 27 日对徐青的采访笔录。
② 2014 年 7 月 27 日对徐青的采访笔录。

法文不行那是很难融入的,也难得有深交的当地朋友,生意伙伴里也很少有当地企业主"①。这不仅制约了他们事业的进一步扩展,也限制了他们融入主流社会,融合就无从谈起。至于第四代移民,语言障碍就明显减弱了。他们或在国内受过良好的中等教育,或直接以学生身份进入侨居地学校接受正常正规教育,或"先插班读法语学校,再转读技术学校的专业课"②,而且未成年移民具有学习语言的年龄优势。

在考察温州移民的语言文化状况时,虽也看到部分移民为改善语言水平而到专门为中国人开设的语言学校或补习班学习,但仍不能从根本上或短期内改变困境。因为其一,温州移民有强烈的"赚钱自觉"意识却难有必要的"文化自觉"观念。大部分海外温州移民几乎全天候地赚钱,以致根本无暇顾及语言学习;其二,虽然温州话在海外温州人中起到凝乡情、聚人脉和齐抱团的作用,却具有明显的内向性、排他性。虽然"瓯音局于一隅不足以行远"③,但"奇怪的是即使在天涯海角和异国他乡,难懂的温州方言照样'耀武扬威',仿佛拥有了它就拥有了自己的世界。……但是这种对本地方言过度偏爱的背后,却是对其他语系的排斥感和敌视感"④。

2. 文化认同与吸纳的困惑

"认同"是对社会角色的自我承认,文化认同则包括种族的、民族的、宗教的和文明的认同。对海外移民而言,文化认同的实

① 2014 年 7 月 27 日对徐青的采访笔录。
② 2014 年 7 月 31 日对徐晨的采访笔录。
③ 王理孚撰,张禹等编注:《王理孚集》,上海:上海社会科学院出版社,2006 年,第 141 页。
④ 史晋川等:《制度变迁与经济发展:温州模式研究》,杭州:浙江大学出版社,2002 年,第 344 页。

质就是民族认同。① 改革开放前特别是 1949 年前出国的老一代移民是带着深厚的中华情感侨居国外的。他们在身份认同上始终觉得自己是中国人，也因此会创造出唐人街——文化冲突的直接产物——并习惯于生活其中，致使大部分人都游离于侨居国的主流社会之外。而 1978 年到 20 世纪 90 年代初期出国的新移民在全球化浪潮的冲击和自身条件的限制下，既想摆脱唐人街这类纯粹华人社区的禁锢，又无法完全立身于当代社会。他们一方面仍保留着从中国带去的本土文化传统，另一方面又要面对并消化现实中的异域文化。"从某种意义上来说，海外华人是两个世界中无所适从的人。他们生活在一个世界，却肩负着两个世界的压力"②。身处此种境地的移民们往往会产生认同的困扰，"一些已经适应了国外生活的新一代华侨回国后，反而难以适应日新月异的国内社会生活了，发现自己跟亲朋好友存在沟通差距"③。面对两种或多种文化的差异，有人积极调适、加以吸纳，不刻意抵触，"也能一定程度地接受那里的文化，对法国的企业制度、社会服务水平都是比较欣赏的。我们的下一代应该学习他们的先进方面"④。不过，面对侨居地文化，也有人自我封闭、排斥歧视。也因此，对这一代移民是否真正认同了当地文化，有些移民是持怀疑态度的，认为华人移民对侨居国文化的理解只是停留在物化的层面，并未真正地理解那种文化的内涵。因为他们作为外来移民尤其是短期移民，只是'侨居'在某种外国文化中，与'原居'在这种文化生态下的当地民众相比，是无法获得相同的文化认同感的。

---

① 中国华侨历史研究所：《华侨华人研究文集》，北京：中国华侨出版社，2005 年，第 67 页。

② 沈立新、谭天星：《海外华侨华人文化志》，上海：上海人民出版社，1998 年，导言第 6 页。

③ 2014 年 7 月 27 日对徐青的采访笔录。

④ 2014 年 7 月 27 日对徐青的采访笔录。

循此思路，第二代华人移民必然生存在两种文化或多元文化下，即便加入外国国籍，也难以在一定的时空内真正融入侨居国。

至于 20 世纪 90 年代末以后出国的新移民尤其是出生在当地的新生代移民，由于"肤色、宗教、习俗与文化这些民族差异的重要因素对他们适应当地生活也许已不构成多大的障碍"①，加之这些华人华裔从小接受的文化教育内容不一样，他们理解社会的视角也不一样，所以会在生活习惯方面不断融入当地社会。不过，华裔父母在不再为子女是否能融入当地社会而担心的同时，却对他们是否仍能保留优秀的中华传统文化表示出担忧。"我们这一代移民，本身就在国内接受中国教育和文化熏陶，对中华民族文化还是认同的，但是下一代很少受到中华文化的影响。如何认识中国文化主要就看家庭环境了"②。对此，我们既要从中国的维度来肯定移民父母通过创造适当的环境条件来引导孩子接受中华文化，也要从全球的眼光去尊重孩子们的自我选择，鼓励其积极融入，努力塑造一种"服务侨居国就等于为包括中国在内的世界做出贡献"的战略思维。

3. 种族歧视的长期存在

虽然种族歧视受到当今民族国家的坚决反对，但这种现象在全世界范围依然大行其道，"当地人对异乡人的社会歧视是一个各地都普遍存在的现象"③。在任何一个有移民的国家里，外来移民和原居民之间在社会生活的方方面面都会存在大大小小的种族歧视问题，"即便在未成年的孩子们之间及其就读的公立学校

---

① 巫秋玉：《融合抑或游离：居英香港华人的文化适应》，《华侨华人历史研究》1999 年第 1 期。

② 2014 年 7 月 31 日对徐晨爱人的采访笔录。

③ 潘兴明、陈弘：《转型时代的移民问题》，上海：上海人民出版社，2010 年，第324 页。

里也同样存在"①。因此，移民输入地社会没有必要刻意去抹杀或标榜自己没有种族歧视，"如果真的没有，那真像上帝一样都是平等的子民了"②。从深层次而言，诱发种族歧视的原因在于文化的差异，但日常生活中的一些行为甚至可能只是一种心理感受都有可能导致种族歧视。比如"国外的温州人不会说法文却开着豪车，居住饮食也都比当地居民好，去购物都买高档品，甚至不问价格。"③这些显财露富行为极易引起外国人心理上的不平衡和嫉妒，进而使得双方不交流，强烈的就可能演变为种族歧视。当然，在不同的国家和不同的时期对不同的族群，种族歧视是有差异的。如在葡萄牙，"政府部门、社会机构对外来移民的歧视并不明显，不过现在可能是受经济危机的影响，个别公职人员在对华人履行公务时，显得特别苛刻甚至带着种族歧视心态而故意刁难移民企业主。而在与当地居民的个别交流中存在较多的种族歧视现象。当地居民觉得中国人既然移民到了葡萄牙就应该学会他们的语言，特别是在他们受到生活压力和失业问题时，往往会情不自禁地认为自己的钱是被中国人赚走了，产生了奇怪的畸形心理"④。

随着中国综合实力的增强和国际地位的提高，海外华人不仅在心理上扬眉吐气而且在经济上也备受外国关注，但由此也使得外国民众产生了"羡慕妒忌恨"的复杂心理。勤快、吃苦耐劳但又好面子的中国人既令当地居民钦佩，也让他们深感不适。其实，当地居民所见的华人移民经济之欣欣向荣只为表象，殊不知其中的中国人的集体主义力量所在。当然，强调个人主义的西方民众也难以理解温州移民经济得以迅速扩张的内在源泉在于温州人

① 2014 年 7 月 27 日对徐青的采访笔录。
② 2014 年 7 月 27 日对徐青的采访笔录。
③ 2014 年 7 月 27 日对徐青的采访笔录。
④ 2015 年 2 月 5 日对潘丽的采访笔录。

强烈的抱团精神。不可否认,种族歧视还将长期存在下去,但我们仍然期待"随着将来第二三代子女突破语言和文化障碍,逐步融入当地社会后,种族歧视也将减弱"①。

综上所述,作为个体或群体的华人移民能否融入侨居社会,并被侨居社会真正接纳,是"一个长期的、多方面的过程,需要移民,同时需要社会中的非移民成员相互尊重、相互适应,从而使双方能够积极和平地共处"②。也就是说,实现融合(integration)的最佳途径是移民目的地社会要集中解决那些切合移民实际需要并具操作性的问题,特别是在语言学习、培训教育、劳动力市场与经济参与、医疗及其他关键的社会服务,以及参与社会和政治生活等方面给移民以实惠,而移民们也要积极培养起自立精神并"使移民社区能够产生自己的领头人"③。

五、开展海外移民实证研究的启示

站在普通移民者的视角,通过对中国海外移民重要输出地之一的温州及其 P 氏移民家族的出国途径、职业结构和社会融合等方面的分析,基本实证了社会生活变迁与个人价值取向对中国海外移民的迁移行为及社会活动的影响力。除此之外,还可从中总结出一些研究国际移民的思路:

首先,要充分地认识到绝大部分移民的个体行为绝非仅具有个人意义,其对国内外的社会、经济和政治都会产生深刻影响。比如,对移出地来说,既会产生劳动力减少、人才流失、性别比例失衡、留守儿童及其教育问题,以及老龄化空巢化现象,也带来归

---

① 2014 年 7 月 27 日对徐青的采访笔录。
② GCIM:Migration in an Interconnected World,2005,pp.44.
③ [美]Khalid Koser:《国际移民》,吴周放译,南京:译林出版社,2009 年,第 91 页。

侨侨眷、侨资侨汇、侨捐侨校，以及侨乡文化、侨乡经济、侨乡发展战略等一系列"侨"牌标识；对移入地而言，不仅可能导致人口就业压力、多元文化冲突、社会治理挑战等问题，而且随着新族群社会的建构，当地的整个社会结构都将面临重塑，乃至因跨国移民的持续增长而出现相对独立的空间——跨国社区。这些特殊移民群体的产生，不仅会催生新意识、新文化、新资本、新社会，从长期看来还会"使人们重新审视国籍的内涵"①。

其次，要全面地认识移民行为是动态性与静态性的统一，进行移民研究必须反对静态视角和孤立的方法。因为移民虽是在一定的时间、地点和条件下进行的人口迁徙行为，但不论是迁出地还是迁入地，又都要按照相对稳定的行为规范办理移民手续，移民本身则也要安家置业定居。而静态的分析势必不能全面反映移民随时空变化所发生的实际情况。比如在界定移民类别时，要清楚各类移民之间完全可以转变，合法移民也可能转化为非常规移民。同样，孤立地看待移民及其活动或者将其与关联事物分离开来审视，是极其不正确的，也是难之又难的。

最后，要辩证地认识国际移民研究所需要的宏观维度与具体实证。尽管包括华侨华人在内的国际移民现象由来已久，至今依然时刻发生在我们的身边，但要理性地认识和把握移民跨国跨境的真实根源与目的，绝非轻易之事。一方面，作为跨越国界的行为，移民运动自 20 世纪初开始就告别了自由移民时代，一直置于国家的严格控制之下。因此，国际移民首先需要国际社会的共同行动和全球治理，讨论国际移民问题要将其置于全球语境下进行长时段的整体性分析；另一方面，作为行为主体，移民本身具有强烈的主观能动性和移民"习性"。因此，考察移民现象或活动时要

---

① ［美］Khalid Koser：《国际移民》，吴周放译，南京：译林出版社，2009 年，第 24 页。

充分考虑移民者个体状况和心理因素,要通过调查获得活生生的鲜例来读懂移民行为,要对移民问题进行情感介入式的研究,要努力用移民自身的经历来弥补"由于缺乏世界某些区域移民方面的研究、信息与数据,以及研究者自身知识的欠缺"所导致的移民研究的某些缺陷①。

---

① 〔美〕Khalid Koser:《国际移民》,吴周放译,南京:译林出版社,2009 年,第 12 页。

意大利普拉托的中国移民社会[①]

一、普拉托的中国移民简况

普拉托是意大利最小的省,但隶属于其的普拉托市却是意大利华人密度最高的一个城市,全市总人口约 22 万,华侨华人却多达 4 万左右。尤其是 Via Pistoiese 和 F. Filzi 两条街道聚集的华人企业多达数百家,成了名副其实的唐人街。普拉托华侨华人以浙江人和福建人居多,这几年东北人也逐渐增多。其中 80% 以上的中国移民均来自温州地区,温州方言自然也成为普拉托华人的常用语言,普拉托的华人日常生活和生意往来基本上都使用温州话。我们在调研过程中深刻感受到温州华侨所描述的"在欧洲,只要会讲温州话,不会讲英语也没关系"的情景。普拉托之所以会形成这样一种华人社会格局,一方面是近些年来,当地政府对华人的宽容政策和当地居民的接纳意识,引来了大批的华人移

---

① 2008 年 10 月下旬,根据温州大学与澳大利亚 Monash University 关于共同研究"普拉托中国人"的合作协议,笔者前往意大利普拉托市与澳大利亚学者 Russell Smyth、Graeme Johanson 和 Tom Denison 等进行了针对当地中国人的有关调查与访谈。在两周的时间里,不仅接触到大量的华侨华人以及中国驻佛罗伦萨领事馆官员,而且还走访了华侨华人联谊会、华商会、华文学校、《欧联时报》和《华商报》等侨团侨校侨媒,以及普拉托的华人工业区甚至非法工厂。

民,"总体上,普拉托的当地政府、工商业和社会团体在看待中国移民方面一直是相对积极的,既承认高比例移民带来的问题,同时也看到了潜在的利益"①;另一方面,先期到达该地区的中国移民艰苦创业,不断开拓,打下了凝聚移民的经济资源和社会网络。据调查,普拉托的最早一批中国移民是在 20 世纪 80 年代中期从法国"二度移民"而来的,但人数极少。截至 1982 年,全意大利也仅有 2000 名左右的华侨华人,而普拉托仅有 38 位中国人(1989年)。② 到 20 世纪 90 年代开始增多,大概达 400 多人。进入 21世纪特别是 2003 年以来,中国移民数量急剧增长。

二、普拉托华侨的生存状态

当地华侨基本上居住或生活在普拉托老城区外,环城的中世纪古城墙非常明显地把他们与意大利居民的生活区分开,大致类似于国内的城郊结合部,形成了较为独立的华人社区。"因为他们已在那里建起了小中国,那是欧洲最有活力的中国人聚居区之一。……普拉托人将这块中国人居住的地方称为'圣·北京'"。③ 这种称谓,正是普拉托作为意大利最"中国"味城市的明证。普拉托的中国移民及其社区是欧华社会的浓缩,所以,考察普拉托中国人的生活习俗、职业分布、企业地位和华文教育等,将有助于了解当代欧洲华侨华人的生存状况。当然,他们的生活习惯、人情世故等诸多方面,较之国内,还是在悄然发生变化。

---

① Tom Denison, Dharmalingam Arunachalam, Graeme Johanson, Russell Smyth.《意大利普拉托的华侨华人社会》,刘群锋译,《侨务工作研究》2008 年第 5 期。

② Tom Denison, Dharmalingam Arunachalam, Graeme Johanson, Russell Smyth.《意大利普拉托的华侨华人社会》,刘群锋译,《侨务工作研究》2008 年第 5 期。

③ 菲奥纳·埃勒斯:《用中国成本生产,意大利制造》,汪析译,《明镜周刊》2006年 9 月 7 日。

1. 生活方式

在语言上,虽然仍以家乡话为主要交流工具,但使用意大利语的人群也在逐渐扩大。那些与意大利人有生意往来的企业主、侨领、超市老板、咖啡店或茶吧店主、报社工作人员就多少懂些意大利语;在饮食上,他们一方面继续保留颇具中国特色的口味。比如在那里,温州地方有点名气的酒店都会被克隆:王朝大酒店、阿外楼、天一角、温州大酒店、鹿城饭店、五美饭庄等等,不仅如此,菜肴烹饪及上菜程序都同国内一样。但另一方面,就餐时间却与意大利生活接近起来:早餐时间一般在 8：30—9：00 之间,以各式意大利面包和咖啡或茶为主,中餐则在下午 1：30 才开始,晚餐要迟至 20：30 才"隆重登场"。当然,这与当地的工作时间是相匹配的;在住房上,他们一般把居住的房屋称为"住家",住家基本上是从当地人那里租的。由于当地几乎没有高于三层的房子,所以钱多的华侨会租下整幢房子,楼下开店,楼上睡觉。钱少些的就租一层,前店后房,而一般的移民就只能几个人合租一层了。至于工业区的移民工人,尽管当地政府要求企业主把他们的住宿与车间分开,但实际上因经济成本和工作方便的需要,他们往往被直接安排住在厂里面。真正买房的人是不多的,因为那样很容易会引起地方政府的注意而被调查整个经济来源与收入状况,进而要缴纳高额的税收;在交通上,这是我们此行感受最深的一个方面。无论在华人区还是当地居民区,交通秩序非常好,人们都敬畏生命、以人为上。尽管整个市区的道路很窄,但由于基本上实行了单行道和司机的良好素质,城市并未显得拥挤。无论行人是否在斑马线上,开车者见到人就会早早地把车减速或停下,甚至示意你先走。普拉托城区不算大,一般的华人都步行办事,老板们都会有小车,有些不止一辆。自行车倒不是来自自行车王国的中国移民的主要交通工具;在礼俗上,温州移民之间仍然具有很浓的乡情。朋友聚会、亲人订婚结婚、接待客人和邀请贵宾依然很热情,婚礼摄影店和喜糖包装店随处可见。我们这次调查过程中多次被华侨邀请吃饭就是很好的佐证。当然,在酒店热热闹闹结婚拍照(这些场面一是为纪念之用,二是寄回国内给家人亲戚看)的新人在亲朋好友散去后,依然回到现实过那仍不宽裕的日子;在文娱活动上,由于他们出国就是为了改变生活质量,所以在那里的每个移民都尽力地工作多赚钱。工作之余的时间,除了偶尔看看 CCTV 国际频道、台湾地区的新唐人等为数不多的几个中文电视台节目和国内带出去的影碟片外,其他文化娱乐活动非常少。在访谈中发现,连年轻的移民都说一到晚上就很无聊甚至寂寞。也许这种现状的存在,使大量带有色情字眼的按摩店广告成为了华人区的一道“风景”。

　　普拉托华侨以国内同乡和中国其他地区移民为主要交往对象,并辐射到与意大利其他地区和全欧洲的华侨华人联系。而与当地居民的接触相对是少的,也是缺乏主动的,至于意大利朋友那更少了。这主要是语言不通和华人社区的完整性与独立性所致。[①] 在访谈中,多数华侨觉得自己生活在华人圈里挺好的,想与当地意大利人交际的意识不强。由于上述提及的居住条件的限制,华侨们的联络载体很少用固定电话,加之欧盟地区的移动话费非常便宜,使得手机成为最大的通信工具。与此同时,他们也经常性地与国内联系,主要也是靠手机,网络也逐步成为普拉托中国移民交往以及他们与侨乡增进感情的重要载体。

---

　　① 据意大利的媒体报道,在意大利社会和华侨华人社会中存在着互相不信任和自我隔离。与笔者一起调研的 Russell Smyth 和 Tom Denison 在他们的《意大利普拉托的华侨华人社会》一文中,也写到,“与中国移民有关问题的争论大都围绕华侨华人在多大程度上与意大利社会相融合或者多大程度上形成了一个封闭的社区而展开”。的确,普拉托华侨华人社会未来发展的一个中心议题是在多大程度上他们与意大利社会相融合或相隔绝。但他们及意大利社会部分民众所持的“族群社会的自我封闭经常是对主流社会深藏的不信任的一种反应”立场值得商榷。

2. 就业模式

从整体来看,普拉托中国区里的华侨从事的行业仍以餐饮为主,各式各样、档次不一的酒楼随处可见。但是,认真考察后发现,华侨传统意义上的"三把刀"行业(餐饮业的菜刀、服装业的剪刀和理发业的剃头刀)正在发生深刻变化。餐饮由纯粹的中餐馆向中西餐混搭、西餐,以及各国料理等多样式发展。服装业也不再是单纯的裁剪加工,而向设计、批发、贸易等纵深领域拓展。理发花样自然更新更快了。不仅如此,还出现了许多较新颖且适应市场的行业,如商业性质的小型超市和食品供应店、金融业的西联汇款、教育类的各式华文学校、IT 类的电脑专卖店(如新概念科技电脑、蓝科电脑、数码源电脑等店)、复印打字店和网吧①,家政服务、房地产中介、中药堂、金店、书店、娱乐中心,以及代办护照签证的中介机构等面向华人社会的服务行业似雨后春笋②,破土而出。"他们的商业利益开始多元化"③。而从行业的人群看,温籍华侨凭借资格老、人数多、资金雄厚而成为各行业的老板或负责人,而原本就以劳工方式申请出国且缺乏原始资本的新来中国移民如东北人一般做工。

3. 企业格局

普拉托省自 13 世纪以来一直是意大利乃至全欧著名的纺织工业中心,号称欧洲的第二盏"纺织明灯"。现在普拉托作为欧洲的纺织品集散地,既是意大利服装行业的中心,也是"意大利制造"标签的中心。世界知名服饰品牌古奇(Gucci)和普拉达

---

① 在普拉托,由华人经营的网吧有五六家,如时代网络会所、天使网吧、忆华网吧等。

② 意中服务社(IC service)就是一个典型的全面商业服务机构,它不仅提供居留办理、结婚证与住家证明等法律服务,也进行房屋的买卖、租赁和贷款及合同业务,还有专设的医务所和汽车服务内容,甚至做安利产品等直销服务。

③ Tom Denison, Dharmalingam Arunachalam, Graeme Johanson, Russell Smyth.《意大利普拉托的华侨华人社会》,刘群锋译,《侨务工作研究》2008 年第 5 期。

(Prada)的生产基地就设在普拉托。最初,华人移民只是以廉价劳动力受雇于普拉托纺织行业。而近年来,华人企业发展很快,普拉托的中国人通过创立自己的品牌正全方位地改变着意大利的时装行业。据普拉托工商行政管理部门和商标注册机构 2008 年初的统计,普拉托的伊欧拉和达沃拉两大服装中心有 70％的企业主为华人(其中绝大部分又为温籍华侨华人)。这些企业不仅承担该地区 95％以上的服装加工,而且打破来料加工的格局,分别拥有自己的品牌。他们完全替代了老牌的意大利企业,成为了意大利服装市场的新秀。其中伊欧拉工业区里,3500 家企业中的 3000 家左右均为华侨华人控制①,而且剩下的当地人企业也继续面临被华人企业挤压或并购的情势。而在普拉托地区最大的 IGIG 超市里,同样设立了专卖中国商品的"中国园"。

4. 华文学校

普拉托的华文学校数量和规模在欧洲华人圈是有名气的。它们不仅是解决华侨子女教育问题的好渠道,也是多元文化融合的好场所。办学形式多样,有个人独资、多人合股和侨团集资等;校舍有租用私人住宅的,有借用当地学校空余教室的,还有厂房改造而成的;学生数从几个到近千人不等,而且每个学校的学生数随季节也会不断变化;学习形式有短期培训和全日制(按国侨办编写的海外中文教材授课);授课内容有意大利语、汉语和英语等语言课,也有音乐、舞蹈等兴趣课;任课教师参差不齐,专兼职并用,有华人也有意大利人。其中以普拉托华侨华人联谊会主办的中文学校为最规范。它是由联谊会的 20 位侨领在 1997 年筹资创建的,设立董事会并专门聘请了两位上海外国语大学的原意

---

① 意大利许多大时装设计公司,包括普拉达、范思哲和阿玛尼,在很大程度上都依赖普拉托的中国供应商。http://www.zuans.com/zuanshi/zhanhuibaodaoo/zuanshi_4555.shtml,2008‐9‐20。

大利语教师担任校长。现在分为成人语言部和儿童小班部,两个场所,人数最多时达到千人。目前是全欧洲最大的华文学校,曾受到当地政府官员和侨界的重视,也曾派学生参加中国国内主办的华裔青少年寻根之旅夏令营活动。

三、普拉托中国移民面临的"两难"

1. 关于同行竞争问题

尽管当地中国移民从事的行业领域不断扩展,但限于地方政府的政策、华侨华人资金与文化教育程度,以及其他一些个体因素,他们所经营的行业仍以餐馆和小商店为主,这使得他们相互间多少存在矛盾。某酒店老板就亲口告诉我们,另一家饭店的老板原来与他是合伙做生意的,后来因单独开了饭店,现在虽然仍是老乡关系,却因此几乎不交往了。其实,在华文教育方面亦如此。在普拉托成规模的华文学校虽只有普拉托华侨华人联谊会中文学校、语林社和 LIU SAN 华人学校三家,但访谈时发现,他们在自我介绍时,总不乏去指出对方的缺点与不足以烘托自己的长处。从三家在街头的广告和招生宣传内容与气势上,也显示客观存在的冲突。

2. 关于偷漏税问题

包括意大利在内的欧盟国家的社会福利都是很高的,而支撑这种高福利的就是政府的高税收。普拉托的中国人对于普拉托当地,乃至整个意大利做出的贡献是非常大的,对于其经济的发展可谓功不可没。连普拉托市市长都称华人为当地经济上的"福音"①,而这主要就是体现在纳税上(此外,华侨住家租金也是当地

---

① Tom Denison, Dharmalingam Arunachalam, Graeme Johanson, Russell Smyth.《意大利普拉托的华侨华人社会》,刘群锋译,《侨务工作研究》2008 年第 5 期。

居民的一大重要收入）。但是，随着近年来意大利财政赤字的不断攀升，企业税收额也由此大大提高。为此，包括意大利企业主在内的普拉托众多企业铤而走险地采取违法的偷漏税。在走访中，华人企业主也毫不掩饰地告诉我们这种情况的确是存在的，但他们强调是从意大利企业主那里学来的。

3. 关于联谊会、商会问题

为了在他国异乡求生存谋发展，华人移民社会通过成立各种协会以互助。这些协会的角色包括加强和中国的关系，对同胞予以援手，开展文化和娱乐活动，为成员提高生活条件以及和当地人和谐相处，在当地组织中起代言作用，特别有关居住许可证件问题上。[①] 目前，在普拉托有 4 个华人社团——普拉托华侨华人联谊会、普拉托华商会、旅意福建华侨华人总会和意大利华侨华人佛教总会。这些侨团在稳定华人社会、资助弱者、救济贫困、协调与当地政府的关系等方面都发挥了积极作用。其中，作为欧洲华侨华人最集中地区的联谊会，普拉托华侨华人联谊会承担的事务是非常之多的，工作也是极为繁琐的，当然影响力和作用力也是相当大的。它成立于 1997 年 4 月，基本上由各行业的老板任正副会长、秘书长职务。这主要是考虑到联谊会是非商业性的团体，而日常运作又需要资金支持，这就要由具备一定经济实力的行业主来赞助。不仅如此，他们还成立董事会，进行一些惠及广大华侨的事业，如举办华文学校等。普拉托华商会也成立于 1997 年，每三年换届，现在已经是第五届任期了。目前，两会的共同问题是：虽有办公场所却无固定办公人员，使得许多事情被耽搁；每次更替领导班子时，都会出现一种以出资多少来定职位的现象；领导层都很看重在国内的"政治身份"。这些弊端的存在导致两

---

① Tom Denison, Dharmalingam Arunachalam, Graeme Johanson, Russell Smyth.《意大利普拉托的华侨华人社会》，刘群锋译，《侨务工作研究》2008 年第 5 期。

会的整个运作都有些紊乱。在调查中，我们想看一份完整的商会会员名单都很难。不仅如此，许多因"没有资格"加入两会的华侨纷纷设法以各类名义成立各种侨团组织，这种趋势既好也坏。从温籍海外华侨华人社团来看，目前存在侨团重叠林立、侨领素质不高、侨社间不协调、侨团内不团结等弊端，从而降低了侨团的影响力、折损了华人社会的整体形象，给侨社裂变留下隐患。①

4. 关于普通移民、联谊会和领事馆的关系问题

在调查中，我们发现很多移民特别是暂时还没有拿到"绿卡"的移民，对中国驻佛罗伦萨领事馆表现出不满、怨恨。分析发现，导致中国移民与中国驻外机构间不良关系的原因是多方面的。其中一个重要起因在于，前段时期的欧盟尤其是意大利新移民法的通过，使许多无居留证的移民失去了将来取得居留证的信心。在此情景下，他们依然把一线希望寄托在领事馆方面，希望领事馆能从中国移民对当地的整体贡献角度帮他们再向当地移民局争取居留权。可事实是，领事馆也无奈。于是，这些移民只得退而求其次，希望领事馆能尽快帮他们办理回国的护照和签证（2008年从美欧开始的经济危机也是促使双方关系比以往更僵的主要因素。移民嘴上都挂着一句"欧洲完了"的话，觉得在此情景下，必须赶快回到经济还算平稳的中国"过冬"）。可结果仍令人失望，"我们辛辛苦苦到那里（佛罗伦萨领事馆）排队，人很多，领事馆反而叫意大利警察来赶人。我们都是中国人，叫外国人来这样做，觉得是被自己人欺负了。排到队的许多人又仅仅因为缺一张复印件而被打发走了"。在"官道"无能为力的情况下，无奈的移民又向联谊会求助。联谊会则既要按侨团宗旨为华侨们办实事，又不得过度地向官方性质的领事馆施压。为此，联谊会的负

---

① 任柏强、方立明、奚从清：《移民与区域发展》，北京：人民日报出版社，2008年。

责人们会想尽办法去平衡双方,甚至包括通过个人关系来恳请领事馆方面能考虑实际问题,以减轻联谊会的压力。当然,总领事也一再表示,"我们的任务是服务于我们的侨民,……因为总领馆应该是永远如何帮助侨民们遵守当地法律","我的同胞们如何能够和当地政府部门更加的融洽在一起,是和双方的共同透明度和信任是离不开的"。①

　　毋庸置疑,中国海外移民的生存与发展还存在诸多问题也将面临不少困难。正如普拉托华侨华人联谊会会长蔡长春在新春致辞中所说的,"在全球经济危机的大环境里,……2009 年,这是充满新的机遇和挑战的一年,然而,对我们普拉托华人来说,也将是艰难的一年。面对全球经济危机和当地政府对华人企业越来越严厉的封查,侨胞的创业越来越艰难。"②但我们呼吁也相信全体侨胞能振作精神,积极应对面临的困难,严格遵守当地的法规,合作经营,积极融入当地社会,为当地社会的繁荣和中外交流做出新的贡献。

---

　　① 　Maria Lardara:《顾宏林总领事表示全力合作于普拉托政府官方》,《万里》(中意双语月刊)2008 年第 6 期。

　　② 　作者不详:《振作精神　努力创业——普拉托华人华侨联谊会欢庆新春》,《世界温州人》2009 年第 1 期。

普拉托温州人的力量与情谊

一、引子

"普拉托是我新故乡。天和地是自然的画框,普拉托这座城就是框中最美最令人陶醉的一幅油画。自从我来到这里生活,就像红酒瓶上的木塞,时刻被美酒滋润着"。电视剧《温州一家人》的女主角阿雨,如此感悟她出国的第一站——意大利普拉托。

巧合地是,笔者此生到达的第一个国外城市也是普拉托,只是比阿雨晚去了整整 27 年——2008 年 10 月因国际学术交流的缘故,我在那座古老而又时尚的城市停留了一周。

二、宁静之城

普拉托(Prato)省地处意大利中部偏西海岸,属于盛产葡萄酒的托斯卡尼大区(Tuscany)。她南视首都罗马、北接工业重镇米兰、西通历史名城比萨、东南紧邻文艺复兴之都佛罗伦萨,处于意大利交通主枢纽位置。在历史上,普拉托曾是佛罗伦萨的卫星城,两地相距不到 20 公里,我们从佛罗伦萨机场打的到其省会普拉托市也不过 41 欧元多。

普拉托自 13 世纪以来一直是意大利的毛纺织工业中心,扮演着高品质时尚商品制造者的角色。20世纪60年代开始，一度遭遇纺织行业的经济危机，直到20世纪80年代重新定位后，再次焕发昔日"欧洲服装中心"的活力，国民经济产值迅速提高，以至这个小镇在1992年被意大利政府单列为省。如今，普拉托作为欧洲的纺织品集散地，既是意大利服装行业的中心，也是"意大利制造"标签的中心。世界知名服饰品牌古兹（Gucci）和普拉达（Prada）的生产基地就设在那里。普拉托省的纺织业与温州市的服装业有着良好的互补性，两座城市在2002年10月建立了友好关系。

作为全意大利最小省份之一的普拉托，下辖普拉托市和11个小镇，面积不到400平方公里。2011年总人口仅25万左右，其中省会普拉托市人口最多，约有22万。普拉托的地势正如她的汉语之意"草原"一样平坦，一条自北向南穿越全省的美丽河流上依然架设着古代伊特鲁里亚人修建的多座古桥。

我和同事住在普拉托市中心的San Marco广场边的一家旅馆，因为广场草地上竖立着一块造型婀娜多姿的白石头，那里的中国人习惯称它为"白石头广场"。我们每天清晨从住处出发，沿皮斯托斯大街（Via Pistoiese）往西北方向进入华人区。步行也不过20多分钟的路程，却让我们的思绪追溯至中世纪，领略中世纪和文艺复兴时期遗留下来的众多古迹、教堂和博物馆。主道上那融合了罗马和哥特式两种建筑风格的大教堂肃静而立，产自当地的大理石砌成的外墙令人景慕。大路旁的巴洛克风格的小教堂显得别样的精致和细腻，街角处触手可及的各式雕塑给人愉悦和生活味。最质朴却也最赞叹的当属那高达十几米的灰白色城墙，不只因为它建立于中世纪而彰显历史文化底蕴，更在于它环抱起整个普拉托市老城区，并以有形墙体阻隔了意大利居民和华人社区的沟通与融合。

普拉托人的传统生活，注重享受、追求悠闲。他们可以三五成群地站在广场上,沐浴着阳光,闲来无事地漫谈着海阔天空的话题;老人们可以只点一小杯咖啡和两片饼干,似玩非玩地打着意大利式"桥牌";店铺和工厂可以从下午三点开始歇业,周末更是关门大吉。对普拉托人生活乃至工作的慢节拍,我们体悟至极。一日乘公交车时,有行人伸手示意停车,本以为要上车,却向司机问路,预想一二分钟解决,哪料足足十分钟未搞定,更惊讶于全车无人起立表示不满。同事诙谐道,司机干脆下车带路再回来开车算了。

红瓦屋顶、广场鸽子、整洁街面,一个让人驻足欣赏的老城。步行人群、自助旅店、年长男侍,一个让人平静心灵的古镇。

三、中国力量

穿过古城墙,便是华人世界。遍地的中国餐馆、中国货行和中国超市聚集在 Via Pistoiese 和 Via Fabio Flizi 两条街道上,这里是地地道道的中国城,普拉托人称之为"圣·北京"。

"生活在高墙外"的中国人以浙江人和福建人居多,东北人也逐年增加。普拉托的最早一批中国移民其实是在 20 世纪 80 年代中期从法国"二度移民"而来的,但人数极少,到 1989 年也仅 38 位。进入 20 世纪 90 年代,受中国放宽的移民政策和意大利政府大赦政策的影响,以及普拉托政府发展经济的需要和当地居民的开阔接纳意识,使得华人移民数量飙升。如今的 4 万中国移民让普拉托成为意大利最"中国"的城市。我们时常路过一家小林超市,它的门口有片小广场,总是人流密集、车水马龙,俨然成为华人社交中心和信息传播场。普拉托华人如此高密度的聚集不仅引起中国驻佛罗伦萨总领馆的关注,而且成为多国学者研究的重要对象。我在普拉托的工作就是围绕这一核心问题展开的,也在短短七天中就偶遇中国驻佛罗伦萨总领事来处理移民事务。当前,普拉托华人问题吸引了国际移民专家的眼球,也引发了中意两国政府的讨论。

行走在普拉托的唐人街,最亲近的莫过于那些方块字。满眼望去,尽是汉字店名、中文广告,难觅几行意大利文。站在那里,情不自禁地为中国人能创造出融音、形、义于完美一体的汉语而自豪,而华语招牌背后的中华文化更让人惊叹。既有体现礼俗文化的"大众婚礼摄影中心""喜临门喜庆服务中心",也有体现传统中医文化的"同仁中药堂""中华中草药堂",还有体现东方武术文化的"中国功夫"小告贴。弘扬中华文化最有效的途径当属教育,普拉托华侨华人联谊会中文学校、语林社和 San Paolo 华人语言学校不仅解决了当地华侨子女的教育问题,也成为多元文化融合的好场所。不只如此,同样具有中国传统宗族文化和乡土观念的普拉托华人们还构建了组织文化。目前的普拉托有 4 个华人社团——普拉托华侨华人联谊会、普拉托华商会、旅意福建华侨华人总会和意大利华侨华人佛教总会。它们在团结华社、维护侨益、融入当地主流社会等方面发挥了积极作用。

"中国制造"是 21 世纪中国走向世界的一个突出标志,笔者又恰好无意选择在 2008 年金融危机爆发后,前往一个衰落的资本主义国家意大利考察,这种强烈的反差在我抵达普拉托郊外的华人工业区时,竟然上升为一种"难怪欧美会叫嚣'中国威胁论'"的感悟。伊欧拉(IOLO)和达沃拉(TAVOLA)工业区是普拉托的两大服装中心,中国移民们最初只是以廉价劳动力受雇于普拉托纺织行业。1996 年前后,出现了第一家从事针织品和服装生产的华人成品厂,到 2000 年也就约 100 家。2005 年左右,华人企业快速发展,到当年底,普拉托省的 3682 家外国人经营的公司中有 2414 家为中国人独资。2008 年初,普拉托华人企业主占到 70%,拥有了 3000 多家企业。华人企业主们不仅承担该地区 95% 以上的服装加工,而且打破来料加工的格局(不从意大利当地而是由中国进口布料和纱线)，像阿雨那样逐步创立自己的品牌，替代老牌的意大利企业，全方位地改变着意大利的时装行业，成为意大利服装市场的新秀。我们参观了华人服装企业那一眼望不到头的简易厂房，也目睹了直接摆放成衣在园区大道上销售的情景，颇为佩服。而在普拉托地区最大的 IGIG 超市里，当我们身临"中国园"时，再次为中国商品进军世界市场而倍感折服。

四、温州元素

有人说，天不怕地不怕，就怕温州人说普通话。温州方言确实难懂，但在欧洲，讲温州话却可能比讲英语更管用，在普拉托就是如此。在那里，3 万温州人成为华人移民的主体，80％的温州籍企业主占据华人经济的盟主地位，温州话自然也就成为了当地华人社会的常用语言。无论是街面上和商场里，还是手机中和餐桌边，听到的尽是满耳的温州话。站立街头，全然不觉置身异国他乡，大有身处温州某地之感。正因此，来自瑞安的同事不由自主地操起家乡话来做访谈。我虽不是温州人，但有永嘉籍外祖父的遗传基因和瓯海籍妻家的家庭语境，让我也甚感用温州话与访谈者交流所具有的亲和力。温州话作为身处西方话语权中的海外温州人的一种文化认同载体，起到了凝乡情、聚人脉和齐抱团的作用。为此，2009 年 10 月，温州广播电台与中国国际广播电台合作开通了温州话频道《魅力温州》，以向海外温州人传递故土乡音、敦睦乡情乡谊。

"三把刀"行业是第一二代华侨创业的基点，各式各样的中餐馆遍布世界角角落落。以"生猛海鲜"为特征的温州饮食文化同样是普拉托温州人的集体记忆，无论是上档次的大酒店还是大众口味的快餐店，随时可点到鸭舌、鱼饼、熏鸡、腊肉、鳗鱼干、炝蟹、泥螺、血蛤、海蜇等地道的温州菜。在普拉托，好客的温州老板多次在自家宴请我们，尽是满桌的温州菜，不光菜肴是温州风味的，连席间的喝酒规矩都是原汁原味的温州风格。至于酒家字号，那更是移植了温州因子：王朝大酒店、阿外楼、天一角、温州大酒店、鹿城饭店、五美饭庄、美食林点心店等等温州原乡记忆中的酒楼餐馆，在普拉托省约有 400 余家。当然，温州商场、温州金行和吉尔达等等，这些以"温州"为题头或与温州相关的品牌名出现在普拉托街头上也是不足为怪的。

在普拉托，温州要素不仅表现为物质化的生活符号，而且也内化在温州人的行为举止里。恋家不守土的温州人之所以能满世界的流动、闯荡，能扎根、发芽在各种土壤上，一个极为重要的地域基因就是重乡情、善抱团。从早期的亲帮亲、故带故，到现今的团行天下，海外温州人走出了一条独具特色的移民生存与发展之路。阿雨能在普拉托立足，要感谢巴尔先生和卡乔爷爷这些仁慈和善良的意大利人，而小李哥这些温州乡邻的信任和"呈会"的力量更让她获得发展空间。我们的普拉托之行，同样时刻感受到满腔的温州情。在那里，联谊会的蔡会长、郑会长、张秘书长和普拉托商会的赵会长，这些温州籍的侨领们不仅热情款待了我们，而且多方联络、安排侨民与我们座谈，带我们考察了华侨社团和中文学校；鑫煌进出口贸易公司的姜老板、华丽都酒店的黄老板和鹿城饭店的董老板，这些温州籍的老板们不仅在自家酒店请客，还多次挤出宝贵时间陪同我们走访中餐馆和华人工厂；《欧华联合时报》的王先生不仅细致地介绍了欧洲的侨报情况，还协助我们收集了多份普拉托的中文报刊……我们之所以能够在陌生的他国得到如此真诚的帮助，就是因为我们从温州来，就是因为普拉托有温州人，就是因为普拉托的温州人讲乡缘重地缘。

普拉托，不是欧罗巴名城，却是意大利重镇；普拉托，不是中国人向往之城，却是华人最聚集之地；普拉托，不是温州人海外的首站，却是当下容纳温州人的驿站；普拉托，不是海外温州人的终极之地，却是温州人最熟悉的异域之城。

　　普拉托与温州，虽远隔万里，却友谊常驻。20 世纪 90 年代，当海外温州人陆续进入普拉托时，两市开始交往，并于 2002 年结成友好城市。近 20 年来，双方在贸易、卫生、文化和移民等领域开展了一系列交流活动。2011 年 3 月 13 日，欧盟委员会前主席、意大利前总理普罗迪率意大利经贸团来温州考察，有力地促进了两城的优势互补和共同发展①

---

　　① 　笔者参加了其中的"加强中意经贸合作"座谈会，再次见证了两市的友情。亦因此，2014 年值温州开放 30 周年，应邀撰写《"孪生兄弟"普拉托》一文，收录于《十四个沿海城市开放纪实·温州卷》。

第二编　弘义融利的温州人

温州区域文化与温州海外移民

温州是全国著名侨乡,现有近 69 万华侨华人分布在五大洲的 130 多个国家和地区。[①] 改革开放以来,随着温州海外移民规模的不断扩大,海外温州人的影响力日益增强,海外温州人越来越受到世人关注。但总体而言,已有的各类相关成果多侧重于历史学、社会学或经济学视野来考察温州海外移民,以文化学角度的解读并不多见。然而,"我们实际上很难想象不受区域文化影响的族群以及没有族群的区域"[②],温州海外移民作为数千万海外华侨华人的一部分,不仅具有中华民族的共性,而且因为温州区域文化的独特属性,使其成为地缘性极强且具有自身生存发展模式的一个特殊移民群体。有鉴于此,本研究尝试从文化学视角来探究温州区域文化与温州海外移民的内在关系。

---

① 据温州市 2009 年侨情调查统计,海外温州人主要集中在欧美,其中法国 12 万人、意大利 10 万人、荷兰 3.5 万人、西班牙 3 万人、美国 11 万人、新加坡 1.5 万人、港澳台地区 4 万人、其他国家和地区约 7 万人。

② 周大鸣:《珠江流域的族群与区域文化研究》,广州:中山大学出版社,2007 年,第 3 页。

一、相关概念与学术史回顾

（一）相关文化概念的界定

文化是人类社会特有的现象，是人类生存、认识和行为的方式。作为专用术语，"文化"最早出现在 19 世纪中叶的人类学家著述中，但 100 多年来，人们对其概念的界定因学科体系、方法论、政治倾向、民族语言等不同而各持己见，众说纷纭。美国文化人类学家 A. L. Kroeber 和 C. Kluckhohn 在 1952 年发表的《关于文化概念与定义之述评》一书中，对文化的定义作了统计，仅 1871—1951 年间就多达 164 条。如今，关于文化的定义早已超过 200 种，但仍没有一个统一的认识。综合众多文化释义的内在统一点，"文化"应当包含三个层次，即观念文化、制度文化和器物文化。其中，观念文化主要是指一个民族的心理结构、思维方式和价值体系，它是一定社会的政治和经济的反映，是一种深层次的文化；制度文化是指在哲学理论和意识形态的影响下，在历史发展过程中形成的各种制度，是一种中层次的文化；器物文化是指体现一定生活方式的那些具体存在，是人创造的，也为人服务，看得见、摸得着，是一种表层次的文化。[①]

文化区域是文化的空间分类概念，最先由德国民族学家 A. Bastian 提出，与"文化丛""文化圈"和"文化区"等研究文化特质[②]的单位概念相关联。[③] 而区域文化是指，"在具体的自然地理

---

① 王诚：《通信文化浪潮》，北京：电子工业出版社，2005 年，第 5 页。

② 文化区域包含若干个文化丛，文化丛又包含许多个文化特质，文化特质是文化的最小单位。

③ 司马云杰：《文化社会学》（第 5 版），北京：华夏出版社出版，2011 年，第 3、190—201 页。

空间之中的族群文化的总称,在一定程度上,它甚至还包括有不同的文化区域。就其内部的组成状况而言,区域文化并不是均质的文化整体,不同的族群以及不同的文化区域之间存在着某种程度的差异性"。① 当然,区域文化不只是一个空间概念,还是个历史概念,具有稳定的特征,长期生活在相同文化区域环境中的人们,其心理、性格和行为必然带有该区域文化的特征。

无论如何定义文化,其核心是价值观念,即"人类为求生存与发展设计的价值体系及追求价值的行为方式"②。因此,本书所讨论的文化,是指在温州这一特定区域内③,由自古至今的族群文化或移民文化累积与整合而成的、具备特色的,并作用和体现于温州海外移民身上的区域文化,当属观念文化形态。

(二)　文化视角下的温州海外移民研究状况

近 30 年来,温州因温州模式而成为社会科学领域的研究热点。"温州人"概念亦在 20 世纪 80 年代以来逐渐形成并被广泛使用,这"标志着温州族群和温州区域文化得到人们普遍的重视和弘扬"④。其中,对海外温州人的正式研究始于 1982 年,应当说 30 多年来的温州海外移民研究取得了不少的成果⑤,但总体质量

①　周大鸣:《珠江流域的族群与区域文化研究》,广州:中山大学出版社,2007年,第 5 页。

②　庄国土:《东亚华人社会的形成和发展》,厦门:厦门大学出版社,2009 年,第 23 页。

③　汉代及其以前的温州属东瓯或瓯地,六朝时期设置永嘉郡,自唐朝中后期改郡置州开始一直称为温州,并成为一个固定的行政区域。

④　林亦修:《温州族群与区域文化研究》,上海:上海三联书店,2009 年,第 3 页。

⑤　1982 年,根据浙江省侨联关于以温州市和青田县为试点进行浙江华侨史编写的部署,温州市各级侨联把编写侨史、侨志提到重要议事日程并积极开展侨乡侨情调查,从而真正全面启动了温州海外移民的研究。有关温州海外移民研究的具体述评可参见笔者与章志诚的合作论文:《改革开放 30 年来温州华侨华人研究述评》,《八桂侨刊》2010 年第 2 期。

不高，"研究内容上侧重于温州移民历史和移民社会问题两大方面"①，探讨温州海外移民本体特质及其与温州区域文化内在关系的著述较少。

　　其中，浙江侨史专家周望森先生对浙南地域文化影响浙南移民问题开展了较全面的探究。如在《建设"温州学"刍议》中，他既以"温州地理构件——温州地理文化——温州精神"的路径详尽地阐述并得出"浙南华侨（即青田—温州华侨）就发轫于山区文化和海洋文化的结合"的结论，②又从"温州历史文化——温州精神——温州人品质"的脉络论证了以永嘉学派为代表的温州区域思想文化是催生温州人"敢闯敢冒的首创精神，敢为人先的勇气"及其他气质的历史文化渊源；李明欢教授也注意到浙南地区自然生态环境与移民特征之间的关系，认为青田、温州自身的客观地理环境，"在一定程度上潜移默化了近代以来当地人习于、善于在移动中求生、致富的民性民俗"。③　同时，她还通过考察以购地建房、修坟厚葬等方式呈现的温州侨乡社会氛围和移民群体观念，实证了温州海外移民的"相对失落"和"炫耀性消费"的心理行为和价值观念，并且在论证温州侨乡"连锁移民"问题时，也隐性地阐述了温州移民的重亲缘、讲功利和家族观念强等特征，进而主张"除了考察移民迁移的经济动因外，还要考察'文化小传统'的影响"；④王春光博士在其专著《巴黎的温州人》及相关文章中，同样提及温州的"临海条件""经商意识和观念"和"互助互援传统"

---

　　①　徐华炳：《温州海外移民研究的现状、视角、原则和价值》，《浙江学刊》2011 第 1 期。

　　②　周望森：《华侨华人研究论丛》（第 6 辑），北京：中国华侨出版社，2003 年，第 14 页。

　　③　李明欢：《战前中国人移民西欧历史考察》，《华侨华人历史研究》1999 年第 3 期。

　　④　李明欢：《"相对失落"与"连锁效应"：关于当代温州地区出国移民潮的分析与思考》，《社会学研究》1999 年第 5 期。

等"特定的生存环境"对巴黎的温州人的影响。而他在论述"社会网络"的建构与作用以及追求"当老板""挤走犹太人"和开辟多个商业区等现象时,很自然地体现出对温州人爱抱团、讲义气、善商贾等特质的解读。他认为,对巴黎温州人的跨社会建构行动"最管用、也是最现成和最便利的是他们原来的社会经济资源和价值观念"。①

　　毋庸置疑,这些代表性研究成果为温州区域文化和温州海外移民特质的相关研究提供了良好思路和不同程度的参考,但他们的考察对象并非以温州区域文化为主体。本研究拟在已有研究的基础上,通过分析温州区域文化的特质来考察温州海外移民的独特性。

二、温州区域文化及其生成背景

(一) 温州区域文化的内涵

　　一定的区域文化可以看作是各种特质文化的总和。温州区域文化自然是在温州这一特定地域内、在长期的历史发展过程中凝聚而成的,是历史悠久、底蕴深厚、特色鲜明的诸多文化形态的集合体。它作为中华文化的有机组成部分,既离不开中华民族主流文化的引导,也受到区域内外诸多特色文化的影响。考证地方文献亦可证实,温州虽偏居东南海隅,却"蕴藏着丰富的书面文本、大地文本和口头文本,既有鲜明的民俗、风情和语言特色,又有本土文化、海洋文化和移民文化的特征"②。从这个意义上讲,

---

① 王春光:《巴黎的温州人——一个移民群体的跨社会建构行动》,南昌:江西人民出版社,2000年,第241页。

② 戈悟觉:《瓯越文化丛书》,北京:作家出版社,1998年,前言第2页。

温州文化实质就是一种移民文化，[①]至少是一种富含移民因子的区域文化。

（二）温州文化的成长路径

追溯温州文化渊源，其主要来自三个方面：中原—吴越文化的摄入，闽南文化的融入和本土草根文化的生长。其中，作为主干的本土草根文化是温州文化呈现独特性的本源，闽南文化是助推剂，中原—吴越文化的迟到恰好为草根文化保持相对强势发展、形成独特性预留了空间。不仅如此，三种文化的兼收并蓄和交锋相融又建构了温州文化形成的独特路径。所以，在浙南这方水土里，从远古开始，历代温州人在较少受政治干预钳制的自由环境下，吸纳区域外文化因子，多渠道多途径累积起来的温州文化，是充满移民要素的文化，是具有开放性和创新性的一种区域文化。

1. 历次移民潮积淀温州文化的移民基因

自古以来，温州境内人口流动频繁，不断发生迁徙活动，其中较大规模的人口迁入活动有三次：徐人、越人和楚人相继在先秦至西汉的第一次移民潮中进入瓯地，不少的北方士族在魏晋南北朝时期的第二次移民潮中举家南渡瓯越，中原汉人和福建族群在唐末五代至两宋的第三次移民潮中大量迁徙温州。这种"北迁南移"而来的族群在不断演进中，"给区域文化提供新的文化特质，形成文化丛，与区域文化形成互动"[②]，其结果是，不仅使温州现代居民的基础和村落分布的格局逐步形成，而且伴随移民的迁移和定居而来的中原古文化、吴越文化、吴楚文化、闽越文化和中原汉文化等各具特色的文化，渐渐地发生适应性的变化并最终凝聚成

---

① 李庆鹏：《解读温州人——一个闯荡天下的现代商帮》，香港：东方财富出版集团，2003 年版，第 125 页。

② 林亦修：《温州族群与区域文化研究》，上海：上海三联书店，2009 年，第 3 页。

温州区域文化。同时,温州区域的数次成规模移民行动和多样的移民文化的传播,无疑为现代温州人孕育了以冒险、拼搏、开拓、进取、开放和兼容为主要特征的移民细胞。

2. 空间差序格局造就温州移民的自由与多元性

温州位于浙东南偏僻处,东濒东海,北、西、南三面均为大山高地与外域隔离。温州的这种地理位置无论相距吴越还是中原,都使其处在政治、经济、文化中心的外围。在过去漫长的历史进程中,温州与全国和浙江的"中心—边缘"格局,加之社会经济水平的低下、科学技术的不发达以及人力手工为主的交通,使其在客观上无法与外部进行密切的和规模化的交往。不仅如此,温州所处的空间差序格局还阻滞了主流的中原文化和吴越文化的进入与传播,也使瓯地政权中未出现强权政治或行政专制的加压局面。① 这样,瓯越境内的非强势文化获得了相对自由的扩展空间,呈现出各行其道"舞东风"的情势。即使在中原、吴越等地区称大独尊的儒家,在随诸子百家流入瓯地后,也只不过是诸子百家之平等一家。所以,温州长期以来就是一个意识形态和哲学文化自由、多元的地区,受此熏陶的海内外温州人则表现出不落俗套和灵活变通的性格特征。

3. 多神信仰成就温州移民的包容与实用性

不管是历史上还是当下,各种全国性的和世界性的宗教在温州都应有尽有,但没有一种宗教或神灵成为温州人信仰崇拜世界的独大者。儒教在温州得到传播却从未享有特殊地位,孔庙等儒教祭祀场所极为少见;佛教虽在隋唐即为温州第一大宗教,但同样未形成称霸局面;道教传入温州后,信徒却以下层群众为主体;

① 实行中央集权制的汉王朝甚至在汉惠帝三年(前192年)封东瓯国、立东瓯王,循旧制统治瓯地长达55年之久。后又迟至汉武帝元封五年(前106年)划归会稽郡,汉昭帝始元二年(前85年)置回浦县,瓯越才开始与发达的吴越地区在行政、政治上趋向一体化。

回教、基督教等也为温州民众所传播与信仰。至于其他大大小小的神灵、偶像，如赵公元帅、土地爷、关帝、鲁班等，以及浙南地区流传的多种区域性的、土生土长的"草根"神祇，如妈祖、陈靖姑、"白衣丞相"等，在温州地区都是被尊奉的。温州地区的多神多教信仰、重本土神灵，以及神灵的无少尊卑、无垄断情形，实际上折射了温州人的崇实重利之心。所以，非单一性崇拜或不把命运维系于一教一神的行为，强烈地体现了温州人自我掌握命运的个性意识和思想的敏锐性与善变性。

4. 海商活动铸就温州移民的冒险与开拓性

在面向海洋的地理条件、造船业日益发展和港口开放度不断提高等因素的共同推动下，温州人具备了显著的海洋性。他们不断地走向海洋、闯荡世界，从中累积起并受到"重商趋利和敢于冒险，向外拓展的海派品质"的双重影响[1]。而同样濒海的福建人尤其是具有"海商基因"的闽南人的迁入，增强了温州文化的冒险性和商业性，促进了温州人开拓海洋的精神和善于漂洋过海到国外谋生的能力。值得注意的是，闽南人的冒险与进取精神不但源自海洋活动，还来自"百越族的抗争精神、移民行为本身所激发的好斗与进取精神，迁离祖居地所需的叛逆意识"。同样，在重商逐利本性方面，"由于移民传统的影响和生存环境的恶劣，闽南人的价值体系更重物质利益和改善生存条件"[2]。正是在这内外两种"形异质同"的"商"力作用下，温州人被哺育、打造成浑身是商业细胞的国际级商人。他们意志坚定、执着强势，不达目的不罢休，敢冒敢闯又机敏灵活，不断变化招数，既拿得起也放得下，成为搏击商海的能手。

---

① 方立明、奚从清：《互动管理与区域发展：温州模式研究的几个问题》，北京：生活·读书·新知三联书店，2010年，第168页。

② 林亦修：《温州族群与区域文化研究》，上海：上海三联书店，2009年，第3页。

5. 自然环境塑造温州移民的坚韧与抱团性

自然地理环境是人类社会环境和人文气质的主要源头。温州多样的地形地貌构成了温州文化的丰富源泉,其中对温州移民的性格和意识影响最突出的当属大山和大海。一方面,"七山二水一分田"的不均衡土地资源既因"穷山恶水"而培植了人们坚韧刻苦的潜质,又因"奇山秀水"而造就了乡民"习于机巧"的灵慧个性;另一方面,"瓯居海中"①的海洋地貌既因狂风恶浪和变幻莫测的恶劣环境而锤炼了人们顽强拼搏的精神,又因海洋的可利用条件差而锻造了海民们娴熟驾驭能力和协作抱团的意识。不可否认,山地与海洋孕育的精神具有中华文化的共性,但"控山带海"②的复合地形却使温州的草根文化成为"'原产'温州的极具地方性的文化品牌"③。这种特有的地理空间直接而强烈地影响着当地人的精神生活和价值取向,并使温州移民的积极进取、奋力向上、自我把握命运和自己创造未来的精神得以充实和提升。

综上所述,具有移民特质的温州文化集传统性与开放性、地域性与民族性于一体,是动态的、迁移性的多元文化形态,是具有全球化趋向的区域文化。温州改革开放30多年的实践证明,这种文化是温州走到中国发展前列的首要"资本",也是温州人在海外闯荡、生存、创业的最大财富。

三、区域文化特质下的温州海外移民

心理学家卡尔·荣格曾经说过,文化赋予一切社会命题以人

---

① 温州地区现有的9/11个县市区或接海或即为岛屿县。

② 温州东临海、西靠山,东西狭、南北长。曾任永嘉太守的南朝梁文学家丘迟赞曰:"控山带海,利兼水陆,实东南之沃壤,一都之巨会"。

③ 周望森:《华侨华人研究论丛》(第6辑),北京:中国华侨出版社,2003年,第14页。

格意义。特殊的地域文化造就和构建一个群落的人格品性，独特的温州区域文化自然也是温州海外移民群体的精神母体和摇篮。海外温州人"无论在哪个国度哪个地区，都显得很有个性，被视为独特的、能干的一群，往往成为各地众多族群中的明星族"①，成为堪与犹太人媲美的成功创业者、国际商海和世界市场的明星。当然，任何事物都有两面性，温州文化亦不例外，也有其局限性、消极面和瑕疵点。所以，温州海外移民中也会存在着不和谐的声音和欠理性的行为。

1. 不认天命，自谋生路，冒险出国

受三面环山一面临海的"艰山海阻"地理条件限制，温州并未深受儒家文化特别是抑末厚本的主流意识形态的影响，所以，温州成为宋代事功之学的永嘉学派的故乡和主要地盘也就不难理解了。基于此，温州人历来择功利之路，是实利主义者，《宋书·地理志》曰其"善进取，急图利，而奇技之巧出焉"。而"七山二水一分田"的匮乏地理资源曾使温州出现"平阳讨饭，文成人贩，永嘉逃难，洞头靠贷款吃饭"的落后局面。于是，为了摆脱这种恶劣环境，寻求更好的生活空间，恋乡不守土、"流动着不安，迁徙，远行，追逐"的海洋文化基因的温州人，以冒险精神、重商意识和开放意识闯荡海外。

早在宋代，温州便开始与日本、朝鲜进行频繁的商贸文化交往。据记载，北宋真宗景德二年，永嘉人周伫放洋北上至高丽经商；南宋理宗年间，王德用王德明兄弟变卖田庐南下交趾经商。近代温州的开埠，使温州人更得以借助通商口岸走向海外开展商贸活动。进入 20 世纪二三十年代，温州部分山区的农民、手工业者和贫穷知识分子迫于生计或其他因素，纷纷东渡日本或流向南

①　周望森：《华侨华人研究论丛》(第 6 辑)，北京：中国华侨出版社，2003 年，第 129 页。

洋群岛和欧洲做工行商,形成了温州历史上的移民高潮。[①] 但自1978年改革开放后,温州人更是不以陌生之地为畏途,不把"远方有多远"看作挑战,彻底地与"父母在,不远游"的儒家经典说教决裂,跋山涉水,成规模地游走四方,大胆地到世界各地去闯荡和创业,"凡有市场的地方便有温州人"。由此可见,历史上的温州人勇于挣脱加诸身上的制度枷锁和伦理枷锁,不顾"背离祖坟""数典忘祖"的申斥和加罪而谋生海外。现当代的温州人更是顺应时代潮流,放眼世界,融入国际大市场,成为全球化的"排头兵"。

很显然,温州人不信救世主、不安于现状,敢于操控自己命运的举动是"没商量"的。不过,为了达到出国之目的,许多温州人却千方百计、使劲全力,直至倾家荡产、砸锅卖铁,铤而走险、委身黑道、偷渡而去。20世纪80年代,温州地区偷渡现象相当普遍,仅1980年—1994年间移居欧洲的温州非法移民平均每年就有1.1万人。[②] 像这种不惜成本以求改变生活境遇的过激行为,充分反映了温州文化的某种缺陷,它使得一些温州人把执着变为执拗,勇气变为冲动,命运抗争变为人生赌博,以至精神解放到极端而走向反面。这也正是"平安二字值千金,冒险半生为万贯"的温州人价值观的真实写照。

2. 爱商重商,精于生意,争当老板

如果说周伫、王德用等温州早期海外移民出国经商是偶然性的零星行为,那么,近代温州人越洋从商则具有较强的自觉性和较大的规模性。契约华工是近代中国海外移民的主体,但几乎均为闽粤人,温州人少之又少,他们反倒甘愿自掏路费、自找门路到海外经商。即便是在东南亚重操旧业——做木工的温州人,也不

① 温州人移居海外历史虽有千年之久,但早期基本上属于孤立行为,聚居区域较分散,在近代以前并未形成群体性、连锁型现象,进入20世纪以来才出现出国潮。
② 黄润龙:《海外移民和美籍华人》,南京:南京师范大学出版社,2003年,第270页。

纯粹是打工者。他们亦工亦商，自己制作木器自己销售，实际上是小业主或小商人。20 世纪 20 年代的温籍旅日华侨，"大多数从事小商贩，少数从事苦力，极少数从事服务业"①，而 1929—1939 年 8 月，瑞安丽岙镇"旅居欧洲的华侨 302 人，其中 90％以上是小商贩"②。进入 20 世纪 80 年代以来，在改革开放和全球化的时代背景下，富含商业基因的温州人开始群体性地外出闯荡，四处赚钱，以至海内外温州人亦由此被称为"东方犹太人"。

温州文化中的重商成分不仅促使温州人竞相出国，义无反顾当华侨，而且催发了海内外温州人的"唯老板是图"观念或"老板意识"。旅居海外的温州人少有打工的，即便做工也是短期现象。他们或落地就做老板，或稍加积累，不多年也跻身老板之列，哪怕是个很小的老板。比较旅美的沪籍青年和温籍青年发现，两者的生存法则、创业之道和发展路径是截然不同的：③前者往往以高代价求洋学历，再谋好工作做白领，买房过安逸的西式生活；而后者却通常做苦力、打工，省吃俭用、积累资金，开店当老板。即使当上老板，大多数仍和工人一起起早贪黑，甚至比打工者更艰苦，租地下室或车库席地而睡，成为名副其实的"睡地板的老板"。由此足见温州人的"老板瘾"之大，温籍华侨老板亦因此无处不在。温籍移民老板从近代开始，一路走来，越来越多，越做越大，以至现当代的海外温商人数众多。④

事实证明，"草根出身"的海外温商将传统的吃苦耐劳精神、强烈的事业心和大胆敏锐的商业意识融会贯通后，不断地成功

---

①　章志诚：《温州华侨史》，北京：今日中国出版社，1999 年，第 31 页。

②　章志诚：《章志诚集》，合肥：黄山书社，2011 年，第 340 页。

③　周望森：《华侨华人研究论丛》（第 6 辑），北京：中国华侨出版社，2003 年，第 131 页。

④　据 2012 年 2 月世界温商大会的统计，目前在国内外温商约 240 万，其中海外（包括港澳台）温商 64 万人，海内外经商人数占温州地区总人口数的 25％。

"打造"出老板。但与崛起于宋元时期且主导中国海外华商网络400年的闽南海商集团相比,无论是起步点、影响力,还是经营领域、规模实力,海外温商都显得有些相形见绌。如在贸易网络上,闽商"除表现在覆盖地域的广阔性外,还表现在于行业网络优势乃至行业垄断性"①。而海外温商至今仍以中餐业、皮革业和服装业等传统行业为主打阵地,中小业主所占比重很大。

应当承认,温州海外移民之所以能当"老板",其最大资本就是根植于瓯越大地的温州文化和温州精神。像纽约温州人的成功,就在于"他们有独特的温州精神的力量支撑,有特有的'温州模式'的创业手法,有强烈的商业意识驱动,有无可比拟的艰苦奋斗气质的无限发挥"②。但在肯定温州文化的商业基因及其积极向上和强势高调的特性促发了温州海外移民的超强商业意识的同时,也要看到这种非当老板不可的强烈心理和行为所折射出的温州文化的狭隘性,尤其是山地文化所固有的自闭性与海洋文化的自大性。温州海外老板不愿受制于人的刚烈性格乍看是种敢想敢为的"猛男"风格,但事实上,他们绝大多数是由打工者转化而来的,其中不少人的经济收入和实际经济拥有量甚至不及打工者。所以,有学者形象地把温州人这种宁做"自己说了算"的小老板,也不做"受制于人"的集团公司副总裁的心理行为称为"宁为鸡头,勿为凤尾"的观念③,而"在家当老板也比给外国人打工惬意",可以说就是一种自恋情结乃至自我膨胀心理的表现。

3. 尊家庭家族,崇祖消费存在非理性

温州人在艰苦的山区和险恶的海洋中拼搏人生,需要互相扶

---

①　庄国土:《论17—19世纪闽南海商主导海外华商网络的原因》,《东南学术》2001年第3期。

②　周望森:《华侨华人研究论丛》(第6辑),北京:中国华侨出版社,2003年,第131页。

③　张启明:《温州引进外资的障碍因素分析》,《温州大学学报》2003年第2期。

掖，以至冒死救助，从而塑造了他们重情感、厚仁义的人文气质和人际文化，并在民族、宗族和亲友中深深扎根，乃至移居海外亦秉承不变。现代温州人的家族化移民现象正是这一文化习性的重要表现，也是温籍华侨体现"血缘亲情"和"家族职责"的重要举动。家族化移民作为中国海外移民的一大"景观"，在闽粤和浙南华侨中是较普遍的。它首先是由一人或一个家庭(可称为核心家庭、"族首"家庭)率先移居海外，待稳定后便会把他们的血亲、姻亲等"九族"中的一部分带出国，而分批出国的人或家庭也会再设法携带其他亲人出国。通过"亲帮亲、故带故"的方式，他们在海外侨居下来，繁殖数代，最终构成少则几十人，多则上百人，甚至三四百人的海外移民家族。

仅改革开放后的一二十年里，"浙南各市县移居海外的家族集团少说也有上千个"①。温州海外移民家族不仅"在西班牙、法国、意大利、荷兰、德国、奥地利、比利时等国大中城市集居或散居着"②，而且引起了社会关注和学界兴趣。温州市华侨华人研究所编撰的六部家族侨谱正是对此问题研究的产物，③《文成华侨溯源录》则在每位华侨传略的篇末都附上其所"帮带出国亲友"的名单等。当然，旅居海外的温州人不只在家族内互帮互助，在同乡、同行、同学甚至就因说一口同音的温州话便会给予相助，"在欧洲，只要会讲温州话，不会讲英语也没关系"的情景也就成为自然④。

尽管自明清时期强加在华侨身上的种种离经叛道的罪责，已被现代新移民及其创业活动中的九族人会聚的新机制冲刷殆尽，

---

① 周望森：《浙江省华侨志》，杭州：浙江古籍出版社，2010年，第77页。

② 周望森：《浙江省华侨志》，杭州：浙江古籍出版社，2010年，第77页。

③ 1995年起，温州市华侨华人研究所历时十年，完成了《郑(岩银)氏家族侨谱》《胡允迪家族侨谱》《林松昌家族侨谱》《罗周美家族侨谱》《董云飞家族侨谱》和《周荆侯家族侨谱》等六部侨谱。

④ 徐华炳：《意大利普拉托的中国移民社会调查》，《八桂侨刊》2009年第2期。

"怀祖敬宗"也的确是人类的本能和朴素情感,是中华民族文化的组成部分和儒学精华之一,但温州海外移民中存在对上辈丧葬的过度诉求和不妥方式。李明欢教授也曾深刻地批判了温州移民在修坟和葬礼上的"炫耀性消费"和大摆排场行为。应当说,温州海外移民长期在外,远离故乡,对长辈的过世表现出多一份悲痛和多一番安抚是真情实感所致,但却因此花巨款搞厚葬,甚至拒绝火葬,坚持土葬,产生与国家相关法规和现代环保要求不一致的行为,是值得深思的。这种非理性现象恰好说明温州区域文化中的某些消极过时元素,如"虚荣""攀比""赶风""短视"等尚未过滤,也因此,对温州区域文化不应该全盘继承和搬用,要理性分析,合理汲取。

4. 逐利又仗义,爱抱团又倔强自负

作为温州文化精髓的永嘉学派主张义利合一,而温州又是个典型的移民社会,历史上的"南来北往式"移民活动塑造了温州人性格的包容性和多样性,加之"生猛海鲜式"的海洋饮食生活使得温州人具有豪放性和无畏性。因此,跟温州人相处或共事,往往能感受其特有的一种义气豪情。与这种气质相辉映的是温州人性格的剽悍却又讲义气、重感情,一旦结交为朋友,就能为之"两肋插刀"。

重情崇义气质在异国他乡的海外温州人中同样传承并表现得淋漓尽致,最典型地表现莫过于强烈的群体意识和抱团精神。除联手创业、共进商海外,组建侨团是海外温州人抱团行事的又一突出表现。早在1923年,旅居新加坡从事木器业的温州老乡创建了第一个温籍侨团——新加坡温州会馆。20世纪80年代以来,随着温州海外移民人数激增,社区稳固,实力增强以及当地民众交往的增多,以温州地缘和中餐业等产业的业缘为纽带的温籍侨团,如雨后春笋般涌现。到目前为止,但凡温州人聚居较多的城市都会有自发组织的温州商会、联谊会或同乡会,温籍侨团数量已有 304 个。① 尤其是在欧洲侨团中的温籍侨团或有温州籍华侨加盟的跨行业、跨地区、跨国度的侨团中,温州人的团结互助精神往往成为强有力的凝聚剂,能将分散之力汇集成巨大能量,以至与欧盟等区域性政府组织都建立了对话及协商关系。如法国华侨华人会、旅荷华侨总会、德国华侨华人联合会、奥地利华人总会、西班牙温州同乡会、米兰华侨华人工商联合会、温州旅美同乡会等,都是温籍侨领创建或主持过的有影响力的侨团。其中,欧洲最大的、也是全球唯一的一个跨国洲际华人社团组织——欧洲华侨华人社团联合会,就是由温籍侨领林德华倡议筹建并任首届主席。

不可否认,"温商文化的芯片是'和合'②。正是通过发挥群体能量,近十多年来,温籍侨胞特别是旅欧侨商的事业兴旺向上,实力迅速增长,影响日益扩大,成为竞争商海的明星。但同样也要承认,虽然温州文化的多元自由性和山民的韧性特质使温州人有很强的独立性和很浓的自主意识,但这在一定程度上也使得海外温州人变得个性倔强,不轻易示弱和表现懦弱,甚至喜欢独占鳌头或"扎台型"③。温籍侨团存在的不够协调、不够团结等弊端,乃至产生分立、分化、分派现象,恰恰映照出温州人争强好胜的共同的鲜明的文化心态。④

温州区域文化的某些消极因素不但导致了温州海外移民间的纠葛,也制约了温籍华侨的整体发展,使其难以与闽粤"侨佬"

---

① 温州市侨联:《温州市侨情概况》,温州市侨联工作汇报文件,2010 年,第 2 页。

② 潘贤群:《抱团以合力　独行以担当》,《温州都市报》2012 年 1 月 30 日,第 C11 版。

③ "扎台型"原是指为舞台上演戏的角色捧场,而在温州俚语中演变为贬义词,意指那些爱出风头的人。如为了显摆或自我抬杠,许多温州人不顾实际需要,纷纷追逐 LV、GUCCI 和 HERMES 等奢侈品牌。

④ 袁亚平:《世上温州人》,北京:人民文学出版社,2003 年,第 376 页。

或闽南海商相提并论。亦因此,要用客观、中肯、比较的眼光和扬弃的心态评价温州区域文化及其独特性,要规避、克服温州文化中的负面因素对温州海外移民的影响,以使其行稳致远。

温州区域移民及其
社会研究的价值

    移民①作为人类历史上最重要的活动,在人类社会发展过程中长期而普遍存在。尤其是当今的全球化进程,业已并且仍在强烈地推动着这一活动的规模和速度向多维度拓展。中国作为人口资源大国,人口迁移频繁,不仅国内流动人口规模壮观,而且国际移民亦众多。特别是伴随着中国社会管理制度的不断改革和对外开放程度的不断深化,国内人口流动和跨国跨境移民更是成为引人注目的重要社会现象。各地区内的人们以多种方式和渠道奔赴全国各地或走向世界各国,特别是东南沿海地区更是成为了移民的重要现场地和开展移民及其社会研究的丰富资源场。其中,温州作为全国首批对外开放城市和中国民营经济重要发源地,不仅以活跃的市场和灵活的机制吸引着国内大批劳动力和各类人才,且因特殊的地理优势和宽厚的移民链而掀起此起彼伏的出国潮。鉴于此,试以海内外温州移民为考察对象,就开展国内区域移民及其社会研究所具有的学术价值与实际意义作探讨。

---

    ① 关于移民的定义,目前学术界无统一界定。"人口迁移"是国外通行的提法,而"人口流动"是符合中国实情的概念。为了行文方便,本书将人口迁移和人口流动统称为"移民"。

一、区域移民及其社会研究可为地方史研究提供丰厚的题材

移民是一种不断发展演变的社会经济现象,移民本身又是语言、风俗、宗教等各种文化的载体与传播者。因此,发生在一定时空里的移民行为,无论是人口的流入还是迁出,必定深刻地影响着发生地社会,使居民成分、地域文化、生活方式等发生嬗变。

温州地域面积约 2.28 万平方公里,2019 年末的常住人口930 万①,境内散居着以畲、土、苗、回、侗为主的 51 个少数民族,分布着众多同族聚居的古村落。这些古村落属地的居民,"祖籍南方者六成,祖籍北方者三成,而真正属本地籍者,尚不足一成"②。今日温州区域内的族群格局正是在这种"北迁南移"的漫长历史进程中逐步形成的。自瓯越失民建东瓯国以来,温州境内人口迁徙不断,历史记载的大规模移民有三次:从先秦至西汉为第一次,其间先后有徐人、越人、楚人和闽人入瓯。徐人的到来为瓯地带来了中原古文化,越人的大量移入及其统治则大大推进了早期瓯越文化的形成,而如今的温州话中仍保留着"惮起(发怒)""訾那(怎么样)""晒谷坛""牛拨过看匄着,虱爬过密密揸"等南楚沅湘方言,足见楚文化对瓯地的影响;魏晋南北朝尤其是西晋"永嘉之乱"后为第二次移民高潮,其间有不少的中原士族举家南迁入瓯越。王羲之、郭璞、谢灵运、裴松之等一批中原士族名流和诗人学士先后出任永嘉太守,在他们为瓯越大地增添文化新气息的过程中,"瓯越文化开始转型,趋向与中原汉民族文化的融合"③;

① 据"六普"数据显示,温州市常住人口在全国所有城市中(不包括四个直辖市)排名 12 位,位居浙江省第一。

② 李庆鹏:《解读温州人——一个闯荡天下的现代商帮》,香港:东方财富出版集团,2003 年,第 125 页。

③ 李庆鹏:《解读温州人——一个闯荡天下的现代商帮》,香港:东方财富出版集团,2003 年,第 127 页。

第三波移民潮发生在唐末五代至两宋，其间有大量的中原汉人和福建族群举族而来。如从唐朝中后期开始，闽南各县无地失地农民、手工业者和畲族同胞北迁至浙南地区。而明清时期来自安徽、江苏和浙北地区的卫所移民成为古代温州的最后一批北来移民。这种"南来北往"的人口迁移不但"奠定了温州现代居民的基础和村落分布的格局"[①]，还使得温州地区的语言和习俗等呈现多姿多彩的面貌。例如，当今温州地区有标准温州话、闽南话、金乡话、畲语和"蛮话"等多种分属不同语系的方言，特别是其中的闽南方言区，犹如闽南人的"飞地"。又如，在温州地区较普遍存在的陈靖姑信仰和杨文广传说及杨府爷信仰，就是分别由福建移民和北方移民传播而来。

温州社会在接纳外来移民而构建区域移民社会的同时，地域内的原住民们也不断地拓殖生存空间，其中一部分先民就勇闯异国他乡。温州人移居海外的历史可追溯至宋真宗景德二年，永嘉人周伫随商船到高丽而被高丽朝重用，官至礼部尚书，后病逝高丽。宋元时期，先后有永嘉人王德用在南宋理宗年间赴交趾经商并留居当地，永嘉人薛氏在南宋景定年间移居真腊，永嘉人周达观随元朝使团出使真腊，南宋末代宰相永嘉人陈宜中抗元失败后避居暹罗，等等。尽管可查证的早期移居海外的温州人为数并不多，而且此后又受明朝及清初政府实行"海禁"政策的影响，温州人移民海外的进程被中断，但这些零星出洋现象足以证明温州人移居海外的悠久历史。进入近代，在国门洞开、签约开埠和招募华工等影响下，赴日本、南洋或欧洲谋生的温州人开始较显著地出现。如据1923年12月7日的《晨报》报道，"新从浙江温州、处州两地来日之劳工突然加至5000余人，散处各地"，可谓温州历

---

① 林亦修：《温州族群与区域文化研究》，上海：上海三联书店，2009年，第160页。

史上第一次海外移民潮。与此同时,出国留学形式的短期移民热潮也开始在温州地区掀起,仅 1898 年至清末的温州留日生便多达 130 人以上。在这些旅居海外温州人的影响下,温州区域社会开始渐渐地吸纳西方文化和先进技术。如日本归侨夏炳南于1904 年创办了温州第一家照相馆——同昌摄影社,[①]此后的温州照相业逐渐繁荣,到 1922 年已经发展到 22 家。

由上可见,丰富的区域移民历史和客观的移民社会现实,无疑将为学者们开展区域移民乃至中国移民及其社会研究提供优质的沃土。与此同时,进行区域移民及其发展史的研究将不仅有助于区域移民史和地方史的史料挖掘与整理,而且有益于弄清区域族群文化特别是语言、信仰、民俗、民居等民间文化的产生及其交融的过程,进而有利于维护地区内的民族融合与社会和谐。

二、区域移民及其社会研究可为中国移民研究提供鲜活实证

移民不但是一种世界性的普遍现象,更是活生生的移民及其家庭身后的现实生活。因此,在研究移民问题时,要多加关注移民个体本身,微观考察不同空间下的移民活动。

温州因偏隅东南而长期远离中国政治文化中心,却因此获得了自由多元文化生长的空间,倡导事功的永嘉学派亦自然成长起来。受此思想影响的温州人,不仅重商、功利、善进取、急图利,而且少有安土重迁的观念束缚。他们喜流动好迁移,跑码头、闯天下、四海为家。特别是改革开放以来,基于市场经济的导向和"移民基因"的遗传,成千上万的温州人走出家门,或行走国内,或闯荡海外。如今,有 175 万温州人遍布全国,创立了 268 个温州商

---

① 李震,《温州老照片(1897—1949)》,北京:中国对外翻译出版社,2011 年,第312 页。

会，从首都北京到特区香港，从东海之滨的上海滩到西南边陲的凉山州都有他们忙碌的身影。从温州街到温州村，从温州商场到温州城，"凡有市场的地方便有温州人"；还有约69万的温州人足迹遍及130多个国家和地区，从西欧到北美，从澳洲到非洲，世界的每个角落都有人说着难懂的温州话。从新加坡到毛里求斯，从罗马到里约热内卢，350多个温州侨团更是彰显着温州人的"世界性"。这些海内外温州人释放着巨大的移民群体能量，叱咤商界、进军科技、步向政坛，小地方的"温州人"业已成为一个响亮的世界大品牌。

与此同时，进入温州区域的约300万外来移民①，既为温州经济的发展提供了充裕的人才和劳动力资源，也给温州社会带来了户籍管理、公共卫生、计划生育、教育医疗、社会治安等一系列问题。在第六次全国人口普查中发现，温州地区外来人口与本地人口数量倒挂现象十分突出，外来人口聚居村数量多、规模大，部分村庄已完全成为"移民村"。所以，考察发生在温州区域内的这种"大进大出"的移民现象及其构造的典型移民社会，将有助于学者们去建构地方政府治理的新模式，去探寻文化融合的新渠道，去创新区域经济发展的新路径等等。

由上可见，无论是分布广泛、数量众多、影响不小的海外中国人，还是流动频繁、规模壮观、贡献出色的国内流动人口，无疑都为学者们开展移民个体研究提供了大量鲜活事例，也为理论分析移民群体行为及其衍生的移民文化、移民经济和族群融合等深层次问题提供了有力的佐证材料。比如，由于在群体性、连锁性的区域移民行动中，具有区域文化特质的外迁人群与其他区域或异域的人们必然进行密切而广泛的交流，并且会从中观察别人的行为以反思自己的价值观念和行为方式，进而既使区域文化借移民

① 据"六普"数据显示，温州市省外流入常住人口为272.45万人，位居浙江省首位，成为全国人口主要流入地之一。2018年底，温州常住外来人口达297万人。

行为得以扩散、延伸,不断获得活力,也使其在与他文化的互动互补中重构新的文化——移民文化。所以,研究区域移民及其文化将有益于学者们弄清地域(中国)传统文化、外来文化和当代文化是如何影响移民并以何种特质呈现,进而为构建中国"移民文化"及解析其范畴、特征等问题而夯实研究根基。再如,上述恋家不守土的海内外温州移民不仅为居住地、旅居国的社会经济发展作出了贡献,而且以各种渠道和方式反哺家乡,为祖籍地的现代化建设提供了有力支持。所以,研究温州移民及其经济不仅将有助于学者们理解"新温州模式"下的温州经济实质就是"温州人经济",是一种内外温州人互动的合作经济,而且可为其他移民输出地的引资引智、促进海外移民与侨乡社会的互动发展、海外移民经济的转型升级以及区域经济更具特色更加健康的成长等提供借鉴,从而为提炼出中国特色的"移民经济"和创建有关移民经济理论积累第一手资料。

三、区域移民及其社会研究有助于拓展区域研究与地方学研究的新途径

区域研究是人文科学研究的重要组成部分,也是颇具特色的社会科学研究方向。不仅一些知名的期刊开辟了区域研究专栏,如《社会科学战线》的"区域历史与文化"、《浙江学刊》的"浙江研究"等,而且一些地区的科研院校充分利用区位优势,纷纷成立了具有地域特色的研究机构,乃至提出并创立了"地方学"。如广东既有暨南大学华侨华人研究院,也有"潮汕学"等。毋庸置疑,"在那些个性鲜明、地方文化内涵丰富的区域内,建设地方学就顺理成章、很有必要,也是完全可能的"①。那么,哪些内容或对象可以

---

① 周望森:《华侨华人研究论丛》(第6辑),北京:中国华侨出版社,2003年,第18页。

支撑并做大做强地方学研究呢？对于海外移民成规模的闽粤桂琼浙等著名侨乡和国内人口迁移频现的川贵湘鄂赣豫皖京沪苏等省市而言，移民及其社会研究无疑是其区域研究的应有命题，也应成为其创建地方学的切入点。况且，"如果不了解本地人口的来源和去向，又如何能全面了解和正确理解本地的历史和政治、经济、文化、社会、民族等各方面的状况？①"

温州在改革开放和设立为首批沿海开放城市后，特别是著名社会学家费孝通先生在 1986 年写下著名的《温州行》以来，倍受国内外学术界的关注。但纵观 30 年来的涉及温州的学术成果发现，经济学领域的成果远远多于其他领域的成果，研究温州经济的成果远远超过研究温州其他方面的成果。这种研究现状固然与发达的温州经济及著名的温州（经济）模式密不可分，但在关于温州的可持续发展研究中，既有的经济学研究视角越来越显示出其局限性，一些难以用经济学方法解释的非经济问题日益凸显，如海外移民、抱团创业、炒团行为、商会组织等。越来越多的实践证明，温州区域经济的辉煌成就得益于也离不开温州人的群体行为。从某种意义上讲，正是世界温州人的群体行为成就了今天的温州经济，温州经济是一种充分体现"温州人"主体性的有活力和有文化的独特经济形态。这就意味着，当前和今后研究温州要进一步拓展视野，应该将研究对象从"温州经济""温州模式"转向"温州人群体性行为""世界温州人现象"，研究范式也应从以经济学范式为主转向以社会学为中心的跨学科范式。这样，研究温州移民及其社会也就显得十分自然与必要了。

但就温州海外移民研究的已有成果来看，显然是与为数众多及贡献力也不小的海外温州人的客观事实不相对称的。国内现有成果在研究内容上以资料性居多，高水准、原创性的学术论著

---

① 安介生：《山西移民史》，太原：山西人民出版社，1999 年，序言。

匮乏,而且在新移民群体及温州侨乡社会方面的研究不够深入,缺乏理论分析;在研究方法上基本处在传统的历史研究法框架内,研究对象则基本限定在以侨领为主的精英人士上,等等。这种研究窘状以及"全世界做移民研究的圈内人几乎没有不知道温州人的"良好学术空间①,使得将来研究温州移民及其社会具有巨大的学术潜力,而且因移民是一种特殊的文明载体和综合性的动态行为,将其作为温州学研究领域的重要内容,会使温州学研究更具生命力和社会影响力。

四、区域移民及其社会研究有益于移民及其家庭的良好发展和地方政府优化移民服务

无论是国内移民还是国际移民,不管其是自愿流动还是强制迁移,他们"往往是那些最具创业才能、最有活力的社会成员","在促进经济、建设国家和丰富文化等方面都起到了支柱性作用"②。因此,人口迁移问题不仅是社会科学研究者所关注的课题,同时也始终是政策制定者与管理者所关切的话题。

不可否认,移民对全球经济、国家政治、侨居社会等方面都会产生重要影响,但事实上,移民问题对移民本体所造成的影响不亚于其对迁入迁出社会所形成的挑战。所以,尊重移民、提升移民质量是移民问题研究的落脚点和归宿点,这亦将直接促进移民的生存与发展。如通过积极关注和调查分析这一特殊群体与迁入地的关系,可为他们增进与居住地居民间的社会融合提供帮助,从而有益于提高他们的社会地位与社会福利;又如通过开展

---

① 徐华炳:《发挥乡土优势 借助多重资源 开展"温州人"研究》,《华侨华人历史研究》2009年第1期。

② [美]Khalid Koser:《国际移民》,吴周放译,南京:译林出版社,2009年,第1页。

移民口述和移民家庭访谈，实地调查移民婚姻和留守子女等问题，可为他们的择偶、婚姻生活和子女教育等提供建议，从而有益于提高他们的生活质量和幸福指数；再如通过问卷调查海外移民的日常通讯工具及联络对象等问题，可为他们选择合适通讯方式来增强社会交往提供参考，从而有益于促进他们的家庭亲情和朋友感情。

与此同时，为了实现迁移的目的，移民者往往会借助有形的通讯设施与交通工具和无形的移民网络或社会资本，其移民行动既会产生移民汇款、技术返乡等良性要素，也会出现就业紧张、人才流失等消极问题，还会生成移民产业、老乡会等特殊社会产物。不难理解，这些由移民衍生的新现象或新问题的解决都有赖于政府部门制定适宜的移民管理政策和社会机构提供有效的移民服务。因此，开展区域移民及其相关行为研究，为各级政府和NGO提供可资参考的做法，就显得尤为必要和有价值。如调查分析移民出国动机与途径，可为政府规范出入境管理、防范与打击非法移民等提供背景信息与科学依据；又如跟踪调查进入东南沿海经济强省的农民工，可为当地政府在合理利用劳动力资源、改善农民工教育与就业状况，以及推进中国户籍制度改革等方面提供实际样本与对策建议；再如调查统计海外移民的汇款与捐赠，可为地方政府更好地利用与规范捐资来发展慈善事业，以及积极引导侨汇发挥更广泛的创造性社会价值等提供数据服务与参考意见。众所周知，改革开放以来特别是最近10年，中国的海内外移民以空前的广度、深度和力度参与全球化，参加城市化和投身现代化，为中国走向世界发挥了重要的桥梁作用，为中国经济的迅猛发展做出了极大贡献。可以说，没有大规模的人口流动，就不会有中国最近几十年的发展成就。基于此，从知名侨领到普通移民者，从成功创业者到众多打工者，都值得研究者去探讨和关心，都应该为管理者所重视和关怀。而这种研究与服务又必将产生现实的普惠性作用,不仅有利于打造服务型政府,塑造政府公信力,而且将进一步赢得移民之心、汇聚移民之力,从而更好地把"移民者经济"转化为"区域经济",推动中国经济持续发展。

五、区域移民及其社会研究有助于丰富和完善中国特色移民理论

中国移民规模在近 30 年来取得了长足的进展,目前拥有以农民工为主体的 2.2 亿的国内流动人口和 4543 万海外华侨华人,[①]并业已成为全球最大移民输出国,但中国"在移民理论建构和研究范式等方面却存在不成熟的色彩"。[②] 国内研究者虽然在引入并改进国外理论和分析方法方面做了尝试,但与国外移民研究的起步早、学者多、流派全的状况相比,并未形成独立的研究模式和理论体系。何况已有的国外人口迁移理论中,符合中国等发展中国家实际需要的也并不多。所以,作为世界移民大国的中国,积极创建符合自身国情的移民理论及其体系实属必要。

移民作为人类发展过程中的一种复杂现象,受到政治、经济、文化、社会等多重因素的影响,但"就中国历史地理演变的客观情况而言,省际之间、特定区域之间的迁移显得更为重要"[③]。而移民理论作为一种在移民实践基础上形成的对移民的内涵、动因、方式、问题以及移民与社会诸种关系的概括和总结,主要包括"专项意义上的移民理论""阐释意义上的移民理论""学科意义上的

---

① 据"六普"数据显示,大陆人口中的居住地与户口登记地所在的乡镇街道不一致且离开户口登记地半年以上的人口为 261386075 人。

② 俞路:《新时期中国国内移民分布研究》,上海:上海三联书店,2008 年,第 8 页。

③ 董龙凯:《资料详实　自成系统——安介生〈山西移民史〉评介》,《晋阳学刊》2000 年第 3 期。

移民理论"和"移民史意义上的移民理论"四个方面的内容①。因此，要宏观地、理论性地阐述中国移民问题，既要对已有的《中国移民史》②《浙江移民问题》③《近代东北移民史略》④《黑龙江移民概要》⑤《山西移民史》⑥《福建移民史》⑦等中国移民或区域移民研究文献进行文本解读，也要对温州、浙江、福建、广东、北京、上海等拥有丰富人口流动现实的特定区域进行重点考察，从中得出不同区域移民的特质和活动规律，再经过比较与归纳，总结出中国移民的整体特征和一般发展规律。

　　具体来说，学者们首先要通过对特定区域移民的个案研究，得出本土性的、可资操作的区域移民理论。比如既要求证区域方位、区域文化等传统地域要素对区域移民的影响，也要探讨区域移民与区域经济、区域社会等地域发展要素的关系，从而来揭示某一区域移民群体形成和发展的具体规律及发展趋势。在此基础上，学者们要对特定区域移民进行比较研究，包括单项与综合比较、横向与纵向比较、求同与求异比较、定性与定量比较等。比如既要关注到温州移民与全国大部分移民都存在文化程度偏低的共性，也要意识到温州人之所以能进军大中城市、扎根异国他乡的关键在于其特有的高密度社会资本的凝聚而非一般人群的文化资本的运用；既应看到包括温州在内的国内侨乡共同拥有的"侨牌"特征与效应，也要注意到新兴的温州侨乡与传统的闽粤侨

　　① 徐华炳、奚从清：《理论构建与移民服务并进：中国移民研究 30 年述评》，《江海学刊》2010 年第 5 期。

　　② 葛剑雄、吴松弟、曹树基：《中国移民史》，福州：福建人民出版社，1997 年。

　　③ 朱家骅：《浙江移民问题》，杭州：浙江印刷公司，1931 年。

　　④ 吴希庸：《近代东北移民史略》，载《东北集刊》第 2 期，沈阳：东北大学，1941 年。

　　⑤ 李德滨：《黑龙江移民概要》，哈尔滨：黑龙江人民出版社，1987 年。

　　⑥ 安介生：《山西移民史》，太原：山西人民出版社，1999 年。

　　⑦ 林国平、邱季瑞主编：《福建移民史》，北京：方志出版社，2005 年。

乡的差异性;既要看到浙江籍海外新移民所共具的相似性,也要明白浙南的海外温州人与浙北的海外宁波帮之间的相异点等等。通过这种不同移民区域之间、区域移民群体之间的比较研究,可得出区域移民与全国移民的共同点,以及与其他地区移民的不同处,从中既可进一步揭示区域移民发展的内在规律,也可为建构具有中国特色的移民理论乃至中国移民学添砖加瓦。

　　综上所述,中国的移民数量之多、距离之长、范围之广、影响之大,在世界史上都是独一无二的,而不同地域的移民既具中国移民的整体特征又有独特的地缘性。由此,无论从移民史或移民社会的视角,还是从移民理论或移民实务的层面,对全国像温州这样典型的区域移民场域进行研究是十分必要的。开展区域移民及其社会研究,不仅在史料挖掘、个案实证、理论建构方面,而且在推进地方、中国乃至国际的经济、社会、文化等领域的相关研究方面,都将产生不可低估的学术价值。同时,对于中国政府善治人口流动问题和创新社会管理,以及国际社会有效管理跨国跨境移民也将起到积极的参考作用。亦因此,学者们今后要自觉地运用多学科的理论与方法,拓宽区域移民研究新领域,深化区域间移民研究,加强跨区域移民研究,处理好区域与整体之间的关系,科学审视区域移民研究的价值和意义。

文成华侨华人的历史贡献

文成地处温州西南山区,经济发展受到自然条件的制约。昔日的文成人过着"食乃薯丝掺野草,茅屋破壁仍穿风"的贫苦生活。改革开放以来,文成地区的各项事业得到了长足发展。其中,文成籍华侨华人的贡献不可忽视。

一、慷慨解囊:回馈故里

华侨华人情系故里、报效桑梓,最直接的体现就是对家乡各项社会公益事业的慷慨解囊。在文成侨乡教育和各项社会公益事业的发展中,海外华侨华人的贡献十分突出。走访侨乡文成,随处可见海外侨胞在家乡的慈善印迹,更为难能可贵的是,文成侨胞的捐赠事业保持了持续性、连续性的好传统。

文成华侨的捐赠公益事业始于1938年。当年,旅居海外的83位玉壶华侨资助修建了玉壶三港殿,这是1949年前文成华侨唯一的一次捐赠。20世纪50年代以来,文成华侨华人捐资家乡的活动明显增多,捐赠主要集中在文教和基础建设方面。在"文革"期间,文成侨胞对家乡的捐助不但没有中断,捐赠额度反而有所提高。其中,1973年由旅荷、旅意侨胞集资建造的"玉壶华侨影剧院"共集资69458.79元,这是改革开放前捐赠的最大项目。20世纪80年代以后,华侨的捐资数量直线上升,20世纪90年代的捐资数额更是远远超过了之前的总额,多达 3019.61 万元。1938
年—1999 年,侨乡受捐 7542 人次,捐资折合人民币共 4091.7 万
元。如今,大批新移民的海外实力逐渐增强,他们对家乡的回馈
效应亦日趋明显。据《文成侨讯》统计,文成华侨华人在 2008
年—2010 年间捐赠当地公益事业的金额高达 4035.935 万元。

　　文成华侨捐赠领域既与全国侨捐的整体情况基本一致,首选
文教卫生,重视对基础设施方面的捐赠,同时在风景名胜项目上
的捐资比例也不断攀高。21 世纪以来,文成华侨捐赠出现向民生
工程方面集聚的新迹象,捐赠目的也逐渐由原来纯粹的善行义举
向改善民生转变。笔者在调查时就见到了全部由旅外华侨捐助
的某村"侨爱新村"工程。此外,文成华侨不仅关心家乡的公益事
业,对温州及全国其他地区和部门的捐赠也不少。如为同济大学
等国内高校捐款,为重大自然灾害募善款。2008 年汶川大地震
后,文成籍华侨华人及侨眷捐资达 182.8 万元。

　　改革开放以来,文成侨胞对公益事业的捐赠对当地的社会发
展产生了积极影响。一方面,有力弥补了地方财政的不足,促进
了地方教育及其他社会事业发展。另一方面,侨胞捐赠家乡公益
事业是其对故乡深厚感情的外化。持续、大量的捐赠靠的是爱国
爱乡的深深情感,接连不断的捐赠活动使家乡保持了与海外同胞
的紧密联系,有益于文成的长远发展。

二、牵线搭桥:帮助地方农产品走出国门

　　虽然山地环境使文成农业发展"先天不足",但客观上又提供
了良好的生态环境。丰富的动植物资源为文成发展生态农业,成
为温州的"后花园"提供了先决条件。基于这种新认识、新思维,
文成县政府充分利用生态优势,坚持走"生态经济化,经济生态
化"的路线,努力打造"国家生态示范区"的金名片。近年来,文成

县政府开始积极利用华侨资源优势，引导侨资回流投资农业，为农业生产注入了新的活力。华侨参与地方农业现代化建设，带来了先进的生产技术和经营理念，还借助广大华侨的海外信息，让文成的农产品走向了世界。油茶、番薯丝等深藏于大山之中的土特产，就因华侨华人的宣传而走出国门、远销海外，让欧洲人的餐桌上有了文成的"山里货"。这些产品的外销不仅为侨乡的广大农民开辟了致富的新路子，还能促进中外文化的交流。

据文成县统计，2006 年 1 月—5 月，在世界各地文成籍华侨的推动下，全县各种特色农产品出口总额达到了 600 多万美元。这些出口到国外的农产品，70％以上被文成华侨消费，国外客商的需求量也相当可观。如 2006 年，文成县冰洋有限公司生产的数十万元的竹凉席就通过马来西亚的当地华侨销售到该国；番薯是文成的第二大粮食作物，常年种植面积达 4.5 万亩，70％以上用于制作番薯丝。文成的这一特色优势产品，通过 10 余万海外文成人销售到 55 个国家和地区。如大山绿色食品有限公司三个集装箱的番薯丝通过在欧洲经营外贸的华侨出口到了德国、荷兰、西班牙等国。漂洋过海后，文成粉丝身价暴涨，由原来每公斤 4 元人民币飙升到 4 欧元。据悉，"山哥哥"企业的粉丝每年的出口额达数千万元。此外，通过华侨的牵线，大山绿色食品有限公司出产的油茶同样顺利销往欧洲。

目前，学术界在华侨华人对侨乡社会的变迁究竟起到了多大作用这一问题上有着不同观点。但无论如何，百余年来，10 余万文成华侨对祖籍地产生了深刻影响，使侨乡社会发生诸多变化是不争的事实，他们无疑是文成侨乡现代化建设中的一支重要生力军。

改革开放以来的
温州侨资侨属企业

　　侨资侨属企业既是中国乡镇企业发展的一支生力军,也是侨乡经济发展的重要增长点。截止 2013 年,在浙江投资创业的侨资企业累计已达 3.3 万余家,总投资达 2300 多亿美元,分别占外资企业总数的 63％和外资总额的 62％。① 其中,温州地区侨资侨属企业曾一度达到 2000 多家,②分布在世界 130 多个国家和地区的近 70 万海外温商为此做出了高比重的贡献。但长久以来,学术界对温州侨资侨属企业的研究甚少,这既与其百余年的发展史不相衬,也与其产生的现实作用不相符。

一、基本概念与研究现状

　　关于"侨资企业"的定义及其范围,国内有诸多划分标准。③

---

　　① 作者不详:《浙江省基本侨情调查工作全面展开》,《浙江日报》2013 年 11 月 29 日,第 3 版。

　　② 数据来自 2013 年 7 月温州市侨办汇编的《温州市侨资企业简介》。

　　③ 《中华人民共和国外汇管理暂行条例》规定,侨资企业是指在中国境内注册登记,独立经营或者同国内企业合作生产、合作经营的华侨或港澳同胞资本的公司、企业和其他经济组织。《中国侨资企业发展年度报告 2010—2011》所界定的侨资企业是指经国家有关部门批准,由华侨、外籍华人、港澳同胞在中国内地投资兴办且其资本占投资总额 25％以上的企业(不含国外及港澳中资机构在境内的投资企业)。浙(转下页)

依据现有对侨资企业的解释与范围的圈定，本研究所论及的侨资企业是指由华侨及港澳同胞不论投资额度和投资方式，在祖籍地（温州）投资的一切盈利性实体。关于"侨属企业"的定义，国内标准相对一致。① 参照"侨属企业"已有释义和温州侨属企业的地域特色，本研究所述及的侨属企业是指由华侨华人眷属投资创办的，一般实行"自筹资金，自愿组合，自找场地，自产自销，自负盈亏，自我管理"的企业。

　　据已知文献考证，温州华侨创办侨企②可追溯至1906年。是年，旅日的瑞安人李翰西、李墨西兄弟从日本攻读制造专业回国，带回石印手架，在瑞安北门外本寂寺开设了一家印刷所，摸索石印技术成功，从而开创了浙南地区的近代印刷业。同期，涉及多个领域的华侨实体经济在温州陆续出现。如1904年，日本归侨夏炳南创办温州第一家摄影店——同昌摄影社；1909年，李翰西、李墨西兄弟又创办太久保罐头厂和务本印刷所。随后，瑞安南堤

（接上页）江省《关于华侨投资企业享受优惠待遇有关问题的意见》则规定：凡华侨（包括港澳同胞、华侨社团成员）在我省投资兴办合资经营、合作经营和独资经营企业，其投资额占合资经营企业总资产25%以上的，视为华侨投资企业。

　　① 《福建省鼓励归侨侨眷兴办企业的若干规定》中称，归侨侨眷企业是指归侨侨眷在本省境内以侨汇或外币现钞、境内外币存款、境外亲友或团体赠送的款物及其在国内投资所得的利润或收回的投资本息、利用境外资金购建的房产，兴办的独资或合资、联营的企业。暨南大学华侨研究所王本尊认为，侨属企业（含港属企业）是海外华侨华人、港澳同胞赠送资金或生产技术设备，由其在家乡的亲属经营创办起来的企业，它实际上是旅外同胞捐赠的重要形式，也是一种特殊投资形式的延伸和扩展。浙江省在讨论有关鼓励归侨侨眷集资兴办企业的政策时，也将侨属企业界定为在本境内的归侨、侨眷以侨汇、境内外币存款和国外或港澳地区亲友赠送的款物及其在国内投资所得的利润收回的投资本息兴办的企业，上列款物应占企业总投资的25%以上；也可以是专门为安置归侨、侨眷而创办的企业，归侨、侨眷人数应占企业总人数的30%以上。

　　② 虽然侨资企业和侨属企业有区别，但都是涉侨企业，故为行文方便，本研究统称为侨企。

电灯厂(1919)、鹿城布厂(1923)、瓯海实业银行(1923)等相继创办。① 翻阅温州侨企发展史料,发现此类企业不仅是当时温州经济发展的重要支柱,而且其存在也得到了社会各界的关注。然而,以温州侨企为研究对象的文章却很少,对其记载亦大多数散见于地方文史资料、县市华侨史(志)、政府部门工作报告,以及报刊网站等地方媒体。

最早以学术性视角探讨温州侨企的是蔡克骄,其发表的《回顾与展望:温州与华侨的经济合作》②和《华侨华人与温州经济》③两篇文章分别回顾了改革开放 20 年来温州侨企的发展情况和温州华侨投资兴业对家乡经济发展的贡献;章志诚的《试论温州海外华侨与温州经济发展的关系》④一文则从成立华侨投资公司、投资创办侨属企业和"三资"企业以及开展进出口贸易等方面,论述了温籍侨胞对家乡的经济贡献;刘莹的《浙南侨乡经济发展的侨务资源优势》⑤简介了温州吸引侨资的基本情况;中国人民银行温州市中心支行就温州侨资跨境流动问题开展课题研究,并针对当前侨资运行中存在的问题提出了相应的对策建议;⑥毛华配和徐华炳则采用问卷调查的方式对 211 名回国投资发展的温籍海外华商进行

① 余雄、余光:《温州工业简史》,上海:上海社会科学院出版社,1995 年,第 19 页。

② 蔡克骄:《回顾与展望:温州与华侨的经济合作》,载周望森:《华侨华人研究论丛》(第五辑),北京:中国华侨出版社,2001 年,第 45—57 页。

③ 蔡克骄:《华侨华人与温州经济》,《社会科学战线》2003 年第 2 期,第 57—60 页。

④ 章志诚:《章志诚集》,合肥:黄山书社,2011 年,第 164—185 页。

⑤ 刘莹:《浙南侨乡经济发展的侨务资源优势》,《华侨大学学报》2009 年第 2 期,第 93—100 页。

⑥ 中国人民银行温州市中心支行课题组:《温州侨资的发展与引导研究》,《银企信用》2011 年第 5 期,第 63—70 页。

风险认知因素的探讨。① 另有学者专门分析温州某一县市区的侨企情况。如金铃勇的《永嘉县十年来侨资企业情况之我见》②，徐华炳、柳建敏的《温州苍南华侨的历史贡献及其特点》③等。

　　这些为数不多的温州侨企研究成果为进一步探析侨企问题提供了有价值的参考，但已有研究基本局限于对侨企作用的探讨，并未系统地解析侨企特点，研究视角亦较多地集中在经济学范畴。藉此，本研究拟从历史学和社会学视角分析改革开放以来的温州侨资侨属企业的发展特征及其原因，以期对侨企研究做新尝试。

二、1979 年—2010 年温州侨企发展概况④

　　温州地区自 1906 年以来，虽陆续创办多家侨企，但近代温州华侨创办的企业终因时代的制约而在夹缝中求生存。1949 年后，温州重视地方侨务资源，积极引导海外侨胞回国回乡投资兴办实体经济。1958 年成立温州华侨投资公司，至 1966 年 8 月，已吸收了旅居法、荷、西德等国和港澳地区的 166 位温商的资金 41.38 万元人民币，以投资于温州动力机厂等国营企业及温州华侨旅馆和温州华侨针棉织品厂等 6 家侨属企业。温州侨企到改革开放

---

　　① 毛华配、徐华炳：《影响海外华商投资风险认知的因素分析——以温州籍华商样本为例》，《华侨华人历史研究》2013 年第 2 期，第 38—45 页。

　　② 金铃勇：《永嘉县十年来侨资企业情况之我见》，载周望森：《华侨华人研究论丛》（第二辑），北京：中国华侨出版社，1997 年，第 133—139 页。

　　③ 徐华炳、柳建敏：《温州苍南华侨的历史贡献及其特点》，《八桂侨刊》2013 年第 1 期，第 18—23 页。

　　④ 改革开放以来，海外侨胞大多数是以外资形式投资大陆，享受外资待遇或同等待遇。但自 2010 年 12 月 1 日起，中国全面统一内外资企业税制，外资企业在税收政策上享受的"超国民待遇"被彻底终结。这对侨资企业的发展是一个极为关键的转折点，因此，本研究以此为分析节点。

前呈现出一定景象,但总体而言,1906 年—1978 年间创办的温州侨企因受中国时局的巨大变动而难以有所成就。不仅如此,"当时海外归来的留学生大多从事政治、军事、科技等工作,而兴办企业的很少","海归兴办企业不仅要有敏锐的经济头脑,而且还要有很大的魄力,顶得住世俗的责难"①。所以,此期间的温州侨企存在数量少、规模小、投资间隔过多过长等缺陷,发展极为缓慢。

1979 年实行改革开放后,华侨投资国内的相关政策出现重大转折:改变在计划经济体制下华侨不能直接投资和经营企业的做法,允许并鼓励华侨华人回大陆投资办厂。温州 1984 年被确立为沿海开放城市以来,充分利用特殊的地理位置和侨乡优势资源,向海外亲朋传递信息,促进招商引资,掀起了海外温州人回乡投资兴业的热潮。

1979 年—1991 年,温州侨企处于平稳发展期。在此阶段,温州大部分县市都有不同数量的侨资侨属企业开办,企业生产或投资领域主要集中在服装、鞋革、五金等日常生活用品行业。至 1986年,温州各级侨联扶持和兴办的集体或个体的企业、商店、公司、工场等,已有 84 家,分布在服装、鞋革、化工、电器、机械、五金、文教、交通和信用社等行业。② 到 1991 年,全市仅侨属企业就达 130家,年产值 1.0482 亿元,创汇 551.14 万元。③ 不仅如此,一些地区还借助当地独特资源,创办了具有区域特色的侨企。如山区侨乡的文成县有中意竹木贸易公司和花岗岩总厂,海岛侨乡的洞头县有华侨气象仪器电器厂、华侨海味食品厂和侨美海鲜食品厂等。

1992 年开始,温州侨企进入快速增长期。仅 1992 年当年,侨

① 余光:《李墨西兄弟之最》,《温州日报》2010 年 7 月 10 日,第 8 版。
② 李居轩:《振作精神,团结一致为改革、开放,建设温州而努力奋斗》,温州市第六次归侨、侨眷代表大会会议资料,1988 年。
③ 章志诚:《温州华侨史》,北京:今日中国出版社,1999 年,第 261 页。

属企业迅速增加到 190 家,年产值达 1.857 亿元。1992 年—1998 年间,温州累计创办"三资"企业 1177 家,总投资额 26.5214 亿美元,实际利用外资 39050 万美元。① 这一时期,侨企遍布温州所有县市区,出现全面开花的繁景。投资行业虽仍然集中在鞋革和服装等轻工业,但也开始涉足电器、机械和化工等重工业,房地产业的投资呈现兴盛趋势。如旅法华侨组成的中法房地产实业有限公司(香港)、旅荷侨胞组成的荷兰华人华侨投资(集团)公司,以及旅意旅巴(西)华侨陆续投资开发了城区多处地块及温州江心屿度假村等项目。②

　　20 世纪 90 年代末期,温州侨企已步入成熟阶段。一方面,获得了数量上和规模上的双重扩张。至 2007 年底,全市累计批准侨资企业逾 1800 家,总投资额超 50 亿美元。③ 同时,侨企投资主体的实力不断增强。如 2008 年,旅居巴西的孙华凯投资 10 多亿元开始建造温州最大的购物中心——大西洋购物中心,其占地面积 25.39 万平方米,拥有机动车泊位 6000 余个。④ 另一方面,为了应对全球经济危机,温州侨企不断开发新产品,投资新领域,寻求多样化经营模式,努力实现产业的转型升级。截至 2010 年,温州市约有 32% 的侨资企业已将产品与产业推向多元化格局。⑤如瑞安华特热熔胶有限公司由原来的单一性生产服装辅料,扩大至生产塑钢汽车配件、高档家具、地板、纸板包装等 10 多个粘接产品;又如由旅意华侨独资的浙江赛风集团是由主营制鞋的浙江

---

① 蔡克骄:《回顾与展望:温州与华侨的经济合作》,载周望森:《华侨华人研究论丛》(第五辑),北京:中国华侨出版社,2001 年,第 47 页。

② 李晓赞:《温州市鹿城区侨办吸引侨资有成效》,《浙江侨声报》1993 年 1 月 4 日,第 1 版。

③ 王丹容:《"华侨经济"反哺温州经济》,《温州日报》2008 年 6 月 30 日,第 1 版。

④ 李如婷:《大西洋购物中心现雏形》,《温州商报》2012 年 9 月 9 日,第 1 版。

⑤ 温州市侨办:《立足基础练内功实现升级求转型》,载姜敏达主编:《侨资企业转变经济发展方式论文选编》内部刊印,2010 年,第 19 页。

赛风鞋业有限公司经过多元化发展,升级而成的一家集金融、房地产和产品制造为一体的企业。

三、1979 年—2010 年温州侨企发展特点与原因

历经改革开放以来 30 年的迅速扩张,温州侨企已处于鼎盛期,并在温州区域经济发展中占据重要地位。与此同时,温州侨企也形成了自身特征:以中小型企业为主,产品科技含量不高,基本属于劳动密集型行业;地域分布不均衡,资金来源渠道不断拓宽,合作形式趋向多样化;产业欠多元化,结构不合理等。

(一) 企业数量急剧增加,但以中小型企业为主

海外温商一方面把自己在国外的积蓄交由眷属在家乡兴办侨属企业,另一方面直接创办"三资"企业。1984 年温州市侨属企业已有 20 家。1985 年上升至 53 家,职工 1200 余人,归侨侨眷总投资 230 万元,总产值 1261 万元,上缴税收 34 万元,净利 55 万元。[1] 此后,侨属企业逐年稳步增长。至 1996 年达到 205 家,年产值达 7.8 亿元,利润 3255.65 万元,上缴税利 5321.27 万元,创汇 1442.54 万元。[2] 1984 年—2009 年,温州侨属企业年产值出现成倍增长态势。(如图 1)

同时,全市侨资企业数量至 1998 年底逾千家,投资额占外商总投资的 80％以上。[3] 2000 年以来,温州侨资企业数量更是一路攀升,直至 2009 年的近 2000 家。而在温州市的"三资"企业中,海外温商的投资比例亦颇高。从 1989 年的 75％(39 家∶52 家)上升到 1996 年底的 83.19％(787 家∶946 家)。[4]

---

① 　章志诚:《章志诚集》,合肥:黄山书社,2011 年,第 351 页。
② 　章志诚:《温州华侨史》,北京:今日中国出版社,1999 年,第 261 页。
③ 　温州市地方志编撰委员会,温州年鉴编辑部:《温州年鉴 1999》,北京:中华书局,1999 年,第 349 页。
④ 　章志诚:《温州华侨史》,北京:今日中国出版社,1999 年,第 265 页。

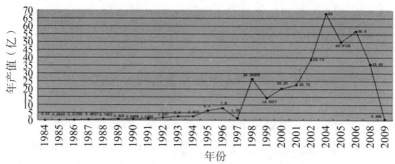

图 1：1984—2009 年温州侨属企业年产值变化图

数据来源：温州市侨联 1984—2008 年工作总结

温州侨资侨属企业在这一时期得以迅速增长，主要原因在于温州经济发展的内在需求与海外温商经济实力膨胀的外在推力所致。到 20 世纪 80 年代，已经积聚了可观资本的老一代海外温商"为了获取资本的规模效应和寻找新的市场"[①]，在侨居国找不到合适投资目标的情形下，逐渐将资金投向以祖籍地为重心的中国内地。与此同时，温州市各级政府出台了多项政策来吸引华侨和港澳同胞返乡投资。如先后制订了《温州市华侨投资优惠办法草案（讨论稿）》（1984）、《海关对华侨、归侨、侨眷有关进出境货物、物品的管理规定和优惠政策简介》（1994）、《关于建立国内外各地温州招商引资联络机构的通知》（2005）等具体规定和办法。各下属县市则纷纷制定符合当地实际的政策法规，如《永嘉县鼓励外商投资的若干规定》（1992）、《苍南县侨属企业管理办法》（1992）、《温州市瓯海区外商投资优惠政策》（1994）、《文成县鼓励华侨直接投资的若干规定》（2011）等。正是在这些内外因素的共同作用下，温州侨企呈现出一片繁荣景象。

改革开放以来的温州侨企尽管数量猛增，但个体规模却不

① 唐礼智：《东南亚华人企业集团对外直接投资研究》，厦门：厦门大学出版社，2004 年，第 76 页。

大,中小型企业居多。如 1996 年平阳县的 11 家侨企中,投资总额在 100 万以上的大型企业仅 3 家,其余均为投资额偏小、平均职工数仅为十人,利润极为微薄的小型企业。1998 年金融危机以来,温州侨企努力转型,规模虽较前有所扩大,但就整体而言,依旧以中小型企业为主。如截至 2005 年,全国经济百强市的乐清市的 103 家侨资企业中投资超 1000 万美元及以上的仅有 12 家,100 万美元及以下的却有 73 家;[①]统计至 2009 年底,温州市华侨平均投资规模仅 531 万美元,平均净资产利润率仅 2.4%。[②]

(二) 产品科技含量不高,基本为劳动密集型产业

1979 年—2010 年间创办的温州侨企基本上属于电子加工、服装、塑料等劳动密集型产业,产品的科技含量较低。如平阳县 1997 年侨企调查显示,全县侨企经营范围主要集中于皮革和皮革制品,交通和电力设施,体育用品、房地产、机械、化工、服装、纺织、水产品、旅馆、宠物玩具、轮胎、啤酒、石材、保安器材、光学塑料、帐篷等领域。1998 年以来,随着部分温籍海外学子归国并将所掌握的高新技术投入生产一线,以及一些温籍华侨尝试技术创新,使得温州侨企产品的科技含量逐步提高。但受温州地区传统行业格局以及自身资金与技术的限制,海外温商近 10 余年来的投资领域仍集中于鞋服、五金等劳动密集型产业。如瑞安市 2010 年仍正常运作的 59 家侨资企业中,生产服装鞋帽等产品的企业占 64%。[③] 2010 年浙江省侨资企业基本情况汇总表显示,温州市侨办上报的 169 家侨资企业中,机械、制造类行业占 66 家,纺织

---

① 倪德西、叶品波:《乐清华侨志》,北京:中国文史出版社,2007 年,第 64—72 页。

② 中国人民银行温州市中心支行课题组:《温州侨资的发展与引导研究》,《银企信用》2011 年第 5 期,第 66 页。

③ 陈希林:《温州市人大领导来瑞安市调研侨资企业发展情况》,《瑞安日报》2011 年 10 月 10 日,第 3 版。

服装类有 50 家,生物化工医药、教育文化艺术类各 10 家,贸易批发零售、服务业各 8 家,房地产 7 家,建筑装饰 5 家,医疗卫生食品 3 家,农业和能源采矿冶炼各 1 家。^① 由此可见,劳动密集型产业在温州侨资侨属企业中一直占据绝对优势。

　　温州侨企之所以如此钟情于轻工领域,既与温州地区农村劳动力过剩、居民受教育程度较低相关,也与温州本土和海外温商的资金不甚雄厚、技术要素相对稀缺等区域发展瓶颈有关。国际经验表明,凡是人口众多、土地和资本稀缺的国家和地区,其产业结构都要经历由资源和劳动密集型向资本和技术密集型演进的过程。温州是一个多山少地的城市,人地矛盾突出。2010 年的常住人口 912.2 万,位居浙江省第一。不仅如此,温州居民文化程度普遍较低,20 世纪八九十年代处于全省倒数。^② 截至 2010 年,温州市初中及以下文化程度者尤其是文盲率仍居浙江省首位。加之海外温商的经济实力难以与宁波帮相媲美,其整体发展水平也"难以与闽粤'侨佬'或闽南海商相提并论"^③。所以,至目前,绝大多数温州侨企终因限于区域条件和投资者眼光等因素而未能突破传统产业结构。

　　（三）地域分布不平衡,集中于沿海平原地区

　　闽粤等华侨大省的侨企开办地一般与侨乡分布成一致,但温州侨企的分布不仅存在地域不平衡性,而且并不集中在文成、永嘉等温州重点侨乡,瑞安市、乐清市和温州市区的侨企更具规模和典型。如瓯海区自 1983 年创办第一家侨属企业,到 1997 年底

---

　　① 数据来自 2013 年 6 月温州市侨办提供的《浙江省侨资企业基本情况汇总表》。

　　② 温州市志编撰委员会：《温州市志》(上卷),北京：中华书局,1998 年,第 345 页。

　　③ 徐华炳：《区域文化与温州海外移民》,《华侨华人历史研究》2012 年第 2 期,第 44—52 页。

已经达到 70 多家；①而重点侨乡文成县虽早在 1947 年就创办了第一家侨资企业，但至 1998 年也不到 20 家。② 温州侨企分布的地域不平衡性不仅表现在县市区层级上，在乡镇层级上同样明显。如平阳县的侨企主要集中在水头、鳌江和昆阳等三镇，其他乡镇基本没有；乐清市侨企的 80% 集中在柳市、乐成和北白象三镇。

　　导致温州侨资企业地域分布不平衡的关键因素在于温州客观的自然地理环境。温州三面环山，一面临海，境内 78.2% 为山地，仅 17.5% 属于平原地区。"七山二水一分田"的地貌极大地影响了海外温商对投资地的选择，其中东部沿海平原地区因交通便利，自然成为首选地（见表 1）。如乐清市不仅沿海平原较多、地势平坦，而且是国家 20 个重点港口之一和首批沿海开放县市之一，境内自然环境优越，土地资源丰富，民营经济发达，所以拥有的侨资企业规模较大且稳定性最强。反之，地处西部的文成县虽为著名的传统侨乡，却多山地，交通闭塞，经济基础薄弱，致使县境内的侨企发展缓慢，年产值和利税均低于以平原为主要地貌的其他重点侨乡。

表 1：1999 年 7 月至 2000 年 11 月温州各县市侨属企业基本数据统计

市区县	主要地形	侨乡层级	年产值	利税	出口创汇
鹿城区	平原	重点侨乡	4155 万元	—	—
瓯海区	平原、丘陵	重点侨乡	1.2 亿元	850 万元	850 万美元
龙湾区	平原	非侨乡	102 万元	8 万元	不详
瑞安市	平原、丘陵	重点侨乡	11.7050 亿元	1.2 亿元	不详

---

①　章志诚：《温州华侨史》，北京：今日中国出版社，1999 年，第 261 页。

②　朱礼：《文成华侨志》，北京：中国华侨出版社，2002 年，第 123—131 页。

（续表）

市区县	主要地形	侨乡层级	年产值	利税	出口创汇
泰顺县	山地	非侨乡	—	—	—
文成县	山地	重点侨乡	4800 万元	500 万元	200 万美元
洞头县	海岛	非侨乡	887.87 万元	655.44 万元	5606.49 万美元
乐清市	平原、山地	重点侨乡	2.1 亿元	3800 万元	540 万美元
永嘉县	山地、平原	重点侨乡	2.5 亿元	1000 万元	3000 万美元
苍南县	山地	一般侨乡	1500 万元	75 万元	—
平阳县	山地、平原	一般侨乡	9000 万元	380 万元	56 万美元

数据来源：温州市侨联 2000 年 11 月的《工作数据统计表》，表中—表示无统计数据

　　当然，随着改革开放的持续深入和招商引资政策的不断优化，海外侨胞和港澳同胞更注重商机和利益，不再将投资局限于祖籍地，从而使侨企分布逐渐由沿海开放城市、经济特区向内陆地区扩展。与之相适应，近年来的温州侨企也逐渐从土地资源紧缺、生产成本攀高的乐清、瑞安和温州市区等传统投资地向泰顺、苍南等山区县以及海岛洞头县延伸。

（四）投资主体不断增加，资金来源地不断增多

　　近 30 年来，温州侨企的资金来源地变化与温州人的海外移居地分布变化相吻合，从早期的亚洲地区，尤其是香港地区逐渐向欧美国家拓展。20 世纪 90 年代初期，来温州投资的海外温商主要来自以港台为主的亚洲地区。如 1990 年底，投资温州的 93 家外商企业中，投资方来自亚洲地区的有 70 家，[①]占总数的 3/4。到 20 世纪 90 年代中期，投资温州的华侨资本来源地进一步扩

---

　　① 温州市志编撰委员会：《温州市志》（中卷），北京：中华书局，1998 年，第 1802 页。

展,并且开始以欧美占据主导。如1996年底,投资来源国家和地区已由20世纪90年代初期的14个增加至41个,其中欧美有444家。[①]1998年金融危机以后,迈入转型期的温州侨企的投资者依旧以欧美国家和地区为主。如鹿城区1998年—2010年创办的131家侨企中,来自欧美地区的有105家(不包括土耳其和俄罗斯)等。[②]

温州地区的侨企资金来源地之所以在20世纪90年代中期出现重大转变,一方面是基于港澳的特殊地位以及国内政府依此确立的"三资"企业政策。香港地区是世界金融中心、信息中心、航运中心,由此往往成为海外华商投资中国大陆的桥梁,并在华侨投资过程中发挥着"转口投资"的作用。"港澳地区是浙江实现'走出去'和'引进来'战略的重要窗口,也是'浙商回归'的重要阵地;浙江是港澳地区和海外企业通向内地发展的重要通道和目的地。"[③]另一方面,温州人出国目的地的变化导致侨企资金来源地的变化。改革开放以来,温州海外新移民分布地由原先的集中南洋转为80%以上聚集西欧和美国,遍及130多个国家和地区。海外温州人"大集聚、小分居"的分布状况在客观上促成了温州地区侨企资金来源地的多元化。

(五) 投资形式向多样化发展

改革开放初期,"三来一补"是华侨华人、港澳同胞与祖籍地之间最常见的合作形式。[④]素有海外贸易传统的温州同样采取这种通行的合作方式。但随着海外投资者实力的增长,"三来一补"

---

① 章志诚:《温州华侨史》,北京:今日中国出版社,1999年,第272页。

② 鹿城区侨企数据由笔者根据1998—2010年的鹿城区商业局档案资料整理所得。

③ 应建勇、安东:《夏宝龙寄语海外侨商:浙江永远是你们的根》,《浙江侨商》2013年第3期,第1页。

④ "三来一补"是指来料加工、来样加工、来件装配和补偿贸易,是中国大陆在改革开放初期尝试性创立的一种企业贸易形式。

的投资模式已经不能满足他们更大的逐利需求和地方经济快速发展的需要，新的合作方式——"合资、合作、外商独资"的"三资"企业应运而生。1984年，温籍华侨出资创办了温州第一家合资企业——广合塑料制品有限公司。之后，温州地区的合资、合作企业渐兴。特别是1992年开始，"三资"企业迅速增加，而且侨资比重显著。1994年，全市880家"三资"企业中有359家为华侨所投资，投资总额3.929702亿美元。[①]

　　不管是参与"三来一补"还是创办"三资"企业，都属于纯资本的投资形式。随着中国社会主义市场经济体制的完全确立以及国内所有制结构的重大调整，按生产要素分配成为一种重要的分配方式，从而为海外中国人多样式的投资祖籍地提供了前提条件。与此同时，由于金融危机的洗牌效应以及投资者身份的转变，近年来的海外温商投资已不再局限于纯资本投入，出现了以技术、智力和管理等要素入股的形式。如1998年留美博士谢卫国出任温州楠溪江工业集团总工程师，以技术参股方式合作开发大规模集成电路等高新科技产品。不仅如此，随着侨资侨属企业的扩张，研发、并购、联盟等方式也成为温州侨企实现产品价值链由中低端向中高端转型升级的重要途径，企业发展亦因此获得新动力。如温州哈杉鞋业有限公司采用合作联盟方式，将意大利威尔逊公司的制鞋研究所移师温州，同时与意大利鞋类设计学校合作，引进国际知名设计师，打造自己的国际品牌等。

　　本书仅以1979年—2010年温州侨资侨属企业的发展及其特点来解读海外温商对祖籍地经济社会的影响。那么，侨资侨属企业究竟具有哪些优势，遭遇2008年全球经济危机的海外华侨到底还有多少实力投资祖籍地，中国政府2010年12月开始实行内

---

①　章志诚：《章志诚集》，合肥：黄山书社，2011年，第352页。

外资企业税制统一政策会对华侨回国投资置业产生多大影响,特别是现存的侨资侨属企业如何实现转型升级等问题,都有待深入思考和进一步探讨。

海外浙商投资风险偏爱及其决策管理

  海外华侨华人遍布全球 180 个国家和地区,拥有资金达 2 万多亿美元,成为国际资本市场一支不可忽视的重要力量。[①]早在 20 世纪 80 年代中期,海外华商资本就积极进入中国大陆,在中国经济建设中发挥了巨大的作用。21 世纪以来特别是近 10 年,随着国内社会经济的发展和国际人口迁移的日趋频繁,越来越多的华侨华人以投资者的身份回国发展。投资往往蕴藏着一定的风险,对风险的控制则始于投资者对风险的认识。随着海外华商资本的日益丰厚和投资热潮的兴起,其投资面临结构失衡、规模过大和融资安全等效率与风险问题。尤其在当下的全球经济危机和新冠疫情中,他们的发展面临相当严峻的考验。这种情势固然与世界经济低迷的大环境分不开,但与其自身的投资风险认知、风险偏好及其决策行为有着更为直接的关系。如多数海外华商钟情于投资规模小、技术低、竞争力弱、经济效益少的零售业、餐饮服务业等传统职业。为此,研究者更应从海外华商这一投资者本身的视角去考察其投资决策行为,去分析他们对资本风险的博弈心理。因此,探讨回国投资发展的海外华商的投资行为风险认知,具有很强的现实意义。本研究以浙江籍海外华商为研究对

---

  ① 陈志强:《华侨华人投资对上海经济转型的作用》,《上海商学院学报》2012 年第 1 期,第 68—75 页。

象,对其风险认知的影响因素进行探索性分析,并就此提出风险
管理的建议。

一、海外浙商概况

浙江省是全国五大重点侨乡之一,相对于闽、粤、桂、琼等传
统侨务大省,属于新侨乡。据浙江省 2013 年底的侨情调查显示,
浙江籍海外华侨华人、港澳同胞为 202.04 万人。其中华侨
140.43 万人,占 69.5%,华人 30.68 万人,占 15.2%,港澳同胞
30.92 万人,占 15.3%。居住在省内的归侨、侨眷、港澳同胞眷属
总数为 112.42 万人,归国留学人员 5.67 万人,海外留学人员
8.96 万人。根据 2014 年浙江省统计局公布的 5‰人口抽样调查
数据,以 2013 年 11 月 1 日为调查时点,全省常住人口 5498 万人,
按此推算,浙江省涉侨人员群体(不计海外留学人员、归国留学人
员)占全省常住人口的 5.7%,高于全国占比 1.3 个百分点。

(一) 海外浙江人分布与职业结构

据不完全统计,2011 年止,在海外经商的浙江人大约 150
万[1]。其中,香港宁波帮、欧洲温州人和青田人尤为出众。据
2012 年 2 月世界温商大会的统计,海外(包括港澳台)温商有 64
万人,海内外经商人数占温州地区总人口数的 25%。义乌作为全
球最大的小商品批发市场,有数量众多的侨商与其保持有长期的
国际贸易关系。据调查,每年平均有 10 万人次海外华侨华人和
义乌有各种经贸往来。[2]

---

① 作者不详:《浙商抉择:民资外溢大省期待浙商归来反哺家乡》,浙江省浙商
研究中心网(http://www.zjszsyjzx.com//content/detail.php?id=744&sid=4),
2012 年 4 月 30 日。
② 王晓峰、杨金坤、陈楠烈:《义乌侨商与中国小商品城——关于"义乌侨商"的
调查报告》,《浙江社会科学》2011 年第 1 期。

浙江籍海外华侨华人、港澳同胞分布在世界 180 个国家和地区,旅居北半球的人数明显多于南半球。其中欧洲、亚洲和北美洲位居前三位,南美洲、大洋洲和非洲的人数较少。华侨主要集中在意大利、西班牙、法国和美国等,华人主要分布在美国、意大利和法国等。在祖籍地分布上,温州、丽水(主要集中在青田县)和宁波为浙江省重点侨乡,嘉兴、衢州和湖州三市的海外人数最少。

表 1:1991—2013 年的海外温州人增长趋势(单位:万,个)

年份	人数	国家或地区	年份	人数	国家或地区
1991	22	60 +	2004	40.96	88
1995	25	—	2005	42.53	93
1998	30	65	2009	43.04	131
2001	38.3	87	2013	68.84	130 +
2003	40	87			

浙江人向来重视商业和手工业,此传统在海外也得以延续,海外浙江人也主要从事餐饮业、皮革业、制衣业、批发零售业等。

案例:温州市瓯海区 2013 年侨情调查统计的海外华侨华人从事职业状况

瓯海区华侨华人、港澳同胞的 98% 在岗就业或在校就读,失业人员极少。在近 80% 的从业者中,其职业结构一方面呈现多元趋势,不仅有服装、皮革和餐饮等传统行业的服务人员,在法律、新闻、文教、卫生以及科研、工程等新型或尖端领域也有瓯海人的一席之地。但另一方面,从事以服装、皮革为主的制造业和以餐饮业为主的服务业的人员比重仍高居榜首,这既与此类行业的低风险、劳动密集型等特点有关,也与海外瓯海人文化水平相关。值得注意的是,有4.15%的人员在企业中担任各级负责人,其中76.2%为企业主或企业高管;从事科学研究者虽只占从业者的0.05%,但其中76%为硕、博士研究生学历。另有0.02%的人员供职于国家机关、党群团体。

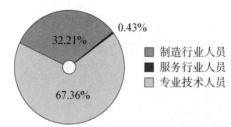

图1:2014年海外瓯海人行业结构状况

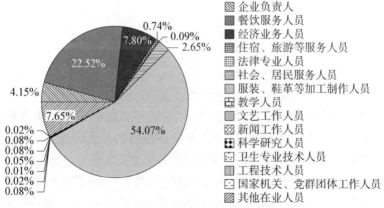

图2:2014年海外瓯海人职业状况

相应于海外瓯海人的职业结构,他们涉足的行业也偏重在制造业(包括服装、鞋帽、皮革、机械)、批发和零售、住宿和餐饮等传统行业,此三大类行业比重高达95.4%,涉及金融业者比重略有增加,占0.52%,而科教文卫及社会公共服务行业比例总计只占

0.42％。这一格局与温州地区具有浓厚的商业传统文化及温州人拥有强烈的经商意识密切相关。

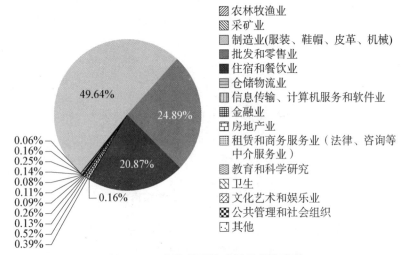

图3：2014年海外瓯海人涉及行业状况

（二）海外华商在浙江的投资

侨资企业是海外华商投资中国大陆的最早、最普遍、最能产生经济与社会效益的方式、载体，作为一种实体经济，曾是中国乡镇企业发展的一支生力军，也是侨乡经济发展的重要增长点。1995年的浙江省侨资企业有7350家，其中6071家是以纺织、服装和小型机器制造等劳动密集型为主的，占总数的82.6％，电子生物科技占8.8％。1995年—2000年增加的5200家侨资企业里，IT、电子产业有1600多家，比重为30.8％。2000年—2004年，全部的14000多家侨企中，IT、生物制药、新型材料等近6700家，占总投资比重的47.3％。侨资投资项目结构变化明显，投资产业从第一、二产业向第三产业和服务业发展。[①] 截至 2013 年底,在浙江投资创业的侨资企业累计已达 3.3 万余家,总投资达 2300 多亿美元,分别占外资企业总数的 63% 和外资总额的 62%。[②] 杭州、宁波、温州的侨企数量位居前三,分别占比 34%、22.2%、17.9%,衢州最少,仅占比 0.4%。

综合来看,改革开放以来的浙江省侨资企业所涉足行业主要有机械制造、基础设施、纺织服装、医药化工、电子工业、IT 设计、咨询服务、旅游、物流、酒店等。据 2013 年底侨情调查分析居住在浙江的涉侨人员的职业构成发现,经济业务人员和服装、鞋革等加工制作人员和企业负责人占比较高。不仅如此,经过近几年的发展,浙江省侨资侨属企业已经形成了杭州高新区的高新技术产业,杭州余杭区,宁波象山县纺织、服装、家纺,湖州德清的木工、医药化工,湖州安吉的竹木、家具为特点的块状产业特色。

2012 年,浙江省政府为解决产业转型升级并为浙江经济转型注入新活力,开始实施"头号工程"——"浙商回归"。回归工程实施以来,各市县通过联络感情、搭建平台、出台政策、优化服务等举措,推进海内外浙商回归投资创业,成效较为显著。2013 年,海外侨商回归总投资额 373 亿元,占全省浙商回归引进项目到位资金 1752 亿元的 21.3%。其中,温州地区各级侨联至 2016 年 7 月引进侨资项目 34 项,引进协议资金 78 亿人民币,到位资金 9.5 亿人民币(表2)。2015 年,温州市还根据区域特点,提出了"侨贸回归"战略。瑞安市在 2015 年 5 月就快速响应,研究出台《瑞安市人民政府关于促进贸易回归的实施意见》,明确 10 条含金量高、操作性强的优惠政策;10 月又出台《瑞安市人民政府办公室关于促进开放型经济发展的若干意见》,鼓励扩大外贸增长,对贸易流

---

① 浙江省人民政府侨务办公室:《海外侨商来浙投资发展情况报告》,2006 年 12 月 29 日,http://www.qxzh.zj.cn/details/llyj-2519.html。

② 作者不详:《浙江省基本侨情调查工作全面展开》,《浙江日报》2013 年 11 月 29 日,第 3 版。

表2：2016年7月止温州地区侨联招商引资项目统计表（单位：万元人民）

序号	项目名称	协议资金	到位资金	投资人所在国	序号	项目名称	协议资金	到位资金	投资人所在国
1	瑞士品牌田冤车	500	200	阿联酋	10	丽岙侨乡贸易回归基地	15000	3000	意大利
2	新型建材预拌砂浆项目	3000		罗马尼亚	11	北京外国语大学附中	20000	1234	罗马尼亚
3	意大利餐	200	200	意大利	12	温州乐园二期	10000	1956	美国
4	温州宝莱纳啤酒花园	1000	1000	德国	13	大型游乐园"幸福谷"	14000	6000	
5	宋庆龄幼儿园项目	2000		西班牙	14	湖岭大岭垟养老服务中心	25000		意大利
6	山福西古民俗村			美国	15	瓯越山庄	50000		加拿大
7	哈德森研究院	1900	200	美国	16	永嘉四海山高山特色养生度假区	10000	2000	香港
8	"美丽谷"肿瘤精准医疗中心	1000		美国	17	嘉纳庄园	27000	8000	加纳
9	丽岙华侨公寓	15000	200	法国	18	永嘉县崇德实验学校	15000		加拿大

（续表）

序号	项目名称	协议资金	到位资金	投资人所在国
19	永嘉戈田探梅谷生态农业园	5000	2000	香港
20	海悦城水乐园	3000	3000	加拿大
21	意大利风情小镇	88000		意大利
22	侨品汇O2O体验中心	10000	8000	法国
23	文成县兴福堂城市综合体	130000	37000	意大利
24	百丈漈旅游服务中心商务度假酒店	10000	3500	意大利
25	普邦明胶（温州）有限公司	17400	7200	荷兰
26	浙江俊峰旅游投资开发有限公司	300000		香港
27	浙江中夏生态科技有限公司		400	乌干达
28	国家青年赛艇队训练基地	900	647	香港
29	水上运动中心综合项目	2265		香港
30	浙江富得宝家具有限公司	31000	12000	香港
31	跨越肉联食品公司	12000		意大利
32	江南水乡康疗复养中心	8000		南非
33	温州百金石斛科技股份公司			德国
34	温州国际华侨学校			荷兰

通公司给予每美元奖励不高于 0.02 元人民币，激发了侨商回归的积极性。当年引进华侨贸易公司 15 家，合计出口额 4 亿元人民币。又如青田县 2013 年回乡投资的华侨 186 名，金额 4.8 亿，涉及工业、农业、旅游等多个领域共 32 个项目。目前已累计吸引侨资 22 亿元，兴办侨资企业 100 多家，侨资企业总部落户 50 家。

二、影响海外华商投资风险偏好的实证分析

　　海外华商投资是由众多因素而形成的一种经济行为，影响这一群体在具体投资时的倾向性选择，不仅来自宏观的国际政治经济形势、国内投资环境、招商引资政策等，也受到海外华商个体因素的左右。如个人能力（性别、年龄、海外经历、学历、家庭）、经济实力和拥有的社会资源等。课题组采取专家判定和问卷调查的方式收集数据，并对浙江籍侨商与非浙江籍侨商、浙江海外商人与浙江本土商人等的比较，对海外华商群体的投资风险偏好整体状况、影响因素及其权重进行实证分析。

（一）海外华商风险偏好群体特征分析

1. 研究对象与方法

　　为了比较不同性别、年龄和来自不同地域（祖籍地）及城乡的海外华商群体间在风险感知、风险倾向和风险决策三者上的差异，课题组在温州、青田、泉州、潮汕驻浙江义乌小商品城各商会协助下，向有海外移民经历的经营者、批发商发放问卷，对回收问卷的数据进行方差统计分析和参数检验，得出独立样本 T 检验各项结果。具体如下①：

----

　　① 本研究中的风险感知和风险决策问卷采用马昆姝、覃蓉芳（2010）修订 Simon（1999）等人编制的 10 点 Likert 量表。其中，风险感知问卷有 5 个题项，包括项目风险、失败可能、面临损失、未来发展、损失预期。对数据进行信度分析和探索性因素分析，该问卷 Alpha 系数为 0.839；KMO 值为 0.805，解释度为 61.315%，各项（转下页）

（1）地域比较

表 3：不同省份海外华商风险偏好基本统计

Group Statistics

Zscore	一 . 1	N	Mean	Std. Deviation	Std. Error Mean
风险感知	＞＝2. 00	42	－ . 2518156	. 91011402	. 14043364
	＜2. 00	312	. 0445316	1. 00211630	. 05673366
风险倾向	＞＝2. 00	42	－ . 2674234	1. 10346618	. 17026853
	＜2. 00	310	. 0548716	. 96217381	. 05464780
风险决策	＞＝2. 00	43	－ . 3056677	1. 00382071	. 15308122
	＜2. 00	313	. 0545219	. 98681855	. 05577828

表 4：不同省份海外华商风险偏好 T 检验统计

Independent Samples Test

	Levene's Test for Equality of Variances		t-test for Equality of Means			
	F	Sig.	T	Sig. (2-tailed)	Mean Difference	Std. Error Difference
风险感知	. 000	. 988	－ 1. 818	. 070	－ . 29634721	. 16302005
			－ 1. 957	. 055	－ . 29634721	. 15146061

（接上页）目的负载值分别为：0. 687、0. 854、0. 866、0. 726、0. 766。风险决策问卷有 5 个题项,包括决策建议、技术分析、重要程度、冒险策略、维持决策。该问卷 Alpha 系数为 0. 794；KMO 值为 0. 772,解释度为 58. 037％,各项目的负载值分别为 0. 663、0. 674、0. 730、0. 796、0. 691。本研究偏向于把风险倾向作为一种对冒险或保守持有相对稳定的倾向性态度来对待,因而问卷采用 Sitkin & Weingart(1995)开发的 10 点 Likert 量表,共有 4 个题项,包括投资价值、投资意愿、项目评估、经营方向。课题组在语言文字上进行了适当的修改。该问卷 Alpha 系数为 0. 863；KMO 值为 0. 804,解释度为 70. 919％,各项目的负载值分别为 0. 796、0. 869、0. 867、0. 834。

（续表）

	Levene's Test for Equality of Variances		t-test for Equality of Means			
	F	Sig.	T	Sig. (2-tailed)	Mean Difference	Std. Error Difference
风险倾向	1.931	.165	−2.001	.046	−.32229504	.16109948
			−1.802	.078	−.32229504	.17882325
风险决策	.199	.656	−2.240	.026	−.36018958	.16082349
			−2.211	.031	−.36018958	.16292660

（注：＜2代表浙江籍侨商,＞＝2代表非浙江籍侨商）

从 Group Statistic 表的平均数值来看,浙江籍侨商在风险感知、倾向和决策三项因子上高于非浙江籍侨商。但独立样本检验结果表明,两者仅在风险决策时存在显著差异（Sig. 2-tailed 值为0.026＜显著性概率标准值 0.05）。这一方面说明,经营管理上,两者虽有高下之别,但同受中华文化影响的海外华商,整体优势明显,抢占商机能力强,在海外敢闯敢拼。另一方面又表明,可能因浙江侨商大多为新侨商,其企业或经营规模相对偏中小型,加之新生代力量居多等因素,所以在风险决策方面更具灵活性和可操作性。

（2）性别比较

表5：不同性别海外华商风险偏好基本统计

Group Statistics

Zscore	一.2	N	Mean	Std. Deviation	Std. Error Mean
风险感知	男	199	−.1363370	.96716852	.06856076
	女	157	.1866908	1.00277537	.08003019

（续表）

Zscore	一.2	N	Mean	Std. Deviation	Std. Error Mean
风险倾向	男	198	−.0088669	.98231652	.06981020
	女	156	.0307441	.99838056	.07993442
风险决策	男	201	−.0062480	1.04267325	.07354450
	女	157	.0223257	.93171025	.07435857

表 6：不同性别海外华商风险偏好 T 检验统计

Independent Samples Test

	Levene's Test for Equality of Variances		t-test for Equality of Means			
	F	Sig.	T	Sig. (2-tailed)	Mean Difference	Std. Error Difference
风险感知	.197	.657	−3.078	.002	−.32302785	.10493259
			−3.065	.002	−.32302785	.10538220
风险倾向	.161	.689	−.374	.709	−.03961095	.10592255
			−.373	.709	−.03961095	.10612716
风险决策	2.211	.138	−.269	.788	−.02857375	.10603923
			−.273	.785	−.02857375	.10458485

　　分析 Group Statistic 表可见，海外侨商中的女性在风险感知、倾向和决策三项因子的均数值上都高于男性。但独立样本检验结果表明，两者仅在风险感知方面存在极显著差异（Sig. 2-tailed 值为 0.002＜显著性概率标准值 0.05），这与"女性更具敏感性"的日常状态相吻合。

　　温州瑞安侨商陈爱雪是课题组访谈中对风险投资具有很强敏锐性、善于捕捉市场信息并适时作出产业转型升级的一个典型案例：

　　20 世纪 80 年代末，高中中专护士专业毕业的她与同为高中学历的先生开始恋爱。其先生父母为制造碾米机的机械工人，工厂和先生家所在地属于瑞安的一个农村侨乡。20 世纪 90 年代初期，当地形成了台湾礼品包装代加工的小市场。当时她就从中预感到礼品市场的潜在利润空间，便劝从事机械的先生改行做圣诞礼品加工，不久后又决定自己生产礼品包装产品。于是，特意前往广州考察。约 1 年左右，就在广州与一些外贸公司合作，开始生产出口礼品。随着对各种业务的熟悉，她又决定独立开办礼品企业，1999 年开始自营出口。2000 年后，企业用工成本不断增加，企业负担随之加重。2008 年欧洲进入金融危机后，主营欧洲礼品市场的她迅速感到经济形势的恶化，企业经营越来越难。"四年前，觉得做工厂有点不太对劲。我们的产品基本是没有科技含量的，都是自己有一点想法再手工搭起来，或是客户拿样品过来，照着做。……想做内销试试，但圣诞礼品做内销不符合实际，因为义乌那边做这行的很多，而且价格烂得不得了。大家都是你有我有，拼价格。"经过对同行业的市场与价格了解后，她决定继续做礼品业，但具体产品调整到适合内销的礼品上。不仅如此，她感到要立足国内礼品市场，需要做出自己的特色。所以，近年来，她成立温州永生工艺品公司，继续坚持做国内外节日礼品，并与当地图书馆、博物馆等文化机构合作，开发出颇具地方特色和乡土气息的文创礼品，提供给政府机关、企事业单位作为友好交往的馈赠礼物。拥有多重社会身份的她还积极通过做书法、茶艺、插花等方式的公益性培训，积攒人气，推荐特色礼品，扩大购买客户群。2013 年，她又捕捉到瑞安市人才紧缺和难留人才的信息以及政府大力扶持人力资源市场的优惠政策后，注册成立温州永正人力资源有限公司，与人社局合作，赢得了培训单位员工和委托管理与服务劳务的市场。20 多年来，尽管包括其先生在内的不少亲朋好友认为她做生意变化太快，但她依然坚持自己的想法。当然，她也强烈地感受到来自邻近的苍南礼品城的同业竞争压力。为此，她主动与温州、宁波和上海的一些设计公司或朋友合作，结成联盟，欲借助大城市高端人才来设计、研发更有市场竞争力的产品。最近，刚参加完清华大学企业培训学习回来的她，又嗅到了互联网$^+$的魅力，计划在现有的特色文创礼品生产、营销中引入互联网$^+$平台。

（3）年龄比较

表7：不同年龄海外华商风险偏好基本统计

Group Statistics

Zscore	一.3	N	Mean	Std. Deviation	Std. Error Mean
风险感知	>=3.00	191	.1213406	1.06356764	.07695705
	<3.00	165	-.1272525	.89320846	.06953618
风险倾向	>=3.00	189	.0824319	.82723322	.06017236
	<3.00	165	-.0759951	1.14195850	.08890135
风险决策	>=3.00	192	.0400147	1.03314941	.07456114
	<3.00	166	-.0327321	.94894668	.07365255

表8：不同年龄海外华商风险偏好T检验统计

Independent Samples Test

	Levene's Test for Equality of Variances		t-test for Equality of Means			
	F	Sig.	T	Sig. (2-tailed)	Mean Difference	Std. Error Difference
风险感知	1.218	.270	2.367	.018	.24859307	.10504030
			2.397	.017	.24859307	.10371918

（续表）

	Levene's Test for Equality of Variances		t-test for Equality of Means			
	F	Sig.	T	Sig. (2-tailed)	Mean Difference	Std. Error Difference
风险倾向	12.529	.000	1.507	.133	.15842699	.10509921
			1.476	.141	.15842699	.10735065
风险决策	.802	.371	.690	.491	.07274677	.10545422
			.694	.488	.07274677	.10480487

（注：＜3代表30岁以下,＞＝3代表30岁及以上）

　　分析上述基本统计表可见,30岁及以上年龄的海外侨商在风险感知、倾向和决策三项因子的均数值上都高于30岁以下者。这种情形似乎与大部分人"三十而立"后储备了一定的社会阅历,具有较好的管理经验及稳定性心理较为吻合。但独立样本检验结果却表明,两者仅在风险感知方面存在显著差异（Sig.2-tailed值为0.018＜显著性概率标准值0.05）,可见涉世经历对不同年龄层的海外华商具有较强影响。而投资风险倾向（冒险性）与年龄阶段并不完全成正比（虽然方差分析的Sig值0.000＞显著性概率标准值0.05,但参数经验的Sig值0.141＞显著性概率标准值0.05）。在访谈对象中,有不少50岁左右的侨商因投资冲动甚至孤注一掷而惨败的案例。

　　（4）城乡比较

表9：不同区域海外华商风险偏好基本统计

Group Statistics

Zscore	一.4	N	Mean	Std. Deviation	Std. Error Mean
风险感知	农村	132	.0097140	.99438878	.08655043
	城市	222	.0146710	.99466825	.06675776

（续表）

Zscore	一.4	N	Mean	Std. Deviation	Std. Error Mean
风险倾向	农村	129	-.1981960	1.11252440	.09795231
	城市	223	.1153795	.88458512	.05923620
风险决策	农村	132	-.1133022	.94396873	.08216193
	城市	224	.0662502	1.01557704	.06785610

表 10：不同区域海外华商风险偏好 T 检验统计

Independent Samples Test

	Levene's Test for Equality of Variances		t-test for Equality of Means			
	F	Sig.	T	Sig. (2-tailed)	Mean Difference	Std. Error Difference
风险感知	.011	.915	-.045	.964	-.00495695	.10931280
			-.045	.964	-.00495695	.10930497
风险倾向	6.395	.012	-2.910	.004	-.31357555	.10775826
			-2.739	.007	-.31357555	.11447088
风险决策	.625	.430	-1.653	.099	-.17955240	.10859497
			-1.685	.093	-.17955240	.10656000

　　分析上述基本统计表初步判定，来自城市的海外侨商在风险感知、倾向和决策三项因子的均数值上都高于来自农村的海外侨商。经过 F 统计分析和 T 检验发现，两者在风险感知方面的差异甚微，出生城市的海外华商未必比出生乡村的海外华商更具风险感，面对投资中的风险，两者的感知可能过多地受制于经济利益。但他们在风险倾向方面的差异性极为明显（Sig. 2-tailed 值为 0.007＜显著性概率标准值 0.05），城市型海外华商的冒险性远高

于农村型海外华商。不过,两者在应对风险时,决策能力并无太大差异。

(二) 海外华商风险偏好个体影响因素及其权重分析

1. 研究对象

课题组从温州市鹿城区、瑞安市、乐清市、文成县等四个区县随机抽取有国内投资背景(包括实业、资金、证券)的海外华商,发放问卷 300 份,实际收回 238 份,剔除一些无效问卷,剩余有效问卷 211 份,回收率为 79.33%,有效率为 70.33%。

本次风险认知因素分析研究样本的人口统计学情况如表 11。

表 11：海外华商风险偏好个体影响因素调查样本人口统计学状况($n=211$)

统计项目		人数	百分比(%)
性别	男	118	55.92
	女	93	44.08
年龄	<30 岁	120	56.87
	≥30 岁	91	43.13
城乡	城镇	132	62.56
	农村	79	37.44
个人收入	<10 万	91	43.13
	≥10 万	120	56.87
宗教	有	64	30.33
	无	147	69.67

从样本总体结构看,本次调查样本具有如下特点：男性偏多(高出 11.84%),年纪偏轻(30 岁以下比 30 岁以上高出 13.74%),居住城镇者居多(高出 25.12%),年收入在 10 万以上者占多数(高出 13.74%),无宗教信仰者占多数(高出 39.34%)。

2. 方法与程序

本研究首先根据已有文献对风险认知的影响因素做出初步的梳理与构架，形成风险认知影响因素词条目录问卷，并让3位有着心理学、经济学、管理学背景的教授进行审定，初步确定25个词条。然后采用电子邮件进行第二轮专家意见征求，让其自由剔除和补充有关词条。最后根据专家的支持率和推荐率确定词条，并依据词条意义形成完整的5分制Likert问卷。

接着，把制定的问卷发放给随机抽取的海外华商，最后采用探索性因素分析的方法对回收的问卷进行统计与分析。同时，把相同的问卷发放给随机抽取的本土商人，根据所得的数据，分析海外华商与本土商人在各影响因素上的差异。

3. 研究结果

（1）问卷词条专家意见统计结果

本研究在第二轮专家意见征询时采用电子邮件方式，专家主要来自全国各地的高校和研究机构，总共邮寄电子征询问卷45份（心理、管理、经济领域专家各占三分之一）。实际收回电子问卷35份，回收率为77.78%。

从表12中总体看，候选词条（先文献梳理，后由3位专家审定）的专家支持率在90%以上的分别为投资经验、风险可控性、盈利可能、资金状况、他人建议、专业知识、损失可能等词条，决策时机、家庭关系、决策时限、自我接纳等词条（阴影标识）没有获得三分之二专家的支持，而家庭氛围、宗教信仰、健康状况等词条（删除线标识）因为没有得到半数专家的支持就直接删除。在补充词条上，获得20%以上专家提名的新词条有：风险承受、家庭财富、投资信息、投资理念、专业顾问、投资环境、旁人支持、社区文化、社会地位、旁人风险偏好等，而低于20%专家提名率的词条本次研究不予采用。最后新、旧词条合并共有32个词条用作探索性问卷的编制。

表12：风险认知影响因素词条专家判定与补充汇总表（n＝35）

分类	词条	%	词条	%	词条	%	词条	%	词条	%
候选词条	投资经验	100	专业知识	94.3	后果严重性	82.9	商讨机会	74.3	决策时限	57.1
	风险可控性	97.1	损失可能	91.4	是否独立决策	82.9	情绪状态	71.4	自我接纳	51.4
	盈利可能	97.1	心理预期	85.7	家庭文化	77.1	价值倾向	71.4	家庭氛围	46.2
	资金状况	94.3	个性特征	85.7	成就动机	74.3	决策时机	62.9	宗教信仰	41.7
	他人建议	94.3	自信水平	82.9	他人支持	74.3	家庭关系	62.9	健康状况	39.8
补充词条	风险承受	38.2	投资信息	32.1	专业顾问	28.4	家人支持	25.1	社会地位	22.3
	家庭财富	35.8	投资理念	29.9	投资环境	25.4	社区文化	23.8	家人风险偏好	21.1

（注：%指支持百分比）

（2）风险认知影响因素探索性分析

本研究根据 211 名海外华商投资者样本数据，首先对问卷条目进行分析，剔除项目共同度（item communalities）低于 0.6 的条目。接着，对海外华商的风险认知的影响因素进行探索性因素分析。表 13 显示，KMO 值为 0.81，巴特利特球体检验 χ^2 值为1250.62，显著性概率为 0.000，说明数据适宜做因素分析。

因素分析结果共抽取了 8 个因子，即海外华商风险认知的影响因素主要由 8 个方面构成。依次是自我水平（权重：9.13%）、周边人因素（权重：9.03%）、项目沟通能力（权重：8.37%）、决策框架与效用（权重：8.12%）、项目信息与定位（权重：7.79%）、支持因素（权重：7.47%）、态度特征（权重：6.32%）、情绪与应付（权重：5.44%），这 8 个因素对风险认知的影响总解释率为61.67%。其中，自我水平由自我评价、自信水平和投资理念三项风险认知因素构成，代表投资者对于自身的认知与评价的水平；周边人因素是指周边他人的态度倾向性，包括旁人风险偏好、社区文化、旁人支持和旁人建议等因素；项目沟通能力是指投资者对风险项目的分析与评估水平，包括风险范围、盈利可能、个性特点和特定预期等因素；决策框架与效用代表投资者对项目的欲意倾向及其风险后果的估计，包括成就动机、损失可能、后果严重性和家庭文化等因素；项目信息与定位为投资项目信息的可获取性与重要性；支持因素是指投资者可获取的支持性资源，包括家庭财富、商讨机会和投资专业知识等因素；态度特征是指投资者持有的价值理念与投资习惯；情绪与应付能力代表投资者的即时情绪及其应对能力。

（3）海外华商与本土商人的风险认知影响因素比较

为了进一步了解海外华商群体在风险认知的影响因素上是否具有一定的特异性，本研究专门抽取 57 名温州本土商人（其中男性 25 人，占 43.86%；女性 32 人，占 56.14%），在各影响因素上

表 13：海外华商风险认知影响因素探索性分析 (n＝211)

| 项目 | 影响因素 | | | | | | | | Bartlett's Test of Sphericity | | | |
	1 自我水平	2 周边人因素	3 项目沟通能力	4 决策框架与效用	5 项目信息与定位	6 支持因素	7 态度特征	8 情绪与应付	KMO	χ^2	Sig
自我评价	0.711										
自信水平	0.660										
投资理念	0.631										
旁人风险偏好		0.760									
社区文化		0.700									
旁人支持		0.606									
旁人建议		0.492									
风险范围			0.756								
盈利可能			0.540								
个性特点			0.537								

（续表）

项目	影响因素								Bartlett's Test of Sphericity		
	1 自我水平	2 周边人因素	3 项目沟通能力	4 决策框架与效用	5 项目信息与定位	6 支持因素	7 态度特征	8 情绪与应付	KMO	χ^2	Sig
特定预期			0.483								
成就动机				0.746							
损失可能				0.611							
后果严重性				0.498							
家庭文化				0.494							
项目信息					0.784						
项目定位					0.593						
心理能力					0.435						
家庭财富						0.688					

（续表）

项目	影响因素								Bartlett's Test of Sphericity		
	1 自我水平	2 周边人因素	3 项目沟通能力	4 决策框架与效用	5 项目信息与定位	6 支持因素	7 态度特征	8 情绪与应付	KMO	χ^2	Sig
商讨机会						0.656					
投资专业知识						0.516					
投资习惯							0.760				
价值倾向							0.519				
当时情绪								0.690			
应付能力								0.518			
贡献率（%）	9.13	9.03	8.37	8.12	7.79	7.47	6.32	5.44	0.81	1250.62	0.000
累积贡献率（%）	9.13	18.16	26.53	34.65	42.44	49.91	56.23	61.67			

与海外华商做差异比较。根据上述因素分析的结果,把 211 名海外华商样本与 57 名本土商人样本进行独立样本均数检验,具体结果见表 14。

表 14: 海外华商与本土商人风险认知影响因素比较

项目	对象	n	M	S	t	Sig
自我水平	海外华商	211	3.4945	.89758	4.138	.000
	本地商人	57	2.8947	1.20705		
周边人因素	海外华商	211	3.0097	.82800	2.677	.008
	本地商人	57	2.6535	1.08537		
项目沟通能力	海外华商	211	3.6056	.76456	1.850	.069
	本地商人	57	3.2632	1.33248		
决策框架与效用	海外华商	211	3.4396	.82712	1.758	.083
	本地商人	57	3.1272	1.27048		
项目信息与定位	海外华商	211	3.5646	.83921	2.756	.007
	本地商人	57	3.0760	1.26462		
支持因素	海外华商	211	3.4048	.84697	2.054	.044
	本地商人	57	3.0292	1.30822		
态度特征	海外华商	211	3.3708	.87159	2.268	.026
	本地商人	57	2.9561	1.30343		
情绪与应付	海外华商	211	3.2749	.86067	2.263	.027
	本地商人	57	2.8684	1.28009		

结果表明,海外华商在 8 个因子得分上其均数的分值普遍偏高,除项目沟通能力(Sig 值为 0.069)、决策框架与效用(Sig 值为 0.083)两个因子的均数差异检验值大于 0.05 外,其余因子的差异检验值均小于 0.05,在统计上达到显著性差异。即海外华商在自我

水平、周边人因素、项目信息与定位、支持因素、态度特征、情绪与应
付等 6 个方面对风险认知的影响分值要显著高于本土商人。

4. 讨论与小结

从研究结果看，影响海外华商风险认知的 8 个因素的权重水
平比较接近(最高为自我水平，占 9.13％；最低为情绪与应付，占
5.44％)，其中前 6 个因素对海外华商风险认知的影响占到近
50％的解释率。从内容上看，这些影响因素有些来自海外华商的
自身心理(如自我水平、决策框架与效用、态度特征)，有些来自他
人(如周边人因素、支持因素)，有些来自项目风险源(如项目信息
与定位)，而有些来自个体与风险情景的互动模式(如项目沟通能
力、情绪与应付)。这表明个体对风险的认知是一个复杂多变的
过程，它受到多方面的影响与制约。个体的风险认知是受内、外
因素双重影响的结果。[①] 如果把上述诸影响因素进行大的分类，
则海外华商风险认知的影响因素可分为个体内部因素与外部环
境因素。前者包括自我水平、项目沟通能力、决策框架与效用、态
度特征、情绪与应对等因素；而后者包括周边人因素、项目信息与
定位、支持因素等因素。在本研究中，个体内部因素占主导地位。

值得注意的是，在研究过程中，专家的判定意见与实际投资
者的调查结果存在差异。在专家判定环节，一些比较理性的因素
(如投资经验、风险可控性、盈利可能、资金等)得到普遍认同，而
对海外华商的调查中，这些理性因素却排在靠后的位置，自我评
价、自信心、自我理念以及周边人的影响等较为感性的因素影响
权重更大。这表明理论上的理性决策与真实的实际决策存在差
异，真实决策中个体的风险认知更受主观心理以及旁人的决策行
为等感性因素的影响，显示出非理性决策的倾向。这也预示了传

---

① 谢晓非、郑蕊：《认知与决策领域的中国研究现况分析》，《心理科学进展》2003
年第 3 期。

统的理性决策研究在现实决策行为中的解释很难具有普适性。①
当然,这种差异也可能与取样有一定关系。有研究表明,个人背
景因素(年龄、性别、单位性质等)对其风险认知结构产生显著影
响②。本次研究样本年龄偏轻,并且海外华商对国内生活环境需
要适应的过程,这些都有可能影响到本次研究的结果。

在对风险认知影响因素的比较研究中,海外华商与本土商人
对影响因素的评分存在差异。除去项目沟通能力、决策框架与效
用两项因素外,海外华商在个体内部因素(包括自我水平、态度特
征、情绪与应对等因素)与外部环境因素(包括周边人因素、项目
信息与定位、支持因素等因素)的评分上都要显著高于本土商人。
这表明海外华商的风险认知更易受到内、外因素的影响,更具敏
感性,特别是在自我水平、周边人因素、项目信息与定位三因素上
表现得尤为显著(Sig 值均小于 0.01,达到非常显著水平)。

三、海外华商规避投资风险的决策管理建议

由于长期在海外创业投资,海外华商对国内投资环境、情报
信息以及可利用资源等不及本土商人熟悉,这使其在回归投资的
过程中增加更多的不确定性风险因素。而对不确定风险的防范
又是从投资者的风险认知开始的。本研究表明,海外华商投资风
险认知主要受内、外因素的影响,具体表现为个体心理特征、外部
支持以及风险项目的沟通能力三个方面。而与国内同质群体相
比,自我水平、周边人因素、项目信息与定位三个因素对海外华商
风险认知的影响最为敏感。针对这些结果,笔者提出以下一些建

---

① Slattery, J. P. ,Ganster, D. C. Determinants of risk taking in a dynamic uncertain context. Journal of Management, 2002,28(1),pp. 89—106.

② 李同吉、吴满琳:《风险投资从业人员的风险认知及其影响因素研究》,《社会心理学》2005 年第 4 期。

议，以利于海外华商精准投资、规避风险：

（一）积极开展海外华商的培训工作

国内政府和社会不仅要做好招商引商工作，更要做好亲商安商保障。不仅要看到他们回归带来的丰富资本，也要意识到他们随身而带的有限学识。据 2009 年和 2014 年两次侨情调查结果显示，浙江华侨华人的文化程度普遍偏低，80％以上的人都只有初中学历。在课题组访谈对象中，出现较为明显的两种情况：50周岁以上的一些侨商原本受教育程度低，加之年龄因素，没有继续教育的动力与经历，结果在投资中或以固守传统行业的方式规避风险，或没有足够的风险认知能力而投资文化创意等一些新型行业，结果虽有满腔热情却一再受挫，身负巨大的经济债务。相反，一些年轻侨商或本身学历较高（如从事精细化工生产的温州华特粘接材料股份有限公司董事长 20 世纪 90 年代初毕业于复旦大学），或在从业过程中参加企业领导人培训、职业经理人培训，MBA、MPA、EMPA 等。在调研中，不少的侨商主动谈及参加企业管理与创新类学习的潜在价值。如早年仅小学毕业的起步（中国）有限公司董事长章利民近年来一直坚持培训，既参加中国人民大学、北京大学等高校的专业学习，也参加费用高昂却可以扩大"朋友圈"和参与"企业家分享"的长江商学院的学习。青田侨乡进口商品城商会会长留洪华当年因种种身不由己的原因而带着低学历就匆匆出国，在国外的经历和扩大经营事业的需要倒逼其回归后，在各大高校相继"充电"，同样也进入长江商学院深造。前文所述及的陈爱雪非常珍惜在清华大学继续教育学院的"温州百企聚才"学习，受益匪浅。还有一位在青田经营 KTV的希腊侨商更是基于有效管理员工和提高客户满意度而自觉读书，时常听心理讲座和人才管理讲座等。

因此，相关部门和社会机构要有序地组织海外华商进行多种类、多层级的学习与培训，海外华商更加需要开展自我提升、价值理念、投资能力以及情绪管理等方面的有效训练，以不断提高自我水平，增加投资的自我效能。

（二）建立海外华商投资风险的指导机制

不必隐讳，海外华商因逐利（润）而回归投资，国内各级政府对其则既逐益（社会效益）也追利（税收）。但在商业投资过程中，双赢是最佳目标。若海外华商因无法规避投资风险而导致撤资或破产等结果，对政府形象、经济发展和社会效应都不利。特别是一些地方部门在接待海外华商时搞忽悠，有意隐瞒不利于投资的实情，或回避、弱化客观存在的风险，甚至采取"开门招商，关门打狗"的恶劣手段，变相"掠夺"投资者资产。在课题组访谈过程中，有些参加座谈的侨商当着招商部门负责人的面，直言自己被欺骗。有些侨商获悉我们来调研，专程约我们交流自己投资中所遭遇的政府信息不对称、部门指导不到位或不专业、地方民众不支持或不配合等情况。如温州高岭头二级水力发电有限公司董事长为解决一位离世华侨股东的股权继承中的入股现金来源证明，耗费十几年，跑遍县市省各级工商、税务等多个相关部门，仍无果。因此事，导致其他股东都人心不稳定，进而影响公司进一步发展。这其中很大因素就在于，没有专业的政府机构或办事人员给予及时有效的指导。又如瑞安幸福谷旅游项目在进入一期开发后发现，用地为国土资源禁用土地。而这在项目审批环节中，并没有得到当地规划部门的提醒。再如巴西著名华商孙华凯早在 2001 年就与温州签订了回乡投资意向书，2002 年确定了温州大西洋购物中心的建设方案。然而，"大西洋购物中心项目直到 2006 年才审批通过，2008 年正式开建，到如今也还只是处于初步运营阶段。每当别人说起这事，孙华凯不会解释什么。"①十几

---

① 甘居鹏：《巴西浙商回国打造温州商业航母》，浙江在线—浙商网，2016 年 7 月 25 日。

年来，国内的商业综合体、购物中心如同雨后春笋般涌现，温州现在也已有万达广场、万象城两家购物中心，这足以印证孙华凯个人投资的远见。同时，该项目整整 15 年尚未落成，足以说明政府有关部门在其中是缺乏相关指导甚至缺乏诚意。由温籍美国华商黄丽娜投资的"浙江第一高楼"温州世贸中心也在 2001 年立项，同样已过去 15 年至今未启用。很多因素就在于建设工程规划与后来不断调整的政策之间的冲突无法协调，进而衍生多方诸多矛盾以至诉诸公堂。① 究其原因，政府部门同样无法推卸及时与后续指导的缺位等行为。被列为浙江省重点回归项目的杭州桐庐中欧国际城项目 2013 年动工兴建，不到 3 年就因投资方意大利侨商家族资金等因素而陷入停滞状态，但其中原委也有地方政府缺乏风险估算和预警机制。考察青田侨乡进口商品城、文成侨品汇体验中心、瑞安比利司进口商品直销中心等海外华商投资案例都表明，对于投资者而言，获得当地潜在市场和经济社会状况等多方面信息是极为重要的。海外华商对投资环境、投资政策、区位优势、投资行业的信息掌握得越多，了解程度越高，选择投资该地区该行业的可能性就越大。

因此，政府部门和社会组织要创建海外华商投资行为的指导系统，既要做好前置工作，如建成招商网站，及时更新相关的制度与政策，公布地方产业政策、当地发展规划、政府投资重点和人才、市场需求等信息，更要强化后续跟踪帮扶工作，如积极反馈投资项目信息，确立投资风险的预警制度，使海外华商能够有效加工风险信息。鉴于绝大部分回归华商进行投资时，都缺乏系统的风险评估，政府要出面、出资组建或聘请风险评估专家，为海外华商具体项目投资做专业性评估。

---

① 胡建国：《开建 14 年的温州世贸中心开始装修　曾官司缠身》，《温州都市报》2015 年 8 月 2 日。

（三）组建和完善海外华商的国内商会组织机构

以亲缘、业缘为基础而建立的各类海外社团,是华侨华人在海外联络感情、增进团结和互助共赢的重要社会组织。尽管其有历史弊端和现存问题,但在维护海外华侨华人利益,"协调海外华人族群的内部关系""协调华人族群与当地国大社会的关系"和"协调华人族群的国际性联系网络"等方面发挥了不可低估甚至不可替代的功能与作用①。海外华商业已借助其中的联谊会、商会获得了商业机遇,构筑了海外经济活动网络。但回国投资,他们突然发现失去了这一随手可用的平台,大部分侨商只能凭借个人的人际关系寻找商机,这无疑增加了投资的风险系数。在调查中发现,不少的回归侨商或似无头苍蝇瞎逛市场,或随意跟风到处参加各类投资洽谈会。或单枪匹马闯全国,或闷声不吭守小店,结果自然都不理想。有些回归华商自我调侃,称自己是"华侨农民工",进不了国内市场又回不了海外市场,缺乏社会归属感。而事实上,可资借鉴的组会模式和可供参与的社会组织都很多。既然早年能够组建从全国到县级的归国华侨联合会,那也可以逐步建立基层的"归国侨商联谊会"或"国内侨商总会"等组织。商会自近代产生以来,一直发挥重要作用,像温州在全国各地的异地商会就有 260 多个,形成了强大网络联动机制,互通有无,定期开展商业活动。即便是一些海外华商集中经营的市场,商户也可依法组建各类互助组织。如青田侨乡进口商品城就成立了完善的商会,起到提供信息、凝聚商户、规范经营、治理商城,以及与政府沟通协调等多方面的社会功能。义乌小商品城作为大型化、国际化的综合性批发市场,设立的涉侨商会更多。如义乌侨商会、义乌温州商会、义乌丽水商会、义乌青田商会、义乌福建莆田商

---

① 李明欢:《当代海外华人社团研究》,厦门:厦门大学出版社,1995 年,第 332—386 页。

会、义乌福建泉州商会、义乌潮汕商会等。至于虚拟的自助式商业信息平台，如世界华商资源发展平台、欧洲华商论坛等微信群，比比皆是，连笔者都被"盛情邀请"入群。

因此，政府部门要引导回归侨商积极建设与完善华商商会组织机构，创建资源共享平台，通过举办各种论坛、联谊等活动，使海外华商既能获得外部支持，又能产生积极的归属感。当然，海外华商无论自身实力强弱，投资规模大小，经营模式不一，都要主动加入、参与适宜的商会，既让自己不离群，也为群增加一份力量。特别是一些有条件的侨商要积极参政，通过人大、政协等政治平台，为回归侨商群体的应有权益呼吁，提高该群体的社会影响力。

总之，海外华商要通过专业学习不断提高自身的风险认知，主动加强风险评估以提升预警能力和决策管理能力。各级侨务部门要从以人为本的立场出发，加强对海外华商的宏观宣传与有效引导，预防其投资的盲目与过失，最终促进海外华商与中国经济的共同发展，真正实现中华民族命运共同体。

第三编　海外温州人群像

海外华文教师择业取向调查

　　华文教育工作是侨务工作中一项具有战略意义的基础性工作,对海外华侨华人绵延中华文化、保持民族特性,对增进华裔青少年与中国的交流和了解、维系与家乡的情感都具有十分重要的意义。当下,海外华文教育蓬勃发展,中文学校作为海外华裔青少年"寻根"教育和华文传播的重要力量,在 20 世纪 70 年代尤其是进入 21 世纪以来,数量亦大幅度增加。据 2013 年 11 月统计,仅温籍侨胞在海外创办的中文学校就有 53 所。但与此同时,华文教育的主导者——华文教师却存在数量欠缺和业务水平参差不齐的现象,这无疑成为制约华文教育发展的重要因素。

　　对此,国侨办每年都在全国各城市举办海外华文教师的中文教育培训班。其中,温州大学作为国务院侨办首批华文教育基地,自 2000 年起不仅通过成功举办 20 年温州华裔青少年"寻根之旅"夏令营活动,为海外学子尤其是华人华侨学生进行汉语言文化学习和教育提供了良好机会,而且自 2009 年开始承办海外华文教师培训(温州)。

　　为了深入了解海外华文教师们的汉语知识和教学水平,掌握他们在提高海外华文学校教学质量和推动海外华文教育发展方面的作用,也为了进一步提升海外华文教育工作的针对性和有效性,笔者围绕"您为什么要选择做华文教师"的主题,对 2009 年夏季和 2010 年春季来温州参加培训的 61 位华文教师进行了问卷调查和访谈，并初步得出以下结论。

一、海外华文教师的人口学基本统计

从两期培训班来看，男女性别比例严重失调，女性几乎占到90％。这是个配置不够合理的教师群体，从长远角度讲是不利于华文教育可持续性发展的；在年龄上，尽管国侨办规定培训班报名对象为60周岁以下的现职华文教师，但调查显示，仍有不少"超龄"教师在奉献。其中45周岁以上的占75％左右，30周岁以下的年轻教师仅占10％。这表明目前的华文教师队伍年龄结构呈倒金字塔型，一旦老年组离岗，那么华文教师队伍将存在严重的青黄不接现象；上述两期培训班的学员主要是来自加拿大、荷兰、美国、德国、意大利、西班牙等12个国家，调查他们的祖籍地，同样发现比较分散。不过，归属闽、粤、桂、琼、浙五大重点侨乡的人数相对偏多，其中属于浙江、上海、江苏等长三角地区的有30.4％，广东、广西、福建、海南等泛珠三角地区的占26.1％，其他地区的也有43.5％。这也从一个侧面反映出海外华侨华人分布广泛，移民输出地仍集中在传统侨乡，新侨乡亦不断兴起；从受访对象的"国外定居时间"分析中，得出了与"年龄"相吻合的结论：全部学员都侨居海外3年以上，且居住5年以上者高达73.9％。由于他们中出国时间长的人数比例占大部分，所以也相应地有了六成多的人已经加入居住国国籍。

二、海外华文教师的择业相关因素分析

海外华文教师尽管当下从事教师行业，但出国前后有职业变化吗？教育工作是他们自觉地选择吗？是什么原因让他们走上教师之路的等等。对此类问题，笔者也进行了相关问卷调查。

虽然海外华文教师多年从事华文教学,但绝大多数没有中文专业学历,有的教师甚至连当地国家的学历也没有。如在新加坡现有 4200 名华文教师,其中约有 1000 人没有大学学历。在此次调查中也略有证实,有接近 60％的华文教师在国内所受的最高教育程度为高中及以下学历,本、专科学历者占 30.6％,只有一成教师拥有研究生学历,而且教育程度随年龄的增大而降低;面对这种窘境,国务院侨办每年通过"走出去"和"请进来"相结合的方式,对华文教师进行短期培训。但毫无疑问,提升华文学校教学水平的关键是华文教师们自身要不断学习。调查显示,有 78.3％人出国后有继续深造(含各类教育培训)。当问及"从事海外华文教育是您选择的首份工作"时,表示是或否的比例差距不明显(47.8％:52.2％);而在"让您选择华文教育工作的主要因素"的选项上,"志向兴趣"成为最大推动力,87％的受访者被选中,这对振兴华文教育而言是十分有利的因素。只有 4.3％的受访者是出于经济状况而从教,另有 8.7％人是由于其他原因。这与笔者在 2008 年随机采访意大利中文学校教师所得结果是一致的:不少的教师有其他固定的工作,家庭成员也都有稳定或较高经济收入,但他们觉得给孩子上课,既能让自己温故中华文化,又能使传统文化在海外薪火相传。当然,海外华文教师的生存空间和文化程度毕竟无法与国内教师相提并论,他们作为移民,侨居他乡,一切都得靠自己去打拼,不可能有国内事业单位的福利劳保待遇。也因此,在从事华文教育工作外,他们中有 34.8％人目前还有其他工作,而没有第二职业的专任教师恰恰正是那些年龄偏大者;最后,我们也直言不讳地问他们今后 3—5 年内,是否有辞别华文教育工作的打算。结果,有 13.0％的人表示有这个考虑,剩余的 87.0％明确表示只要身体允许、校方接受,他们都愿意继续这份"有利于中华民族振兴,有利于华侨华人社会发展,有利于国际友好和世界和平"的工作。

　　这份简单的调查报告未必能全面反映海外华文教师的整个面貌，但从中可以说明师资力量的薄弱。比如，当前从事华文教学的老师们热情都很高涨，但年龄结构不合理，有 20 多岁的青年，也有从教三四十年超过 70 岁的老华教工作者；既有专职教师也有兼职人员；较之于东南亚地区的传统或早期侨校，欧美新移民华校教师的文化层次相对偏高；大多数华文教师未受过系统师范中文教育，整体教学能力偏弱等。总之，随着华文教育越来越成为世界许多地方一种不可或缺的教育方式和手段，华文教师的数量要扩大，专业水平要提高，知识结构要完善，评估体系要调整。

　　最后，我们相信，为了让更多的海外华人能继承中华优秀文明，将会有更多的海外移民投身华文教育，热爱华文教育，不仅成长为优秀的海外华文教育工作者，也将成为中华优秀文化的积极传播者和倡导者。

侨领角色扮演、类型及其价值观

孙中山关于"华侨乃革命之母"的高度概括和邓小平关于"海外关系是个好东西"及"几千万华侨华人是中国发展的独特机遇"的精辟论述，都充分说明海外华侨华人在中国革命和建设事业以及祖国和平统一大业中所具有的独特作用。而人们在探讨华侨华人群体的影响力时，常常论及其中的代表——侨领及其带领下的侨团。那么，"侨领"及其角色范畴如何界定？侨领怎样扮演自己担当的社会角色？他们的角色扮演又以什么样的价值观为指导？运用社会学的角色理论深入探讨侨领角色的本质，侨领与侨团的关系及其在侨务工作中的重要地位和作用，无疑具有一定的理论价值和实践意义。

一、侨领及其角色扮演的含义

（一）侨领的概念

尽管中国历代领导人都高度重视并从不同角度阐述过海外华侨华人的地位，现实中也可以列举出陈嘉庚、陈香梅、司徒美堂、庄希泉、蚁光炎等一批著名华侨领袖，但至今无人明确界定过"侨领"的真正内涵。结合党和国家领导人接见侨界人士的讲话精神，各级侨务机构所表彰的各类"爱国爱乡楷模"，以及开展侨务侨联工作的实际需要，可以将侨领定义为：产生在一定历史时期,致力于华侨华人事业,深受侨团人群爱慕和崇敬,与祖(籍)国和侨居国有关组织保持正常交往关系的华侨华人社团领袖或侨界著名人士。他(她)们往往是华侨华人社团总会、商会、归侨侨眷联谊会(或联谊中心),以及海外校友会、学会、协会等各种社团组织的负责人,或正副会长、或正副主席、或正副秘书长等。具体而言,侨领的内涵包括五个层面:

第一,就其主体而言,侨领是一定时代的产物。侨领作为精英人物是时代呼唤的结果,亦是时代造就的结果。考察中国海外移民史可见,侨领在一个区域内数以百计地产生,更数以万计地涌现在世界各地,但他们的思想和行为无不打上时代的烙印。正因此,1949 年前的侨领精英有别于 1949 年后的侨领精英;改革开放前的侨领精英不同于改革开放后的侨领精英。当然,他们也有着许多共同点,如爱国爱乡、团结奋斗、乐做善事、回报社会。

第二,就其素质而言,侨领之所以是精英,不是由其某一方面素质(例如经济能力)决定的,而是由其综合素质所决定的。素质是一个综合概念,它既包括人的先天自然素质,如生理、心理素质,也包括后天的社会素质,如思想品德素质、科学文化素质、专业素质、审美素质和情感素质等。当考察一个侨领的成长过程,即从普通侨民转变为侨胞精英的历程时会发现,他的每一个进步与发展都是多种素质综合作用的结果。

第三,就其群体而言,侨领不是个人自封的,而是得到广大侨胞认可的。他们原本也是在侨团的平凡岗位上从事平凡工作的普普通通的人,但因善于团结和带领侨团人群实现集体利益而赢得荣耀与地位。值得注意的是,他们努力做到合法经营、合法赚钱,诚信经商、文明经商;时刻关注环境保护,尊重雇员权益;在维护自己利益的同时,充分照顾其他社会族群的利益,注意回馈当地社会,努力树立华侨华人社会的良好形象。

第四,就其影响而言,侨领的眼光比起一般侨民要远大得多。

他们引导侨团积极融入当地主流社会,努力加强与当地主流社会的沟通融合,不断提高海外侨团在当地社会的地位和影响。他们主动与侨居国政府部门和社会组织联系沟通,热心慈善、扶贫济困、乐善好施;勇于参选、踊跃投票,以达到既有利于提升海外侨胞在侨居国的地位和影响,也有利于促进侨居国与中国友好往来发展的目的。

第五,就其关系而言,侨领所在的侨团组织不仅与侨居国有关机构保持正常交往关系,而且与祖(籍)国的侨务侨联等涉侨部门保持密切往来关系,并接受其业务指导。由此,侨领的资质、地位和作用在某种程度上是得到侨居国和中国国内的一定组织正式确认的。这也就意味着,侨领与极少数侨民基于个人私利目的而组织起来的某个侨团组织,并充当其"侨领"划清了界限。这亦恰恰证明了侨领角色的重要性。

概而言之,侨领作为广大华侨华人的重要组成部分,是其中的精英群体,是海外炎黄子孙支持中国革命和建设事业的先锋与中坚。

(二) 侨领角色扮演的定义

角色是指个人在社会关系中处于特定社会地位,并符合社会期待的一套行为模式。每个人每时每刻都在自觉或不自觉地扮演着不同的角色,即角色扮演。角色扮演作为乔治·赫伯特·米德创立的角色理论的一个中心概念,是社会互动得以进行的基本条件。米德认为,人与人之间所以能够进行交往活动,就是因为人们能够辨认和理解他人的语言,识别对方使用交往符号的意义,从而预知对方的行为倾向性。他把这些能力称之为"扮演他人角色的能力",包括理解常规姿态的能力,运用这一姿态去扮演他人角色的能力和想象演习各种行动方案的能力。[1] 如果某个个

---

① 转引自[美]乔纳森·H.特纳:《社会学理论的结构》,杭州:浙江人民出版社,1987年,第376—377页。

体具备了上述能力，他就具备了胜任某个角色的基本条件。在此基础上，米德强调指出："个体能够控制自己的反应，这是角色扮演所带来的直接效果。如果个体有能力去扮演他人的角色，那么他在合作的过程中，就可以对自己的行为加以控制。从群体中行为组织的观点来看，正是这种通过扮演他人角色而获得对自己反应控制的能力才使得这种交往形式具有价值"①。

依据上述角色扮演的概念及相关理论，侨领角色扮演可以理解为侨领为适应个体、群体和社会需要，根据自己所处的特定位置，并按照角色期待和规范要求，把权利和义务有机地结合起来所进行的一系列角色行为的过程。

2011年5月25日，温家宝总理主持召开国务院常务会议，听取了关于侨务工作的汇报。会议指出，在世界各地分布大量的海外侨胞，是我国的独特国情和重要资源。依据会议所确定的侨务工作重点，随着全球化的愈加深入和中国国际交往的愈加频繁，侨领在民间外交、经贸合作、文化往来和祖国统一等领域都将发挥独特作用，也必将扮演新角色：（1）是服务国家经济社会发展，引荐华侨创新创业领军人才的自觉模范者。（2）是围绕国家总体外交战略，拓展侨务公共外交的忠实执行者。（3）是引导海外侨胞积极推进两岸关系和平发展和祖国统一大业的坚定信仰者。（4）是围绕提高国家文化软实力战略，加强海外华文教育，弘扬中华优秀文化的自觉践行者。（5）是建立健全工作机制，依法维护侨胞权益，促进侨界改善民生的积极促进者。（6）是深入开展联谊、服务和引导工作，培育和发展海外对我友好力量的主动倡导者。

当然，侨领角色扮演如同其他角色一样，必须遵从角色扮演

---

① 转引自［美］乔纳森·H·特纳：《社会学理论的结构》，杭州：浙江人民出版社，1987年，第378页。

的过程：角色定位、角色领悟、角色学习、角色实践和角色评价。[①]
只有这样，才能真正达到角色扮演的预期目的。

二、侨领角色扮演的类型与价值观

（一）侨领角色扮演的类型

要充分发挥侨领角色的独特作用，还必须深入研究侨领角色
扮演的类型。这是一个新课题，需要从实践中进行总结、概括和
提炼。而要研究侨领角色扮演的类型问题，首先就得解决侨领角
色扮演类型的划分标准问题。事实上，人们往往依据不同标准划
分出不同类型的侨领角色扮演。例如，依据侨领产生的不同时
代，可以将侨领划分为 1949 年之前产生的侨领和 1949 年之后产
生的侨领，改革开放之前产生的侨领和改革开放之后产生的侨
领；依据侨领的不同年龄和经历状况，可以将侨领划分为老侨领
和新侨领，等等。而依据侨领承担的华侨华人社团职务及其活
动，侨领角色扮演的类型大致可分为四类：

1. 政治型侨领

在中国近代民族民主革命时期和中华人民共和国建设初期，
一些老侨领积极投身民族独立和民主解放事业，扮演着促进中国
政治发展和社会进步的支持者和参与者的角色。如陈嘉庚、陈香
梅、司徒美堂等。还有一些侨领则利用自己与所在国政界的密切
关系，主动承担"友好使者""民间大使"，助推中外建立友好关系。

出生于福建同安集美社的一个华侨世家的陈嘉庚，一生都怀
着强烈的爱国情怀，先后为辛亥革命、民族教育、抗日战争、解放
战争、中华人民共和国的建设做出了卓越贡献。他是著名的爱国
华侨领袖、企业家、教育家、慈善家、社会活动家，曾创办了厦门大

---

① 奚从清：《角色论》，杭州：浙江大学出版社，2010 年，第 82—85 页。

学、集美中学、翔安一中、集美学村、翔安同民医院等。晚年的他仍念念不忘国家统一,请人在鳌园刻录"台湾省全图"。他生前曾被毛泽东称誉为"华侨旗帜　民族光辉";同样,出生于广东开平的著名旅美侨领、中国致公党创始人司徒美堂,曾与孙中山建立过深厚的友谊,多次发动筹款,支持国内的革命;为支持抗日,他发起成立了"纽约华侨抗日救国筹饷总会"。1948年,他公开声明拥护中国共产党及召开新政治协商会议、组建人民民主政府的主张。而曾永森、唐裕、韩晟昊、郑嘉乐、鲁家贤等侨领分别在中马、中印(尼)、中韩建交和巩固中澳、中奥的友好交往中,扮演了推手的角色。[①]

2. 经商型侨领

无论是早期的谋生型华侨,还是改革开放后的创业型新移民,走经商实业之路是海外华侨华人生存与发展的常态。亦因此,数以万计的侨商领袖在祖(籍)国的现代化建设中,扮演了慷慨捐资、大力投资的反哺家乡的角色。如"世界船王"包玉刚、"酒店业巨子"李达三、"影业大亨"邵逸夫等,都是实业起家的老侨领。如今,一批闯荡商海的中青年侨领逐渐成为中国侨领的中坚力量,并同样积极报效桑梓。

比如,1955年出生的傅永和来自温州的两代爱国华侨家庭,因敬业及热心为同胞们办实事而得到温州侨胞的首肯和信赖,曾任美国温州工商总会会长。傅家三代人同是出国门而后回家乡投资的代表:其祖父傅作励在清末去法国,靠辛勤工作积累了一定资金后,回到温州买地1000多亩,置办肥皂厂,被誉为温州近代民族工业的先驱;其父亲傅勋20世纪30年代去美国,做古董、青田石雕等生意。1946年回国,创办药厂、布厂以及与人合资开

---

① 关于上述侨领为中外友好方面做出的卓越贡献,可详见张应龙主编:《华侨华人与新中国》,广州:暨南大学出版社,2009年,第320—340页。

办华大利酒家等民族实业,在当时的温州名噪一时,深得乡亲厚望;傅永和 1978 年初到美国,从零做起,帮人打工、干杂活,做厨师、开餐馆、做礼品生意,后来创办了熊猫、天堂等多家中国餐馆。1993 年回国投资温州房地产业,并慷慨捐献巨资赞助温州教育事业和扶贫事业。① 又如,广东籍旅美成功企业家梁冠军,而立之年就担任了全美华裔总商会会长和纽约华人社团联合总会主席,成为年轻侨领。

3. 教育型侨领

自 1872 年容闳率队的留美幼童远渡重洋、求学图强以来的百余年,中国人留学海外的热潮此起彼伏。在这个特殊的海外华人群体中,同样形成了一批批精英。他们在中国的现代科技和教育事业的发展史上扮演着求索者和创新者的角色。一些老侨领更是从自身的经历深刻认识到教育是国家经济建设的基础,于是慷慨解囊、捐资兴学,"对中国社会的文明进步和民族教育水平的提高起到了重要的促进作用"②。

譬如,高中时代就留学加拿大并在海外扎根发展的黄硕虽还是个"80 后",却已是加拿大思博国际学院总裁、加拿大爱德华王子岛省华人协会主席和该省省长的中国事务特别助理。她在 2010 年 5 月考察重庆的国际教育行业时表示,"希望将原汁原味、注重培养创造力的国际教育模式引入重庆"③。又如日本第一所立命馆孔子学院首任院长周玮生,可谓学者型的侨领。他曾就读于浙江大学和大连理工大学,留学日本京都大学并获博士学位,

---

① 叶正积:《爱国爱乡不能讲空话——记爱国侨领、美国纽约浙江温州工商总会原会长傅永和先生》,《中华工商时报》2001 年 8 月 30 日,第 7 版。

② 张应龙主编:《华侨华人与新中国》,广州:暨南大学出版社,2009 年,第 104 页。

③ 梁鹏、金蓉:《50 侨领"快读"重庆全部打"A"》,《重庆商报》2010 年 5 月 12 日,第 7 版。

曾任中国留日同学会会长、日本新华侨华人会首任会长。2005年，日本京都立命馆孔子学院成立后，他被推选为学院院长，从此致力于开展中文教育和各项日中文化交流活动。

4. 文化交流型侨领

散居世界各地的 4500 万华侨华人在海外谋求自身生存与发展的同时，还自觉地向世界传播中华文明，也不断地将异域文化引进中国。其中，一些从事文化产业的侨领更是借助创办华文报纸、华语电台和中文电视等宣传媒体，举办各种文化交流活动以及自己的社交圈，及时地向海外侨胞传递乡情和正面地报道祖（籍）国的经济社会发展情况，扮演着推动多元文化交流和构筑中外民间交往平台的角色。还有不少侨领通过艺术、文学、体育、学术交流和推广中医等途径，增进所在国人民对中华文化的了解，消除误解、增信释疑，担当着文化信使的重要角色。

例如，2001 年，由祖籍广东普宁的陈克威、陈克光兄弟创办的法国陈氏兄弟公司成立了陈氏传媒公司，其宗旨"就是要为华人服务"，"致力于中法之间电视节目、电影等文化项目的交流与合作"[①]。10 多年来，陈氏传媒不但为中外信息交流搭建平台，而且为"改变法国对移民，特别是对华人移民的印象"[②]，促进法华居民间的双向交流方面做出了贡献；2005 年，经中国国家电视台批准，由泰国华人青年商会会长李桂雄亲任台长的泰国中文电视台正式成立运营。李桂雄是在发现很多泰国华裔不会说中文和很少了解中国的情况后，与一些志同道合者寻找到这一有效传播中国文化的桥梁。该电视台立场分明，对外宣传中国，每天都会播放中国中央电视台 4 套和 9 套的节目，让更多东南亚人民广泛地了

---

① 张应龙主编：《华侨华人与新中国》，广州：暨南大学出版社，2009 年，第 361 页。

② 薛彩云：《法国陈氏：华人家族企业的成功之道》，http://news.xinhuanet.com/employment/2003-04/14/content_830705.htm。

解中国的发展,成为推动中泰文化交流合作和泰中企业牵手合作的重要平台。这无疑"是一件很有意义的事情,在历史上也将扮演一个重要的角色"①。

此外,中国的侨领们也积极从事社会公益领域、宗教领域的活动,扮演了公益型、宗教型的侨领角色。当然,由上述例证不难看出,从类型学的角度而言,侨领扮演的角色往往不是单一型的,而是复合型的。

(二) 侨领角色扮演的价值观

每个社会有相应的价值体系,每种职业有对应的价值基础,每个人有适宜的价值观念。价值观念,即价值观,是人们在实践过程中对人和物的价值所形成的根本观点、看法和态度,是驱使人们行为的内部动力。侨领角色价值观是侨领在长期的涉侨实践中,在特定历史条件下逐渐形成的,以爱国爱乡为基础,以务侨互助为重点,以创业发展为目标的价值体系。通过对众多侨领角色行为的分析可知,侨领是华侨华人价值观的倡导者、推动者和实践者,而呈现在社会舞台上的侨领角色价值观又是一种职业与事业相统一的价值观,因而必将在华侨华人群体中产生潜移默化的影响,并由此不断增强它的吸引力、公信力和感召力。具体来说,侨领角色扮演的价值观主要体现为:

1. 坚定的爱国观

爱国主义是近代以来海外华侨与中国关系的本质所在,是海外华侨不断支持祖国的根本原因和内在动力。侨领作为数千万华侨华人的榜样、示范,爱国爱乡热情更是浓厚、高涨,更是深知祖(籍)国强有力支持的意义。因此,他们总是以实际行动,身体力行地关心、支持着中国革命和现代化建设,心系中国的和平与

---

① 陈少斌、欧阳子善:《泰国青年侨领李桂雄》,《民营经济报》2008 年 3 月 22 日,第 T05 版。

发展,在密切祖(籍)国与侨居国人民的友好往来,团结海外华侨华人反对"台独",促进祖国的统一大业等方面,做出了不可替代、不可磨灭的贡献。

现任旅荷华侨总会名誉会长、全荷华人社团联合会名誉主席、荷兰中国商会会长、浙江省政协委员等职的温州籍侨领胡志光,在荷兰乃至西欧各国的华侨华人社会中几乎家喻户晓,是无人不知的爱国爱乡楷模。有人称赞他是"华人华侨的一代风范",也有人誉他为"荷兰侨团的中流砥柱""欧洲侨界的杰出侨领"。但他却这样表达了一位爱国侨领的赤子情怀:"我是中国人,我有一颗中国心。不管风云如何变幻,不管遇到什么艰难险阻,我们的心永远会随着祖国的脉搏而跳动!"①

2. 明确的服务观

现代海外各类侨团侨社组建的目的不同于具有革命色彩或时代烙印的早期华人社团,更多地以服务于当地华侨华人为己任,以增进华侨华人及其与侨居地社会、祖(籍)国的交流为活动宗旨。如全荷华人社团联合会强调"共同努力协商解决在荷华侨华人所面临的种种问题,为在荷华侨华人争取更多合法权益"②。那么,作为社团负责人的侨领虽"只是华侨群体中普普通通的一员",但无疑具有比普通侨民更强的服务意识和奉献精神,是服务侨胞的先锋者和表率者。

1967年就参加欧洲华侨总会(旅荷华侨总会前身)的叶世顺,虽然职位从理事、副会长升到会长,但他为侨胞真情奉献的心始终如一。40多年来,他的名字和许多为侨胞服务的实事联系在一起。从事侨团工作让他奉献出了数不清的金钱、时间、精力与心

<hr>

① 王凯成:《永远都有一颗中国心——记旅荷著名爱国侨领胡志光先生》,《中国统一战线》2000年第10期。

② 李明欢:《欧洲华侨华人史》,北京:中国华侨出版社,2002年,第673页。

血,风雨里四处奔走的无规律生活使他的肝和胃都出了毛病。但他却依然认为,"无论过去还是现在,要做一个真正的侨领,就必须比普通华侨心更热一点,精神更坚强一点,牺牲更多一点"。①他的无私奉献受到了祖国和侨居国的高度评价,曾多次以爱国侨领的身份赴京参加国庆典礼,受到邓小平、廖承志等中央领导和荷兰女王亲切接见。

3. 艰苦的创业观

无论是早期的老侨领还是现代的年轻侨领,他们的成功轨迹未必都一致,但创业的起点都是艰辛的,发展的过程亦绝非一蹴而就,绝大部分侨领都是依靠自身打拼起家的。尽管第三、四代侨领的发展平台优于第一、二代侨领,但为了向多元化、高精尖方向拓展,他们同样珍惜前辈创下的根基,也时刻专心经营已有的事业。"没有他们从沿街叫卖起步,经历数十年刻苦耐劳、艰苦奋斗,打下坚实的创业基础,就不可能有今日的成就"②。

海外温州人的艰苦创业精神是众所周知的,连温家宝总理都曾多次赞赏。他在意大利会见华侨华人代表时就称赞,"温州人能吃苦,而且吃苦不叫苦,这就是中国人力量所在"。"温州人代表了一种精神,一种创业精神。"③温州侨领与华侨华人一样,为了生存和发展,什么事都肯干,什么活都无所谓。他们特别能吃苦,也特别能创业。"我是90年代初到西班牙,当时过来投奔亲戚后,做的是餐饮业。我都不愿意回忆那段时间,天天十几小时是怎么过来的。80年代以前出来的温州人更是艰苦,他们文化程度不高,语言是最大障碍。他们每天从早干到晚,真的是既能当老

① 胡生:《叶世顺的"侨领三点论"》,《人民日报》(海外版)2006年4月18日,第5版。
② 郑珍存:《荥阳随忆录》,温州:温州市华侨华人研究所编,1999年,第44页。
③ 袁艳:《温家宝总理3赞温州人创业精神》,http://www.zj.xinhuanet.com/newscenter/2006-03/08/content_6417100.htm。

板又能睡地板。"①这类例子不胜枚举。

4. 互助的社会观

对身居异国他乡的华侨华人而言,无论是事业发展还是文化认同,往往需要一个集体力量、一种心理归属。为此,他们以"亲缘、地缘、业缘"等为纽带,组织胼手胝足的侨团,并为着共同的利害关系,联络感情,守望相助。其中,侨领的"作用比传统社会中的乡绅更大,在某种程度上兼为华侨自治社区的'父母官'"②。侨领的这一角色扮演使得他们不但与广大华侨华人一样,扶贫济困、乐善好施,而且更热心慈善、关心公益,具有自觉的社会互助精神。

在近几年发生的涉侨事件中,侨领都表现出强烈的社会责任感。如俄罗斯"查封华商货物事件",西班牙"烧鞋事件",所罗门、东帝汶、汤加的"烧抢华商商铺事件"后,当地侨领积极与中国大使馆联系,维护华商合法权益,并协助大使馆做好华商互助自救工作,共度难关。同样,在祖(籍)国需要赈灾救济时,世界各地的侨领都倾情震区同胞。如为汶川、玉树地震大力组织募捐活动。与此同时,侨领也主动加强与侨居国社会的沟通,互帮互助,增进互相理解,发扬"以和为贵"的中华优秀传统文化的特长,促进与侨居国人民的和谐相处。

三、研究侨领角色扮演的意义

(一) 有助于侨领们正确认识和处理角色冲突

角色冲突是指个人担当的社会角色包含矛盾的角色期待时出现的问题,妨碍角色扮演的顺利进行。它由美国社会学家默顿

---

① 作者不详:《海外温州人　当了老板也能睡地板的"商帮"》,http://www.stnn.cc/overseas/200803/t20080314_747258.html。

② 陈建敏:《论海外华人文化的特征及现实意义》,载于周望森主编:《华侨华人研究论丛》(第六辑),北京:中国华侨出版社,2003 年,第 196 页。

1957 年提出,其基本类型包括:同一角色内部的冲突、个人同时充当的多个角色间的冲突和个人为自己规定的角色与他人要其充当角色之间的冲突等。① 侨领角色同其他角色一样,也会发生这样或那样的角色冲突。其形式主要有:

(1) 角色内冲突。即侨领在角色扮演的过程中所表现出的种种内心冲突。这是由于侨领对某个角色的期望与要求不一致所产生的角色冲突形式。随着我国经济社会的不断发展,海外侨团的经济实力也得到了相应的提升,这在一定程度上引发了华侨从事行业与当地相同行业间的激烈竞争,加之个别侨商的违法违规经营行为,使得华侨与当地国部分商人企业主之间的矛盾有所显现。此时,侨民就会习惯找到一位侨领,希望其出面替自己说话,维护自己利益。那么,这位侨领面对角色的相互矛盾的期望与要求,势必会造成心理紧张和焦虑,也便产生了角色内冲突。当然,这位侨领经过自我定位和心理调适后,依然能公正办事,教育违法违规经营的侨商改正其不良行为,引导其做到遵纪守法,互利双赢。

(2) 角色间冲突。即侨领在角色扮演的过程中,因身兼多个角色而导致多重角色间的冲突与不适。当一个侨领同时担任两个或两个以上的社会职位时,例如既是侨居国的侨商实业家,又是华侨联谊会会长、中文学校董事长和祖籍地的海外交流协会名誉会长,这样,他所占有的不同社会位置就会对他提出不同的期望和要求。特别是在他要处理个人担当的社会角色问题时,越加感到无法同时满足各方面的期望和要求,于是便产生剧烈的角色间冲突。

(3) 角色外冲突。即一个侨领在侨团组织分工时,希望扮演某种角色,而他人则希望他充当另种角色,结果便发生了角色外冲突。另有一种情形,当侨领发生角色转换时,如由原先担任的旧角色转向即将出任的新角色时,也会发生角色外冲突。在现实

---

① 邓伟志主编:《社会学辞典》,上海:上海辞书出版社,2009 年,第 14—15 页。

生活中，还可以考察到个别侨领从侨团领导者转换为一般侨民的角色后，往往会对原来的旧角色耿耿于怀，而对现在充当的新角色又不能尽快适应，由此也表现出角色外冲突。

（二）有助于各级人民政府及其有关部门做好侨务工作

每个侨领角色扮演均有其所属的类型，这是不以人的意志为转移的客观存在。同时，侨领角色扮演的类型既具有相对稳定性、持续性，但又有一定时空性，不是一成不变的，是静态与动态的统一。因此，分析和理解侨领角色扮演类型，必须学会与运用好客观性和统一性的科学方法。唯如此，才能够把握侨领角色扮演的本质和特征，从而有助于做好侨务工作。譬如，鉴于海外侨团所存在的团体林立、功能重叠等问题，杭州市人民政府侨务办公室就积极引导各种侨领角色，要其从华侨华人社会的整体利益出发，整合侨团的各方力量，使侨团能够充分地发挥维护华侨华人政治、经济、社会、文化等方面合法权益的作用，从而推动各种类型侨领角色既帮助海外同性质同类别的侨团进行力量提升，也帮助不同性质侨团之间进行力量重组。通过整合使海外侨团的发展更加符合客观要求，更加贴近实际状况，更加有利于提高华侨华人在侨居国的社会地位和整体发展。像欧洲各国的杭州籍侨胞及其侨领角色经过共同努力，成立了欧洲杭州联谊总会，其联系侨胞、维护权益的功能得到了进一步加强。①

（三）有助于正确认识侨领角色扮演的具体规律

翻阅国别华侨史、地方华侨志以及著名的华侨人物传，不难发现，每个侨领角色扮演者究竟属于哪种类型或兼属几种类型，这绝不是哪个侨领角色扮演者纯粹主观任意的选择和认定的结果。侨领角色扮演类型归根究底是由他们所处时代的政治、经

---

① 杭州市侨办：《加强和谐侨团建设　实现共同发展目标》，《侨务工作研究》2008年第3期。

济、社会和文化等条件所造成的,特别是受着中华民族的优秀传统文化和具有鲜明个性的地域特质文化(如潮汕华侨文化、闽南海商文化、温州事功文化等)的影响。所以,分析侨领角色扮演有助于学者们具体认识各种侨领角色扮演的多样性和个性本质,这对于正确认识与把握侨领角色扮演的发生和发展的具体规律,推动侨领服务管理的变革与创新,都将具有重要的理论参考价值。

温州侨乡留守儿童问题与对策①

改革开放以来的移民浪潮,使得温州许多侨乡出现了父母不在身边的留守儿童和青少年。父母在国外事业发展的不稳定性、家庭经济条件的限制和所在国移民政策的变动等因素,使侨乡的留守儿童尚不能尽早和父母亲相聚一起生活。而与父母长期分离、隔代教育、亲情缺失,直接或间接影响着留守儿童的健康成长。

一、侨乡留守儿童群体的产生和原因

留守儿童一般是指父母一方或双方因务工、经商、长期出差在外等原因流动到其他地方,自己留守在户籍老家,与父母或父母一方分离生活长达 6 个月及以上的 14 周岁以下的儿童。和父母在国内打工的留守儿童相比,侨乡的留守儿童与父母分离的时间更长,有的孩子与父母未谋面长达 10 年以上。

留守儿童现象是古今中外都有的人口流动现象,但成为社会问题却是全球化过程中人口流动加速的结果。我国对留守儿童

---

① 本研究基于原温州大学讲师陈怡在温州市鹿城区七都镇侨乡开展 3 年多的留守儿童社会工作基础上写成。我们通过突出侨乡留守儿童特点,对侨乡留守儿童工作面临的资源限制与优势、存在的制度缺陷和创新尝试、应用的方法等作出全面反思,以期更好地推进侨乡留守儿童工作。

问题的关注和全面报道约在 2004 年,①关注的对象主要为中西部落后地区的留守孩子。大量农村的青壮年离开农村前往发达的、沿海地区谋生发展,留在农村的孩子的生活、教育、成长问题在之后的十几年间逐步显现。在全社会关注留守儿童问题的背景下,侨乡留守儿童问题引起了政府部门尤其是侨务部门的关注。可以说,侨乡留守儿童问题自温州海外移民第三次浪潮以来就开始陆续呈现,直至今日已经有近 40 年的时间。

从是否出生在祖籍地来看,留守儿童可以分为两类。一类出生在祖籍地,父母前往其他地方,将其留在家乡,由他人代为抚养;另一类出生在其他地方(一般为父母工作的国家、城市),未满 14 周岁前带回祖籍地由他人抚养,父母仍在另处工作。到目前为止,大量的研究主要关注第一类对象。而在侨乡,有很多海外父母将在国外出生的孩子送回国内生活,这些非中国国内出生的孩子也被认为是侨乡的"留守儿童"②。这些跨越两个或多个国家生活的儿童,呈现的各方面特点与国内的留守儿童有所差异,也是应当引起关注的。为了呈现不同年龄儿童存在的问题,本研究行文有时也用"留守青少年"来指初中阶段的留守孩子。

温州市至今虽未作过侨乡留守儿童的全面统计工作,但根据温州市区县侨乡各学校的统计,留守儿童占儿童人群的比例都比较高。如文成县玉壶镇小学留守儿童占有 65％,并呈继续增长趋势。在接受学前幼儿教育的儿童中,有 85％是留守儿童。文成县玉壶中学也有高达 60％的留守学生。在瓯海区仙岩镇的两所中学和八所小学中,留守儿童共有 1441 人,其中在校中小学留守儿童 756 人,学龄前留守儿童 685 人;仙岩中学留守儿童占总学生

---

① 2004 年,四川省一个留守儿童因父母外出而无人照顾出现严重的事件被曝光后,作为社会转型下的社会新问题开始在社会上引起广泛的关注。

② 朱闵贤:《应该重视"留守儿童"和"外国孩子"的华文教育》,《钱江侨音》2009年第 1 期,第 37—38 页。

人数的 25％,仙岩一小留守儿童占总学生人数的 11％,仙岩华侨小学和中心小学留守儿童比例均为 13％。在我们开展社会服务的鹿城区七都镇两所小学,留守儿童比例约为 20％,但近几年人数呈下降趋势。因此,各侨乡留守儿童整体人数一直处于变动之中。

导致很多侨乡产生数量众多留守儿童的原因有:

第一,改革开放以来的移民浪潮是造成留守儿童人群规模庞大的主要原因。移民至其他国家谋生发展会遇到各种各样的困难和阻碍,由于暂时无法解决这些困难,孩子们往往留在国内。一般地,出国人数的多少也决定了留守儿童的多少。如截至 2007 年底,仙岩镇出国人数达 12822 人,占了全镇总人口的 30％,使得该镇留守儿童人群庞大。随着父母在外经济状况的好转,侨乡的孩子会被陆续接送出国。如七都镇近些年留守儿童数量呈持续下降趋势。

第二,侨乡出国人群多数为新移民,许多孩子的父母在国外还处于创业阶段,工作、生活很艰苦,没有条件养育、教育孩子,孩子出生之后就送回中国。因此,经济发展较落后的地方,留守儿童所占比例较大。如玉壶镇的小学中,70％的学生都是国外送回来的小孩。很多经济条件不好的海外父母一直在比较孩子在国外抚养与国内抚养的成本,部分非中国籍儿童在中国学校就学存在的不便(如交赞助费),也阻碍了一些父母做决定。

第三,其他的原因。如,有些海外父母考虑在海外出生的孩子可能会失去与中国的联系,或在异国环境中学习中文有太多困难,或认为国内数学教学难度大,对出国学习有优势。还有的父母希望让孩子在幼年时接受较多的中国文化的熏陶,等等。

二、侨乡留守儿童群体的成长现状及突出问题

父母不在身边,给留守儿童的成长带来了很多现实影响。笔

者主要运用社会工作专业师生在侨乡开展的社会调查和社会服务中获得的数据和相关资料,说明他们的成长状况,并对侨乡留守儿童突出的几个问题加以说明。

(一) 成长现状

我们的问卷、访谈多围绕这些主题:监护人情况、父母出国时的儿童年龄、与父母沟通状况(沟通方式、沟通频率、沟通内容、沟通感受)、对父母的态度、情绪情感表达、人际交往特征、行为特征、学业成绩和学习习惯、课余生活等。

1. 监护人情况

监护方式以祖辈监护为主,其次为亲戚监护,再次为学校监护。从玉壶镇的调查情况来看,有 78.4% 的儿童和祖辈生活在一起,委托其他亲戚或熟人监护的占 8.6%。从七都镇的调查来看,比例与此相近。

2. 父母出国时的儿童年龄

在一项针对温州侨乡留守儿童留守现状和家庭教育资源情况的研究中,研究者通过抽样发现,父母出国时儿童的平均年龄是 7.7 岁[①]。

3. 与父母沟通状况

(1) 沟通方式。交流主要方式就是电话和手机,其次为网络视频聊天和 QQ 聊天,写信或者其他方式很少。海外的父母与子女见面的机会不多,最常见是一年两次,有的十几年都没有见面。

(2) 沟通频率。最普遍情况为一星期电话联系一次,每次通话在半小时到一小时之间最为常见。沟通频率受到家庭经济状况的影响,经济条件好的联系多一些,反之则联系少。

---

① 田晓霞、潘玉进、郭保林:《温州华侨留守儿童留守经历与家庭教育资源的调查研究》,《温州大学学报》(自然科学版)2012 年第 1 期,第 23 页。

（3）沟通内容和质量。以聊留守儿童在家的生活、学习情况比较多，其次聊身体情况，很少聊父母的生活情况及孩子心事。留守儿童提出自己的要求一般为购买东西。有儿童埋怨父母和子女沟通的内容简单重复，更多的时候感到无话可说。访谈发现，父母和子女之间的沟通呈现单向性特点，表现为子女不主动打电话给父母、不主动反映问题和需要，缺乏双向互动，沟通质量也不高。

4. 对父母的态度

在活动中，大多数孩子表示他们明白父母去远方工作的原因并理解他们。在一份针对留守儿童和非留守儿童关于幸福生活期待的比较研究中发现，留守儿童更多地提到了希望全家人能够在一起。由于父母在自己幼年时期外出，留守儿童大多跟着祖父母一起长大，很多留守孩子对父母没有任何概念，以至于在写类似"我的妈妈"主题作文时无从下手甚至编造。他们没有太多关于父母的印象，也没有评价，更谈不上深刻的感情。

在我们的接触中，少数留守儿童由于不理解父母而对父母产生埋怨甚至憎恶。如一个孩子的妈妈偷渡出国，而爸爸由于各种原因未能出国，现在处于妈妈回不来爸爸出不去的状态，孩子由爸爸抚养，父母每次打电话都是吵架。因此，这个孩子心中非常埋怨母亲出国。有些孩子在学校环境中发现父母不在身边的弱势，就恨父母丢下自己，甚至不接父母的电话。

5. 情绪情感表达

较为突出的情绪问题是情感脆弱、耐挫力差、缺乏热情、悲观消极、焦虑。长期和父母分离的留守儿童很容易出现有话放在心里的现象，宣泄不掉的情绪容易成为心理障碍。我们已经发现极个别的儿童处在思念父母的焦虑情绪之中。

在活动中，我们发现留守儿童情绪、情感表达不如非留守儿童，他们总是小心翼翼、胆小退缩，用理性说服自己。很多人在遇到不开心的事情时,倾向于一个人承受。如在回答"如果遇到被别人欺侮,和谁说"问题时,他们选择"不说"的最多。正如一个孩子说的,"把烦恼埋在心里,说出来会很难受,让一个人难受就好了。"或许在生活经历中,他们表达烦恼之后并未得到别人有效地疏导,长此以往便形成了不表达的习惯。

我们在与留守儿童的长期接触中,明显感受到留守儿童体验他人情绪的能力差于非留守儿童,在人际交往中也存在表达情绪情感方式问题。留守青少年处于生理变化期、独立发展期、道德价值观形成期,他们在各方面存在的困惑有时也变成一种压力,在情绪上表现为封闭、暴躁、悲观等特点。如一位初中女生在一次活动中与同班一位女生发生小口角,她当众摔门而去,全然不顾活动中其他人的感受。

据不少亲戚监护人反映,留守儿童对亲戚与自己的关系比较敏感,容易把自己与亲戚的亲生孩子进行不必要的比较,并有自我压抑的特点。

6. 人际交往特征

留守儿童的人际交往范围主要为学校同学、家庭抚养人、网络好友。他们很少有机会与乡村外界发生更加深入的联系,很多孩子甚至都没有去过动物园、植物园、图书馆等地方,他们的生活体验基本局限在日常所在地,因此知识面狭窄,见识少。更令人堪忧的是,祖辈社会活动范围小,朋友圈缺乏,加上不科学的教育观念,影响孩子的活动能力。一些祖辈没有认识到这个问题,还自豪地认为自己的孙辈"打都打不出去"。随着年龄的增长,他们更多地通过网络结识朋友。在我们的调查中,有少数留守青少年结交社会不良青年并有偏差行为,如性交易,这些活动却不为家人、学校所知。

留守儿童在人际交往特征上呈现出过度的自立。如在一份问卷中发现,他们对于平时生活或者学习上遇到的困难,有

22.5％会求助老师，27.5％会求助同学，15％求助亲戚，而42.5％会选择自己解决；"当遇到被人欺负或被老师误解时"，15％的人会"选择和家里大人说"，7.5％选择"和父母说"，25％选择和"要好的同学说"，有30％选择了"默默忍受，谁也不告诉"。实践告诉我们，受制于经验、年龄、知识的限制，很多时候留守儿童并不能独立解决问题，依靠自己有时候还会产生更多的问题。如青春期性教育就是需要其他人指导的。过度依靠自己既是性格封闭的表现，也是缺少社会支持网络的表现。

活动中，我们发现留守儿童的社交技能非常欠缺。在经过长期的团体活动训练之后，他们逐渐变得活泼开朗起来。

7. 行为特征

在活动中，志愿者们发现留守儿童普遍对人缺乏信任感，自我防卫心理比非留守儿童要明显，在行为上表现为退缩、回避、自控能力差、攻击性言行特征。类似这样的志愿者工作感言是较为普遍的："他们纪律性不强，规则、秩序的观念在他们的意识中很模糊。他们在行为上有点懒散，不愿静下心来听取别人的发言。在他人发言的时候往往选择各干各的事情，忽视他人的存在，同时让外人觉得有点'没家教'，感觉这些孩子不太会尊重别人。"学校老师也反映留守儿童在社会品德方面要差于非留守儿童。

由于负责主要抚养的祖辈对孙辈娇生惯养和放任自流，无法有效监管和教育孙辈，并随着整个乡村社会受到不良社会风气的影响和越轨行为的诱导，很多留守儿童发生了偏差行为。小至说谎打架、沉迷于录像厅游戏厅、逃学；大至赌博吸毒、偷窃、抢劫等违法犯罪活动，这也引起了海外父母的担忧。据重点侨乡文成县检察院检察长介绍，该县侨眷型留守少年手头不缺钱，近年来犯罪率持续升高。该院2007年起诉未成年人犯罪案件23件46人，2008年增加到33件62人，分别占当年公诉案件人数的21.5％和

24.2％。其中,80％以上的案件都涉及侨眷型留守青少年[①]。

8. 学习成绩和学习习惯

留守小学生在学业上并没有比非留守小学生有明显的落后,不少学习成绩还在中等或中等以上。但到了中学之后,留守儿童成绩以中等或中等偏下者居多。如玉壶中学近些年出现学生成绩下滑现象,在2012年的地区性八校联考中,学校总体成绩位于最后一名。这可能是缺少父母的监管而带来的长久负效应。有些中学老师告诉我们,女孩子在初中阶段的学业成绩受到"爱打扮"的影响,父母又无法关注到这些。有些出生后几年回国的留守儿童成绩总体上不太好,可能是受到不同国家文化、教育理念的影响。他们的朋友圈不大,也影响着信息的交流。

监护职责浅层化是造成留守儿童学习成绩不好的直接原因。留守儿童主要依靠老师和同学的帮助,回家后就很少得到监护人的帮助;而非留守儿童除了老师和同学的帮助外,还经常得到父母的帮助。很多留守儿童学业无人管教、沉迷于网络、学习成绩差,长此以往对学业失去兴趣甚至逃学。祖辈对留守儿童的学业成绩普遍不太关注,也不督促日常学习。很多家长和儿童自身对完成学业的期待停留在完成九年义务教育上,有的甚至认为读书无用。他们把出国作为考不上高中或大学的后路。

在学习习惯方面,留守儿童缺乏有效的指引者,存在不认真完成作业、课堂纪律差、迟到早退、自律性差等现象。

9. 课余生活

留守儿童课余娱乐生活单一,也没有发展更多的兴趣。他们在周末和假期最多的活动就是上网和看电视,单调又不利于身心发展。在我们活动的问卷中,47.5％的留守儿童(最多选项)认为

---

① 陈东升、阮晓静:《邀请老师参与侨眷型留守少年犯罪案效果好》,http://www.zjjcy.gov.cn/art/2009/6/23/art_33_5058.html,2009年6月23日。

最开心的事是和大家一起玩，可见他们期待能有与同伴一起的课余生活。

（二）突出问题

研究发现，留守儿童一般存在的问题有：生活缺少亲情、心理健康堪忧、学习成绩一般、自控能力差、隔代监护沟通少、监护职责浅层化[①]。这也是侨乡留守儿童的共同特征。值得强调的是侨乡留守儿童面临的几个突出问题，即父母长期不在身边、隔代教育、以出国作为人生目标，不仅直接影响他们的身心，而且深刻影响其社会化程度。

1. 父母长期不在身边及其影响

有关研究发现，侨乡父母离开孩子最长时间是 16 年，22.6％的儿童的父母出国长达 10 年之久[②]。

合格的父母履行其照顾孩子的职责和角色包括：经济保证、生活照顾、亲子交流、教育。父母长期不在身边，影响了家庭功能的实现。如果这时候其他人能够替代父母并完成得好，留守儿童亦会和非留守儿童一般健康成长。如果其他人并没有完成得好或者留守儿童主观不认同的话（如认为亲戚就是偏心，亲戚就是外人），便会对其成长带来负面影响。现实生活中，由于各种各样原因，大多数留守儿童的替代照顾者都起不到父母在场的全面作用。结果造成多重影响：

（1）亲密关系

家庭是人出生后开始接触最亲密关系的地方。从某种意义上说，成长中的其他关系的原型均来自于家庭关系。家庭关系包含了夫妻关系、亲子关系、手足关系、扩展的关系。在关系种类越

---

① 作者不详：《重庆市政协委员提案倡议：建立民工"留守子女"教育监护体系》，《中国青年报》2005 年 1 月 20 日。

② 潘玉进、田晓霞、王艳蓉：《华侨留守儿童的家庭教育资源与人格、行为的关系——以温州市为例的研究》，《华侨华人历史研究》2010 年第 3 期，第 29 页。

丰富的家庭中成长的孩子,他(她)今后应对各种环境的体验基础越好,对他人的情绪情感能力越强,不会有太多的自我中心主义。如一个孩子在家庭环境里不仅得到了父母的关爱,也看到了夫妻关系状态,这些都会影响着他们自己日后与他人的亲密关系状态。而祖辈或其他监护人与留守儿童构成的亲密关系要疏远一些。

和父母在国内打工的留守儿童相比,侨乡留守儿童与父母见面的时间更少更短,亲密机会不多,情感体验不深刻。长大的留守儿童很容易在家庭之外寻求亲密关系以弥补缺陷。

(2)危机事件的处理

人的成长过程充满危机,小到考试不及格,大到被人殴打。化解心理冲突、跨越限制,人就成长了;回避矛盾、未能跨越,将导致心理的固着状态,阻碍成长。当遇到危机时,父母就是最好的沟通对象,他们会给予包容、帮助,家庭就是温暖的港湾。从上面留守儿童在遇到困难时求助对象的特点来看,他们更倾向于求己。而凭着他们自身的经验,尚不能化解大多数的危机;即便是化解了,也是暂时的,并不能得到成长。

由于父母不在身边,留守儿童在遇到突发事件的时候,往往感到非常无助,长此以往则会缺乏安全感,心理变得脆弱和敏感。当他们受到别人欺负,或者与同学发生纠纷,或者受到老师的批评,或者与照顾自己的爷爷奶奶及亲戚产生别扭时,就会非常敏感,非常委屈,甚至做出过激反应。

我们在社会服务中,经常发现留守儿童比较敏感。他们没有明白特定情况为什么会发生那些事情,产生认知偏差。他们压抑自己的感受,认为凡事要自己忍受解决,所以显得性格孤僻、闷闷不乐、易怒、紧张、疲劳、孤独、自我防御过强。

当留守儿童在需要父母在身边陪伴度过危机的时候,很多父母亦不能回国,这对孩子的成长非常不利。如有些违法犯罪的留守青少年被公安机关、人民检察院讯问时，国外的父母也未能从国外回来。

（3）道德社会化

道德社会化最初是来自家庭的教育。留守儿童的世界观、人生观、价值观正在形成过程中，由于家庭教育的缺失，缺乏必要的引导、教育、管理而易于造成是非意识淡薄，纪律、规范意识薄弱。一些留守儿童没有礼貌，常常脏话连篇，出口伤人等；行为上自私任性、蛮横霸道、不尊敬老师和长辈，不团结同学，时有搞恶作剧，甚至小偷小摸的现象发生，乱吐口水更是常事，没有荣辱意识，不在乎同学、监护人及周围人对自己的评价。据了解，侨乡留守儿童违法违纪案件近些年呈现上升趋势。

2. 隔代抚养教育及其影响

（1）生活照顾

关于营养水平方面。我们发现侨乡留守儿童总是携带大量的零食来到活动中，或者很多儿童只为活动中分发的糕点而来。通过交流发现，他们日常膳食结构非常简单，也满足不了他们成长的需要。他们看起来要比非留守儿童瘦弱一些，可能与祖辈的膳食调理习惯有关。还有个别孩子早上不吃早餐去学校，原因是爷爷奶奶准备早餐很晚而附近没有早餐店。

关于睡眠时间方面。有些留守儿童存在睡眠不足情况，这和老人早睡早起的习惯有关，有些祖辈甚至在早上四五点时将孩子叫起来上学。

（2）教育理念与学习指导

由于侨乡留守儿童基本在条件允许的情况下都要出国，很多老人认为反正不参加国内的高考，学习好坏也没有关系，因此他们不会在实际生活中督促孩子努力学习。这点和非侨乡留守儿童有着很大的不同。

总体上，祖辈文化程度低、年龄偏大，宠爱、重养轻教的特点较为突出。宠溺孩子是祖辈们普遍的教育态度,他们甚至还误解一些比较严格要求学习的老师,致使学校教育和家庭教育观念不能保持一致,使得学校教育效果大打折扣。

祖辈文化程度一般不高,往往无法辅导和督促留守儿童的学习和家庭作业,使他们的学习成绩不同程度地受到影响。这对留守儿童的成长也是一大不利因素。

(3) 家庭关系的处理

一些留守儿童家庭的父母与祖辈在负担孩子费用的问题上发生争议,没有妥当处理孩子的费用,增加了孩子的精神压力。很多海外移民经济条件并不富裕,有的只能解决自己在国外的生存问题。当未能给国内的孩子提供足够生活费用时,孩子感觉到自己是大家的累赘,其自我价值认同受到影响。祖辈们一般没有知识和能力去处理儿女不在身边产生的家庭关系问题。在我们的调查中,有一个这样的案例:一位贫苦的老人抚养着均出国的女儿和儿子的两个孩子,这两个表兄妹家庭经济状况不同,其中男孩子家庭条件稍微好一些,其父母会从国外寄钱回来,而女孩子从小父母离异,父亲只从国外寄来很少的家用钱。在这个贫穷的祖孙结构家庭中,哥哥对妹妹有了排斥。这个女孩子缺乏母爱,受到表哥的欺负,心理自卑、敏感,行为退缩回避,外表邋遢可怜。

(4) 社会交往

在侨乡,缺少儿童活动场所、公共设施差的现象比较普遍。而祖辈年事已高、行动不便,不太可能带孙辈到其他地方参加活动以增长见识。

3. 以出国为人生目标及其影响

侨乡的留守儿童普遍以出国作为人生的一大目标。留守儿童自身没有理想、没有目标的情况普遍存在。海外父母对子女的期望普遍不高甚至是过低的,认为读书不行还可以出国,以为出国就是解决一切问题的方法。访谈中,有些留守青少年也向我们表达了无奈的情绪，他们期待在国内完成学业，在国内寻找工作，但其自我决定的权利在家庭的出国选择下几乎丧失。

侨乡留守儿童在国内蹉跎了学习时光，必然对出国后的生存和发展造成不利影响。我们通过对侨乡留守儿童出国后适应情况的了解，在国内学业成绩好的孩子到了国外也容易适应当地学校的学习，特别是在英语学习方面。

除了以上三个侨乡留守儿童面临的突出问题之外，那些往返于中国和父母所在国家的留守儿童中，有些儿童喜欢国外的生活方式、学习特点，不能适应国内的环境。

三、开展侨乡留守儿童工作的对策与实施建议

侨乡留守儿童一旦出现问题，首先伤害的是他们自身，同时伤害了他们的家庭，也影响着侨务资源的可持续发展，更影响着中国的未来，所以必须引起政府和有关部门的高度重视。

目前针对国内留守儿童工作的对策建议主要包括：纳入政府工作议程；建立相应工作机构，配备专职工作人员；建立寄宿制学校；完善父母侨居地接受留守儿童义务教育工作；改善农村儿童福利设施；鼓励社会参与关怀留守儿童。同样的，侨乡留守儿童也需要在这些方面做出相应地改变。由于侨乡留守儿童问题表现和一般国内留守儿童存在一些差异，且改变现状面临的实际困难和拥有的资源也有其特殊性，因此有必要找出更具体、更具针对性的对策。

（一）整体思路

1. 发挥海外资源优势，多渠道解决经费来源

温州海外新移民在海外奋斗几十年，积累了很多的经济和社会资源，改变了侨乡很多落后的面貌。他们通过投资、贸易、公益事业、捐赠和家乡保持着密切的联系。相对于一般留守儿童所在

的农村村庄来说,侨乡具有更好的经济资源和人力资源。侨务资源是政府部门开展侨乡留守儿童的一大支撑。

但由于大部分侨乡留守儿童都要出国成为其他国家公民,我国政府对他们开展工作的积极性就会受到一定的影响。比如存在这样的认识:父母在国外生活,缴税在国外,侨乡政府为何要投入政府资源? 如果要投入,要投入多少资源?

因此,在工作经费方面,必须要有新的思路,注重从政府经费和海外资源双重方向想办法克服现有困难。而实际上,在政府尚未出台相关政策、采取相应措施之前,温州市已经有些侨联组织具有高度的责任意识,发挥自身优势,从海外募集资金投入留守儿童工作。今后这些做法还可以进一步改善,如成立留守儿童工作基金会。

2. 政府高度重视,加强经费投入和人员设置

首先,各级党委政府要充分重视和关注留守儿童问题,把留守儿童纳入党委政府的工作议程,出台相关政策和措施。当务之急需要组建侨乡留守儿童工作的协调机构。从当前对侨乡留守儿童服务来看,相关职能部门和人民团体、群团组织开展的工作具有不稳定性、非常规性,工作力量分散,资源聚合力差,留守儿童工作理论和方法欠缺,非常不利于当前问题的解决。政府部门需要出台政策,牵头组织侨联、共青团、妇联、教育等部门和组织,开展留守儿童工作。

其次,政府对侨乡留守儿童工作进行必要的经费投入和人员设置。有了主要的工作协调机构,必要的经费投入和人员设置是开展各项工作的保证。我们建议政府部门根据年度留守儿童工作项目、计划确定经费投入额度,并同时建立有效的专家评估组,对年度计划完成做评定,保证经费的有效使用。在人员配置方面,确立专门的办公室工作人员,同时招聘热心社会服务工作又有专业知识的相关专业的大学生,参与留守儿童的教育管理。在

试点的侨乡，一个工作者根据工作量，可以负责多个村的留守儿童工作，以达到资源有效利用。

3. 侨联主动介入，探索和实践管理教育的方法和途径

侨联作为党和政府联系海外侨胞、归侨侨眷的桥梁和纽带，关注和做好侨界留守儿童工作责无旁贷。近几年，温州市各级侨联组织通过各种途径，积极向社会各界、党委政府宣传、汇报留守儿童情况，积极建言献策，力争使留守儿童问题纳入各级党委政府的议事日程，力促出台相关政策和措施，以举全社会之力做好侨界留守儿童工作。

当前，温州市侨联在与地方高校合作、整合社会资源、拓展工作方法等方面也作了不少尝试，并取得了一定的成效。如在七都镇侨联开展的"留守儿童快乐之家"，玉壶镇侨联开展的"亲情视频互动室"，仙岩镇侨联开展的"代理家长"活动。这些活动的开展同时获得海外侨胞的赞赏。温州市侨联联合温州大学相关专业师生自 2010 年开始，每年举办为期一个月的侨乡留守儿童"暑期夏令营"活动。首期参加夏令营规划的侨乡包括七都镇、丽岙镇、塘下镇三个著名侨乡。

（二）具体工作内容

1. 主要目标

侨乡留守儿童工作内容的设计离不开目标的设定。结合侨乡留守儿童存在的问题和海外父母的期待，主要包括这样一些目标：

第一，使每位留守儿童有人监护；

第二，改善隔代教育质量，使留守儿童有更好的家庭教育环境；

第三，提高海外父母与留守儿童的亲子沟通质量，使留守儿童有感恩之心和努力学习的动力；

第四，提高留守儿童识别偏差、违法犯罪行为的能力，预防不

良行为出现；

第五，提高社会交往能力，扩展留守儿童社会活动范围，发展社会支持网络，促进留守儿童身心健康发展；

第六，完善人生规划，为留守儿童出国后的适应与发展做好充分准备；

第七，使个别特殊留守儿童的心理发展、生活条件、学业成绩有所改善。

2. 具体措施

为实现这些目标，政府需要组建侨乡留守儿童工作协调机构，设置专业性、专职化的工作人员，在相应的制度框架下，把学校、家庭和社会各界的力量整合起来。

借鉴全国留守儿童工作经验，为达到以上 7 大目标，可采用的相应举措有：

第一，有些侨乡的留守儿童较集中，无人监护的留守儿童较多，当地政府和教育部门可以投入经费建设寄宿制学校，提供食宿条件，配备生活指导老师，为留守儿童提供住宿学习便利。有些地方可以开展留守儿童的帮扶结对活动，寻找监护人。文成县在这方面的做法已走在全市的前列。

第二，开办家长学校，举办隔代教育培训班。培训内容包括如何理解孩子的心理发展，如何监管和教育孩子，具体问题的解决方法。很多学校通过开座谈会、联谊会的形式，沟通信息，目的是为了强化家校联系，保证教育效果的一致性。虽然这类举措取得了一定的成绩，但也存在一些需要克服的困难。如主办单位单一（通常为学校），举办次数有限，缺少更多的社会力量加入；举行方式以讲座为主，缺乏互动和情景再现，缺乏效果评估。很多家长并不能将讲座中的内容深化到生活教育中去。因此需要多多举办亲子互动，促进实际效果。

第三，开通亲情互动视频，增加沟通信息的全面性；增加父母在外辛苦工作的相关信息，增加留守儿童对父母的理解程度，强化学习动机；开展心理讲座和体验活动，促进形成感恩之心。从实际效果来看，还存在一定的问题。如很多亲情互动视频由于国内外时差和使用知晓度原因，使用率并不高，起不到应有的效果；有些地方虽然配备了相关工作人员来指导视频的使用，但了解视频在沟通中的实际效果还需要做更加细致的工作。很多学校邀请了海外侨领在学校中讲述父母所在国的经济、历史、地理、政治、文化情况和父母打工的艰辛，引起了孩子们对海外父母的关心，是一个很好的尝试活动，今后需要有更多此类活动。有些侨乡还制作了反映留守儿童在家情况的光碟，增加海外父母群体对孩子的关注，这是非常好的做法。当前，学校、志愿者活动中尝试最多的做法是心理讲座和团体游戏，留守儿童在此类活动中可以增加对自己父母的理解。很多孩子在活动之后主动打电话给海外父母，拉近亲子间的心理距离。

第四，学校邀请相关人员，如当地派出所所长、指导员，开展法律教育。如治安管理处罚条例、刑法、未成年人保护法、义务教育法、婚姻法与留守儿童密切相关的法律，定期开展讲座与专题展览。

第五，学校开展班会活动、户外活动，加深留守儿童对人际关系的体验；政府和社会设立留守儿童活动场所，运用社会志愿者力量帮助留守儿童发展有益的社会关系；政府、人民团体、学校、群众组织积极挖掘当地力量，实行留守儿童与成人结对，建立社会支持网络。如2007年4月，温州市鹿城区侨联牵头相关部门和单位成立了浙江省侨乡第一家留守儿童活动基地——七都镇留守儿童"快乐之家"。"快乐之家"的主要合作者是温州大学社会工作专业的师生，每周周末开展团体活动。10多年来，获益者已经很多，活动受到了海外父母的赞许和支持，他们还出资建设专门大楼，现已装修投入使用。从"快乐之家"成立到现在，其中培养留守儿童人际交往能力效果较好的教育活动及服务包括：

（1）团体康乐活动

在问卷调查和访谈中发现，留守儿童平时最喜欢的活动依次为"上网""读书""运动""才艺学习"。志愿者们设计了包括棋类比赛，歌曲舞蹈学习，趣味英语，趣味游戏，读书活动在内的集体活动。对象以小学生为主，活动性质偏向教育性。由于当地缺乏娱乐活动，七都的留守儿童都非常喜欢此类集体参与式活动。

（2）兴趣小组

兴趣小组是回应七都部分留守儿童的需要，由有才艺的社会工作学生担当工作者。主要包括手工折纸、风筝制作等。工作者在带领兴趣小组的过程中非常注意提升合作互爱精神。如一位工作者发现由于手工折纸小组的开放性，新成员的学习进度跟不上老成员，及时发动老成员帮助新成员，这很好地起到锻炼双方表达能力和促进人际交往的效果。

（3）成长小组

主要包括沟通小组、青春期教育小组、人际交往小组，对象为初中生。其中沟通小组的目标是促进亲子、隔代、同辈关系；青春期教育小组的目标是掌握青春期知识，了解异性交往；人际交往小组的目标是了解自己和他人，建立关爱社群。这类有着明确主题和目标的分组活动，让每一位参与其中的留守青少年收获颇多，大多数的留守青少年都要求参加下一轮的成长活动。活动评估发现，虽然青少年选择了不同主题的小组活动，但他们对沟通的渴望却是共同的。

（4）暑期夏令营

集中性的、结构性的、有目标性的暑期夏令营往往带给青少年特殊的体验。其中，"七都我的家"涂鸦大比拼、"寻找七都，发现七都"和文艺汇演是比较出色的活动设计，它们视留守儿童为一个积极的观察者、行动者、有能力者。"寻找七都，发现七都"将留守儿童分组,让他们完成发现七都历史文化古迹的调研任务。
这个看似难度很大的安排,让留守儿童主动开口与陌生人交流的
同时,也了解到家乡的历史;此外,他们的行动也拉近了陌生的、
疏远的乡村人际关系。温州市侨联牵头开展的全市侨乡留守儿
童"暑期夏令营"活动,则是通过发动社会各界力量,让更多的留
守儿童在集中的时间内得到多方面的教育与训练。

第六,学校、社区组织邀请海外侨领和在海外已经成年的留
守儿童为侨乡留守儿童监护人和留守儿童开展讲座,讲述出国后
可能会面临的现实,督促留守儿童努力学好本领,做好学业规划
等。邀请志愿者组织开展认识规划重要性和如何规划的团体辅
导活动。如志愿者们针对留守儿童学习动力不足、目标不明的特
点,开展了"我的中学我做主"的团体辅导。

第七,学校班主任、心理辅导员、社区志愿者通过一对一、定
期访问的形式了解个别行为偏差的留守儿童的问题,帮助克服生
活学习中的困难,预防严重问题的产生。

(三) 存在的问题和改进

从近些年温州市各侨乡开展的留守儿童工作来看,政府、家
庭、社会各界对留守儿童的关注度在不断地提高,各方投入了更
多的经费,运用了更多的资源,取得了很多的成绩。但如何进一
步做好侨乡留守儿童工作,需要在观念、制度和方法上有所改变。

1. 侨乡留守儿童工作是一个整体性工作

留守儿童问题的产生和侨乡人口流动有主要关系。一方面
我们通过在留守儿童所在地做好教育工作,另一方面需要做好父
母工作。国外侨团等组织应当充分发挥资源优势,帮助那些经济
困难的父母克服现实困难,推进当地政府为改善家庭团聚创造条
件;组织海外媒体宣传家庭教育的重要性,创造当地家长学校帮
助他们认识如何开展与远方孩子的互动。

留守儿童所在的环境往往是缺乏青壮年的农村社会,社会福

利设施缺乏落后、教育力量薄弱、社会秩序混乱。因此在做留守儿童工作的时候,需要多多引入外部资源和力量,运用侨乡社会系统外部力量推进社会支持网络的构建,如政府在侨乡设置专门工作者、引入志愿者帮扶。我们也发现,日常社会倾向于将留守儿童视为完全被动的个体,把留守儿童从当地社会中割裂开来。其实,很多留守儿童都是非常懂事、独立性强、生活朴素的孩子,这是他们的优势。他们甚至可以在成人的指导和协助下帮助其他人,而这样一种工作理念在现在的留守儿童工作中极为欠缺。很多心理辅导讲座也假定留守儿童都是问题孩子。

2. 做好侨乡留守儿童工作需要制度创新

从现有侨乡留守儿童工作特点来看,应付性、短期性的活动比较多,而常规性、全面性的活动不多。这和留守儿童工作制度建设有关。我们缺乏有效整合学校、家庭、社会力量的协调机构和工作人员,使得留守儿童工作停留在最浅的层面上。看起来各个部门在做着很多积极的事情,但有些工作内容是重复的,浪费社会资源的,有些工作在理念上是落后的,有些工作在方法上是无效的。所以,不论是政府投入还是海外父母、民间投入的形式,建立工作机构是必须的。海外捐赠通常通过道路、凉亭等其他公共硬件设施的建设在乡村落实,是否可以考虑通过其他形式,如创办留守儿童工作基金会,招聘专业工作人员,来解决更多的现实问题。政府可以制定相应政策鼓励此类善行。

3. 做好留守儿童工作需要科学的方法支持

各部门各组织通过参与留守儿童到底取得了什么成绩,是否达到了目标? 这个问题并不能得到很好的回答。很多活动对基本问题并不清楚,如为什么要做留守儿童工作,解决哪些问题,问题到底是怎样表现的,侨乡留守儿童不同于国内其他地方的留守儿童的特点是什么等等,缺乏助人工作的科学性。因此,若要切切实实地做好留守儿童工作,就需要有心理学、社会学、教育学、社会工作学的专业人员加入。如大多数侨乡没有完整的留守儿童资料数据库，这些都是深入解决侨乡留守儿童问题需要做的前提工作。又如，海外父母给予孩子较多的零花钱可能会带来使用不当，那么有针对性的理财讲座就可以开展，而不是照搬一般留守儿童的工作内容和方法。

虽然集体性的讲座活动可以解决很多问题，也发展了留守儿童的很多能力。但我们也发现，很多留守儿童并不主动参加集体性活动，他们没有进入到被关注的范围。又如，我们的"代理家长"活动中，很多行为偏差的儿童很容易不被挑选。因此，个别化关注是非常重要的。特别是一些家境贫穷、行为偏差较为突出的留守儿童，需要工作者与其建立长期的信任关系并跟进辅导。

温籍华裔新生代的
认同特点及其对策[①]

改革开放 40 多年来,温州海外新移民后代逐渐成长起来,他们受教育、成长、生活在所在国,与父辈或祖辈在各方面表现出很大的区别。很多人对新生代有了不少担心和疑问:他们对中国基本不了解,这对中国的经济政治文化发展,对移民家庭,对移民所在国意味着什么? 对国内和地方侨务资源的运用又会有什么影响?

自新移民后代在国外成长以来,一直受到国内外移民研究者的关注。文化适应问题、语言学习、家庭代际关系、人际交往、阶层定位、政治参与、与祖籍国的联系等问题一直是研究主题[②]。但受制于研究条件(如出国经费、交流语言),对温州新移民后代的研究成果极其有限。已有研究集中讨论这些对象的中文学习特点,对中国文化的了解程度以及华文教育的具体实施及相应作用。从认同角度讲,研究最多的则是文化认同[③],而未能涵盖到认

① 本文基于原温州大学讲师陈怡的社会调查而写成。

② 如,周敏:《美国华人移民家庭的代际关系与跨文化冲突》,《华侨华人历史研究》2006 年第 4 期;李其荣:《融合与认同:美国新华人与华人新生代角色的比较》,http://nias. ku. dk/issco5/documents/Li%20Qirong%20paper. doc。

③ 如,严晓鹏等的《温州华裔青少年的文化认同调查》(《八桂侨刊》2011 年第 1 期),《中华传统文化影响与海外华裔青年自我价值实现途径》(《八桂侨刊》2015 年第 1 期)。

同的其他方面，如群体认同、职业认同等。为了更加全面地认识海外温州新移民后代正在发生的变化，解答当前针对这些变化产生的疑惑，本研究从认同角度入手，通过多维度地考察他们对不同社会身份的主观认识，运用深度访谈为主的研究方法，改进目前研究的不足。认同研究的直接目标是正确全面认识新移民后代的特点，为移民家庭、政府部门提供相应的对策；最终目标，是达到移民个人或群体在大社会中的和谐生存与发展及全球资源的合理有效共享，全球人的和平共处，共赢共荣。

一、认同研究的内涵和外延

社会认同（也称认同，social identification）指个体对其社会身份（social identity）的主观确认。

社会学家亨廷顿将人们的社会身份/特性分成六类：（1）归属性的，例如年龄、性别、祖先、血缘家族、血统民族属性和人种属性等；（2）文化性的，如民族、部落、从生活方式界定的民族属性、语言、国籍、宗教和文明等；（3）疆域性的，如所在街区、村庄、城镇、省份、国别、地理区域、州和半球等；（4）政治性的，如集团、派别、领导地位、利益集团、运动、事业、党派、意识形态和国家；（5）经济性的，如职务、职业、工作单位、雇主、产业、经济部门、工会和阶级；（6）社会性的，如友人、俱乐部、同事、同仁、休闲团体及社会地位等。[①] 由此可见，了解一个人的社会认同应从多维度的社会身份认同来理解，对移民的社会认同的理解也应当如此。有研究指出，大量国际移民研究中将社会身份简化为文化性身份或归属性身份，这是非常不足的，应当全面关注移民不同的社会身份认同现

① 塞缪尔·亨廷顿：《我们是谁？美国国家特征面临的挑战》，北京：新华出版社，2005年。

象①。另外，需要看到社会认同的不同方面并不一定存在一致性。如一个认为自己是美国人的温籍华裔后代，他也可能希望自己在中国工作，尽管他对中国文化并不欣赏。在这里，群体认同、地域认同、文化认同之间的组合关系可以有很多种。从认同的多个维度去考察温裔新生代，也将有助于研究一些对策性举措。

二、温裔新生代的认同特点

本研究根据亨廷顿关于社会身份的分类方法，主要探讨温裔新生代的群体认同、文化认同、地域认同、职业认同、政治认同特点。

本研究所指"温州海外新移民"是改革开放后移居国外的温州人，"新移民后代""新生代"指他们的后代。这里所指的温裔新生代包括以下几种类型：（1）出生在国外，成长在国外。（2）出生在国外，幼年生活在中国，未成年前出国与父母生活在一起。（3）出生在中国，未成年时出国。这几类对象可以放在一起研究的理由是：一是他们都在国外经历成长、在当地接受教育，深受国外文化影响；二是温州改革开放以来的新移民中，由于各种原因，第（2）（3）种类型现象突出。虽然如此，这些被称为"联合国儿童"和"侨乡留守儿童"在年幼时出国，其认同问题与第（1）类有共同之处。

研究采用量性和质性研究相结合。量性研究主要通过问卷调查完成。本研究样本数量非常有限。我们于 2008 年夏天在温州大学"寻根之旅"暑期夏令营活动中发放问卷，收回有效问卷 47份。另外在海外收回有效问卷 16 份，共 63 份。问卷数量虽少，

---

① 张文宏、雷开春：《城市新移民社会认同的结构模型》，《社会学研究》2009 年第 4 期，第 1—26 页。

但也能反映一些问题,并且和另外的访谈结果保持了相当的一致性。在63份问卷中,10周岁以下的3人(4.8%),11—13周岁13人(20.6%),14—16周岁27人(42.9%),17—21周岁13人(20.6%),22周岁以上7人(11.1%)。其中,女性25人(39.7%),男性38人(60.3%)。小学文化程度6人(4.8%),初中文化程度28人(44.4%),高中文化程度(41.3%),本科程度(4.8%)。本研究更加注重质性研究,其中深度访谈是最重要的研究方法。课题组成员通过研究对象寒暑假回国期间与之开展面对面访谈,观察家庭交往、与家庭成员交谈,掌握详细个案;通过各级侨联部门获得海外移民家庭联系方式,之后开展非结构式的电话访谈;我们还对个别对象进行了跟踪研究。在本研究中,深度访谈对象为25例。访谈对象所在国家涉及意大利、法国、瑞典、比利时、西班牙、奥地利、美国、加蓬等国,其中意大利对象最多。研究报告中,我们把新生代自己的原话叙述也写在里面,以便更全面地了解他们的内心感受。

(一)群体认同

即群体身份认同,是对"我归属于哪个群体"的回答。族群(身份)认同由三个综合要素组成:认知要素、情感要素和行为要素。认知和情感要素是认同的心理学成分,而行为要素是认同的社会学成分。研究该认同时,应当将三者结合起来比较分析。比如,一个温裔新生代参与温州人群体有关的社区活动(行为),虽然这能表明他(她)对温州人群体有一定的归属,但如果没有相应的对温州人群体的态度和看法的结合分析,就不能刻画他(她)群体认同的全貌。

迁移至新环境,移民们往往会发现自己的族群和其他族群的差异,这包括与族群有关的知识、主要属性、特征、历史、习俗和与其他族群间的差异等。个体正是在对这些差异的认知基础上才正确地辨识和标记出自己所属的族群。所以,了解一个人的群体认同,还应该让其说明对其他族群的认知。同样地,除了认知,还要考察他们对其他族群的行为和态度。

可见,群体认同研究必须将认知、行为和态度结合起来,在认知方面要全面了解他们对不同族群特征的认识和判断。

笔者将研究对象参与的社区活动作为行为上的考察对象,将他们对自己在不同环境中的身份识别、对自己族群与其他族群差异的认知作为认知与情感上的考察对象。问卷或访谈围绕"你认为你是哪里人""温州人是怎样的一个群体""你最喜欢哪里人""谈谈你的社会交往情况"。

1. 人群交往及认知

问卷中,在回答"你认为你是哪里人"的选项上,认为是"温州人"的有 23 人(36.5%),是"所在国"的 11 人(17.5%),两者都是的有 22 人(34.9%),两者都不是的有 3 人(4.8%)。

问卷中,30 人(47.6%)认为最喜欢温州人,19 人(30.2%)最喜欢所在国公民。大多数对象表示最好的朋友是所在国公民或者来自其他国家的移民,主要原因在于温籍华裔新生代与温州人、其他中国人的交往要少于另外群体。在回答"温州人是怎样的一个群体"中,29 人(46%)认为温州人团结,34 人(54%)认为节俭,40 人(63.5%)认为重视教育。他们给予温州人很正向的评价。

在他们的社会活动中,39 人(61.9%)表示参加学校和公司的活动,4 人(6.3%)参加教会,3 人(4.8%)参加社区活动,2 人(3.2%)参加工商会,10 人(15.9%)表示从不参加任何活动。在对很多中国社团负责人的访谈中发现,只有个别新生代参加中国人、温州人的集体活动,如为社团表演才艺。一位社团会长说:

"我看到孩子们很少甚至不愿意参加社团活动,我就鼓励他们参加,如准备才艺表演。我们第一代能做的是给他们创造相互认识的机会,对中国人、温州人群体有所认识。"

新生代对自己中国人、温州人身份的认识主要来自于与家庭成员的互动，并在与所在国人交往的过程中修正自己的看法。他们能够感知自己的家庭教育环境、价值观和同学朋友有着明显差异。如"中国人更加重视亲情、人情，他们（所在国人）更加重视个人的自在性"。"单纯""随意""轻松""有礼貌"是他们描述所在国人际关系的重要词汇。相比较于中国人的交往特点，绝大多数人更加喜欢国外的方式。但由于与中国人交往范围的狭窄，他们对中国人群体的理解是不全面的。

2. 本国人—外来者认知

群体认同中一个很重要的内容是本国人—外来者身份的认识。很多对象可以不假思索地回答"我是＊国人"，并表示对所在国怀有很深的感情。从小享受该国的各种福利，在没有遭遇歧视的环境中长大，有着友好的伙伴，都是形成对"本国人"身份认同的原因。BY 是这样描述她认识的国家的：

我的父亲在 1982 年去法国旅游并留在那里，后来去了挪威，然后把我也带了出去，那时我五岁，现在我已经是挪威国籍。我在挪威学校读书，小时候还上过华侨教育学校，那是周末去上的。挪威国家很小，需要吸收别国劳动力为国奉献，因此它的移民政策鼓励移民，挪威是推行多元文化政策的国家。挪威重视文化教育，连书本、练习本都不用学生购买。教育从小学到大学都免费，是全民有教育、全民有劳保。大学生基本上住校，政府有补助，还提供无息贷款。

在挪威，基本没有穷困潦倒的人，挪威政府对基本民生福利非常重视，政府工作人员很有耐心，这应该是北欧国家的特点。一般人的生活水平大概 3000 元人民币／月，两人 4500 元／月，吃住都没有问题。

2000 年以后，移民政策（指对已经移入的外来人口）放宽，国家走向更加民主自由。由于挪威对少数民族的政策放宽，所以，像我们已经融入当地社会,在语言、生活习惯都是如此,我们接受高等教育,我读的是石油专业,我的中国朋友读医疗、药剂、经济专业为多。现在他们走上领导岗位的也有,从事小商品、房地产生意都有。

我很喜欢挪威和挪威的生活,这是我生活最久的国家。我在挪威的一家美国跨国公司从事石油分析工作,如果公司派我到中国来工作,我也是愿意的。但我还是最喜欢挪威。

WY 则认为自己在中国人群体中最有归属感,这和其移民时间较晚有着很大的关系:

我出生在香港,13 岁时我去了美国。我一直认为我是中国人,可能我在香港地区出生,我一直觉得香港地区比其他地区好,所以香港回归中国之后,我对中国也有了一份归属感。我一直很想回到中国创业,现在在杭州工作。在美国的时候,我很享受美国的生活方式,但我内心里最认同自己作为一个中国香港人,因为它是我的出生地,并生活了 13 年。

但也有很多对象表示,自己有"异乡人"感觉,虽然在当地国生活、教育条件都非常优越。很有意思的是,一个名叫 CH 的高三学生在访谈的过程中,会说"外国人(意大利人)怎样怎样",然后又笑着改口说"其实我才是外国人"。他说:

我 8 岁来到意大利米兰,我一直有一种异乡人的感觉,我是中国人,尽管自己是意大利籍的。我的朋友说我是黄皮肤人,认为我是中国人,我的皮肤时刻提醒我是中国人;而当我回国的时候,我排在中国人那队,海关工作人员让我在外籍人士一处排队,说我是外国人。我好像哪里人都不是一样。我在中国有家的感觉,因为那里有那么多黄皮肤的人。虽然米兰也是一个多种族城市,但中国人毕竟是少数。你问我,如果中国和意大利同时在为申办奥运会举办权而努力时,我会支持哪一方?我肯定支持中国。

我经常通过阅读意大利报纸了解中国，我看到意大利媒体很多时候有反华倾向，扭曲事实，比如说中国网络不自由，共产主义不自由。但事实可能不是那么简单的。这些报道都影响了我对意大利人的归属。

改革开放以来，中国一直处于快速的社会转型中，不仅对于父辈们，对新生代来说，他们也感到了书本上提到的传统文化正在变化或消失，人际交往变得越来越功利。有很多对中国了解甚多的新生代对此感到了担忧甚至不满。对于认同哪个群体，他们也显示出迷茫的样子。他们对不同地方的人群均有正面和负面的看法，很难明确说出自己的归属，更应该是"两者都是"。XZ说：

我们（和其弟弟）不像那些出国早的，就像一个外国人。他们不重感情，不重亲情。我身边的很多温州人和我们也不一样，他们太法国风格，他们不管别人的事，有时候爱理不理。这种感觉不好。而我会注意别人是否听我说，设身处地去考虑人家感受。

我很喜欢中国的哲学和文化，也阅读中国传统文化书籍，如《弟子规》；我喜欢中国武术。我的家庭教师有时候给我们看佛教片，如《和谐拯救危机》，对我启发很大。

我发现，中国人现在越来越不像中国人，模仿外国人，什么都学习国外，很多中国人很自卑，看不起自己，不自信。这一代孩子的礼貌也不如过去，百分之八十的文化被遗忘了，如孔子、老子文化都被人淡忘了，谈不上礼仪之邦。可能独生子女政策是一个原因，宠坏了孩子。

3. 群体认同的多元特点及其原因

虽然新生代所在的国家、所处的时代比过去都有更加宽容地接纳外来移民的胸怀和实际政策，但正如很多研究者认为的那样，新生代在融入当地的过程中会遇到很多阻力，如所在国公民的歧视和社会排斥。为此，很多新生代还专门创办网站，向当地人介绍新生代在融入所在国所作的各种努力,如介绍参与社区志愿服务,为所在国贡献力量的各种故事①。

我们越来越难看到相似的群体认同。全球化的发展改变着人们的时空观,也改变着在时空中活动着的移民群体。群体认同的变化性和复杂性也将变得越来越明显。由于各族群可以轻而易举地迁移但又能在全球范围内保持联系,作为移民整合的结果,许多人现在都有多种群体从属关系以及更复杂的族群认同②。对新生代来说,更是如此。"群体身份的面貌已不再是熟悉的人类学上的对象,在这种情况下,各种群体不再以地域组成的方式紧密联结,在空间上不再受限,在历史上不再连续,在文化上也不再同质"③。研究中很多访谈对象虽然年龄不到 30 岁,但是其活动的空间已经超过了他们的父辈。他们可以与更多的地方与不同的人交往,形成了独特的群体认同。有的人说他们是"世界公民"。但是对"世界公民"的主观感受也是因人而异的,他们对不同的国家、地域群体的归属包含了真实体验和想象。让我们来看几个不同的例子。

WY:从小在中国香港长大,13 岁前往美国生活,一直读到大学毕业,毕业后来到中国杭州创业。由于父母很早的时候就来到中国香港从事商业活动,WY 接触到的温州人基本很少,父母留给他的形象基本就是温州人的样子:勤劳敬业,为了家庭奉献自己。实际上,WY 看到的父母也和本地温州人有着很大区别,他说,他们比本土温州人更加开明。前往美国之后,他身边的亲戚

① http://www. associna. com/modules. php? file＝article&name＝News&sid＝514。
② 张文宏、雷开春:《城市新移民社会认同的结构模型》,《社会学研究》2009 年第 4 期,第 1—26 页。
③ 张文宏、雷开春:《城市新移民社会认同的结构模型》,《社会学研究》2009 年第 4 期,第 1—26 页。

们、家族企业给了他另外一种温州人精神的熏陶,他也更多地理解了温州人,他觉得自己深受温州人勇于创业的影响。WY 在高中毕业之后开始从事 IT 行业创业,而为他创业作了铺垫的则是美国人尊重天性和兴趣的教育理念。由于一直在寻找一个可以给他归属感的生活地方,他在寻找与中国联系的过程中最终选择了杭州。因为这里能够完成他对香港、温州、美国的多重想念,杭州在他眼中具有的特征是:在中国,那里中国人很多,让人很有归属感;生活方式相对轻松,和美国优点相似,令人很享受;是一个大城市,可以从事自己喜欢的 IT 行业。

HD 这样描述她对自己多元群体归属的理解:

我 7 岁跟随父母去美国。刚开始到美国的时候,我非常不喜欢美国,很不习惯那里的生活,主要是我不会英文。我不适应的时间大概有三年。那三年中我不太说话。我很怕开口,因为生怕自己说错话,大多数时间我都在听。我想我可能是特例吧,需要这么长的时间去适应。后来,我有了很多美国朋友,有白人、黑人。我发现我们的兴趣都很像,看电视、听音乐,所以我们就很聊得来。我有了自己的圈子,大概在我 12 岁的时候,那时候我成了一个很会说话的人。可能很多年我都没有说话了。到了初中的时候,我发现班里亚裔同学多了很多。我高中的时候开始对中国有所了解。20 岁那年爸妈带我回中国,那一次对我的想法改变很大,我发现在美国我过的是核心家庭的生活,周围没有亲戚,而在上海、北京、温州有我很多家人,令我回忆起我移民之前家族生活的很多其乐融融的场景。我感到很亲切和感动,有一种温暖。我对中国因此也有了越来越多的兴趣,所以在大学里还专修中国文化的课程。我以前对我的美国同学和我有着不同的幽默也感到苦恼,他们对我要参加那么多的学习班也感到不解。渐渐地,我明白了这是文化的不同。现在我很喜欢这里(美国),也很投入。我也很想到中国工作。

可以看到,现代交通、网络通讯缩短了移民往返于不同国家、地区的距离与速度,他们对于群体认同对象远远超过了上一代移民。但对不同群体认同的深度可能不如以往的移民,比如他们尽管喜欢中国,但喜欢的程度不如父辈那样深刻与浓烈,不会像父辈们那样满怀着乡愁,更不会想到在中国"叶落归根"。看起来,他们穿梭在不同的时空中,对很多事物多了很多理解与宽容。他们认同自己各种各样的群体身份,彼此之间并不一定是矛盾的。

在不同的群体间交往,无形中会受到交往对象的影响。环境的改变影响着移民对所属群体认同的感知,他们需要在不同环境中调整自己的群体认同以适应心理需要。CH说,他在所在国生活的时候,对群体认同的感知没有那么强烈,而在他经历了不同的环境之后去比较,就可以发现自己的细微变化,他说:

有一次我的父母参加一个在中国举行的海外中文学校教师培训(其父亲是海外中文学校校长)。他们去的时候也让我去参加。回国(指意大利)之后,我的朋友说我怎么变得这么土里土气。说话的语气和他们不一样,思考方式也不一样,有点迂的味道。我自己一点都没有察觉。当重新在意大利生活的时候,朋友们说我又变回了原来的样子了!我有时候有一种感觉:我怎么会变来变去的呢?

在本研究中,我们发现不同的新生代对自己所属的群体认同表现出较大的差异。在群体认同的类别、深度方面多有不同,也呈现出不同的认知、情感、行为表现。他们受到人际交往、语言学习、年龄、移民政策等多方面的影响。但还是有些共性可以总结:他们必然会在温州人、中国人、所在国人、其他国家人等多种群体认同中进行平衡,以达到最佳的心理适应状态;身份的多元特点也使得他们和父辈表现出很大的差异。

(二) 文化认同

文化认同(culture identification),即文化身份认同,是对"我应该采用哪一种文化模式"的回答。刚到新环境中的移民都面临适应的挑战，包括新的语言、法律、习俗及生活方式。当前，在文化适应上存在着"同化论"和"多元文化论"两种认同模型，前者强调外来移民对迁入地文化的吸收，后者则强调外来移民对原住地文化的保留。新近移民可以不必在两种文化之间做选择，他们可以更加自由而成功地穿梭于其间。这种文化适应称为"和而不同"型认同模型。文化认同并不是族群认同的前提，文化认同与群体认同能从不同的侧面反映移民的社会认同。

文化认同很难直接测量，已有研究中未见对文化认同的具体测量指标。然而不可否认的是，对本地文化的认同会影响其社会认知，从而指导移民们的行为。如他们穿戴的服装，吃的食物，交往的人群，坚持的价值观，用来适应新文化与当地人的策略等，因此某些行为更可能伴随文化认同的产生而发生。本研究问卷设计中与此有关的测量包括：①你会说的语言；②你习惯所在国的生活方式吗；③你的人际交往圈包括哪些人；④你赞成温州人和当地人结婚吗，访谈中还涉及饮食习惯，节日的采纳，日常生活中对当地规则的遵守程度，与当地人交往中发生的故事。

王赓武先生曾提到，"中国文化认同涉及的则是：我对学习中文很感兴趣；我的传统文化；我的祖先曾做过什么；是什么使中国文明成为这样一个伟大的文明；它如何才能继续保持生命力。"① 可见，他对衡量是否认同中国文化，认为必须从中文语言学习、传统文化学习、对中国历史、对中华文明关注与思考的程度加以考虑。

本研究把新生代对所在国文化的认同程度和对中国文化认同的认同程度结合起来讨论。

---

① ［新加坡］《海峡时报》：《我们祖先是中国人　因此我们是华人——新加坡华人访谈录》，http://news.sina.com.cn/o/2005-08-16/10086702908s.shtml。

1. 语言学习与使用

美国著名人类学家怀特说:"全部文化或文明都依赖于符号(语言和文字)。正是使用符号的能力使文化得以产生"①。正是由于符号的使用,才使得文化有可能永存不朽。在调查中,所有对象都会使用(听、说、读、写)当地语言,一般掌握 2—3 种语言(不包括方言和中文),最多的掌握 5—6 种语言。当然研究对象对"会"的理解也是不一样的,有着程度的差别。

新移民看到他们的孩子只学习他国语言而远离中文乃至中国文化,于是发动各方力量创办当地的中文学校或者让孩子参加国内的中文学习班。在问卷中,43 人(68.3%)在当地国上过中文学校,46 人(73%)赞同将孩子送到中文学校。但是,新生代使用中文水平远没有使用当地语言流利,这反过来影响着家庭的沟通语言。在回答"你平时使用最多的语言是?"时,使用当地语言为 41 人(65.1%),使用中文为 26 人(41.3%),使用温州方言为 12 人(19%),其中有 10 人(15.9%)表示在家里使用中文,在学校里使用当地语言,两者使用频率相当。在笔者与一位 18 岁的对象用普通话交谈时,他和坐在身边的父亲的对话却转换成当地语,而父亲是一位中文学校的创办人。对儿子来说,他觉得当地国语言能够更加准确地表达他的思想。

新生代在语言使用上还具有混合使用的特点。有一位被访者说,他们和当地人的区别在于,使用当地语时是中文与当地语混杂使用。在访谈的过程中,有的对象想不出中文词汇,经常要寻找相应的英语词汇来交流。

2. 对传统文化的认识

一位对中国文化非常热爱的商会会长提到,每一位海外华人

---

① [美]怀特(White, L. A.):《文化的科学:人类与文明研究》,沈原等译,济南:山东人民出版社,1988 年,第 33 页。

包括下一代,都在一定程度上受到中国传统文化的影响,特别是儒家思想的影响。另一位华人联谊会的会长也认为,在家庭教育中,中国儒家所强调的"孝"是经常被提及的,下一代无形中受到熏陶。

新生代对中华传统文化的认识来自于家庭教育、中文学校和国内夏令营活动。HD讲述了她所受到的影响:

我突然之间对中文和中国文化产生了兴趣。我想其中一个原因是我奶奶的影响。奶奶来美国两次,有一次来待了一年,有一次来待了三年。她会教我们书法、讲中国的历史和中国的故事,讲孔子。那时候,我只是在听,没有主动去了解。这好像是种下了种子。到了一定的时间发芽开花了。

CH则证明了新生代所受到的家庭传统文化教育的影响:

我的父母重视教育,是传统的中国人,骨子里对中国有着很深的感情。为此,他们还在米兰创办了中文学校。父母对我的影响很大。意大利孩子崇尚开朗、自由、奔放,而中国人家庭家教严格,以孔子的那一套方式要求孩子。我觉得我们这一代人接受的教育都差不多的,可能在我们的下一代那里,传统文化的传递会减少。

还有一些新生代在所在国学校选择了中国文化课程,由中国和外国老师来上课。

当然,对传统文化有所了解并不等于喜欢、赞同和欣赏它们。绝大多数新生代对传统文化的认识是非常表面和肤浅的,更谈不上认同。

3. 生活方式

关于日常饮食方面。几乎所有的家庭都烹饪中餐,孩子们都非常喜欢中餐,甚至有的喜欢温州特制的鱼生和江蟹生。绝大多数人都习惯当地饮食。一位父亲说,他们的饮食以中餐为主,不过也会烹饪孩子们非常喜欢的牛排之类。他还说:

　　我们也会请外国朋友到家里做客,然后烧中国菜给他们吃。

　　可见他们日常饮食都已是中西合璧式的。

　　关于对所在国生活的习惯程度方面。问卷中,表示非常习惯当地生活方式的有 37 人（58.7%）,基本习惯的有 23 人（36.5%）。那些从中国过去的新生代经过一两年时间,大多能适应当地的饮食、作息和学习。

　　大多数新生代认同所在国的各种规章制度,特别是当他们将其与中国进行比较的时候。不过,还是有些新生代不认同它们。XL 在表达他对当地国不适应时,举了这样的例子:

　　我觉得自己最像中国人,也更喜欢中国人的为人处世与规矩。意大利人太死板了,有时候对规则遵守得过分,如有时候去办事,严格遵守上班时间,提前一分钟也不行。

　　关于人际交往圈方面。新生代日常去的地方是学校,那里有着丰富多彩的活动和很多朋友,其他的时间大多待在家里。大多数受访对象表示最好的朋友是所在国公民或者来自其他国家的移民,这说明温裔新生代与温州人、其他中国人的交往要少于另外群体。一位被访者说:

　　我主要的朋友不是温州人,而是学校的同学。班级里面中国人就我一个。我的好朋友有:比利时当地人、俄罗斯人、坦桑尼亚人,后面两个也是移民。我和中国人的交往要少于和同学们的交往,我和亲戚的来往也是不多的,是很不深入的。我家不是住在华人街,而是和当地人混合居住,我和当地邻居们也只是见面打打招呼,没有更进一步的来往。我也不了解温州人在比利时的情况。

　　这位被访者提到的这种情况也为很多人提及,即新生代交往圈中中国人很少,甚至亲戚也很少。但这并不意味着他们和当地人或者学校及公司朋友有着极好的关系,很多新生代放学或下班之余是在家庭中度过,没有与同学或朋友进行更加深入地交流。

十几岁的青少年会提到，心里话不会向朋友提及，这主要和他们
对自己的群体归属的疑惑有关。

关于婚姻态度方面。30 人（47.2％）赞成与所在国公民结婚，
28 人（44.4％）表示无所谓，3 人（4.8％）反对。年轻人都认为相
爱是婚姻的前提。从访谈来看，新生代都不愿意和土生土长的中
国人结婚。很多男性认为自己最欣赏国外女孩。一个被访者表
达了自己的择偶观与父辈观点的差异：

　　妈妈希望我能够和温州人结婚。她很想有个好媳妇，能够帮
助丈夫的妻子，这是传统的温州人想法。她很怕看孙子还得预
约。我暂时是偏喜欢外国女孩，就像外国人喜欢中国女人一样。
我不喜欢土生土长的中国女人。

关于宗教信仰方面。35 人（55.6％）为无信仰，17 人
（27％）为佛教，8 人（12.7％）为基督教。他们提到的宗教信仰
多半也是受家庭信仰背景影响，对比上述的"参与活动"情况（很
少参加集体活动，包括信徒聚会）来看，他们并没有深信某些教
义。在很多国家，基督教、天主教是主要宗教，新生代没有受此
太大的影响。

关于节日的知晓与采纳方面。传统节日是中国文化的重要
组成部分，节日文化体现了民族心理、道德伦理、精神气质、价值
取向和审美情趣的深层底蕴。新生代对当地的主要节日是很清
楚的，基本不过中国的节日，更谈不上对中国节日内涵的深度了
解。大多数人只是对春节比较熟悉。

从以上对新生代在语言学习与使用、对传统文化的认识和生
活方式特点的描述来看，他们主要深受两种文化的影响。因此，
我们不能得出结论说，新生代已经不会认同中国文化。环境的影
响作用诚然是大的，但还应看到人的主观能动性，家庭教育，新生
代自己的反思与选择，移民本身对历史的承载都会对文化认同产
生影响。有些影响可能还是暂时看不出来的。

（三）地域认同

即地域身份认同，是对"我将归属在哪里"的回答，是移民的未来地域身份认同。它经常被表述为对某个地方的感觉和归属。地域认同也是一项很难直接测量的变量。在本研究中，间接测量指标包括①你希望在哪里定居②你希望在哪里发展。

1. 定居意愿及其原因

问卷中，当问到"你想回到中国生活吗"时，20 人（31.5％）表示"不会"，其中最主要的原因是"已经习惯了国外的生活方式"。一位法国某侨团会长分析了回中国生活的主客观阻碍因素：

他们不会到中国去，他们会待在法国，至少我了解的法国东部的孩子是这样的。主要原因有几个：一是他们从小接受法国教育，已经适应法国的文化、生活习惯。二是语言成为最大的障碍。像我们这一代倒是以后会考虑回去，毕竟与中国的文化根基相连部分还是很多，但是孩子这代生活不习惯，文化不熟悉对他们来说都是阻碍因素。就拿我的孩子来说，将来他们会在法国从事医疗行业。当然，也有个别人回去发展的，但是前提是中文比较好。我知道的一个例子是，一个毕业于法国高等院校的毕业生于 2009年毕业，学商的，中文很好。当时遇到金融危机，他觉得在法国寻找好的工作非常困难，于是在中国寻找机会，后来找到上海一家跨国公司，也就是 LV 上海公司。

从主观的定居意愿来看，大多数新生代倾向于"不愿意"。他们经常会提到中国的自然环境、人文素质、社会环境与所在国的差异。他们倾向于选择上海、杭州、北京等大城市工作生活。从个人的发展机会来看，还是有很多人希望能够到中国工作。当问及"如果将来有机会到中国发展的话，你会回到中国吗"时，54 人（85.7％）表示"会"。在调查中，一些对在所在国工作不太满意的新生代对是否回中国发展表示不明确的态度。XQ 是这样说的：

我去年高中毕业之后，通过学校实习的机会联系到去一家意大利人的餐馆打工，一直到现在。我不喜欢餐馆，我很想开一个自己的服装店。但这很难，特别是地段的选择和手续办理。我对我现在的工作不满意。你问我想不想回国工作，我自己也说不清楚。因为我离开中国以后还没有回过国，和国内同学也没有联系，没有任何社会联系了。我不知道去中国可以做什么。可能想是想，但是真的是不了解中国，那还不如在意大利待着。

可见，定居意愿与发展机会的可能性之间有很大关系。

2. 发展意愿及其原因

在国外谋生与发展，新生代与父辈同样不太容易，尤其是对于那些经济条件不太好的家庭来说。他们更多地要解决经济需求，才能谈论其他。

在问卷中，28人（44.4％）认为"哪里有（工作）机会就去哪里？"。正如一个被访者所说，"都是一个地球，还不都一样"，未来有更多的新生代将在全世界流动。

由于海外温州新移民与中国经济社会发展有着较为紧密的联系，很多人十分关注新生代是否回中国以及是否帮助发展中国经济。其中不可回避地是，新生代与新移民第一代的职业选择存在差异。在择业方面，新生代理解父辈、祖辈的艰苦奋斗，但不少人认为父辈的工作太辛苦无趣，他们希望首先根据自己的兴趣或专业择业，然后考虑继承父业。但即便是继承，也会考虑改变工作方式。在问卷中，29人（46％）希望根据自己的特长和兴趣择业，9人（14.3％）希望继承父业，18人（28.6％）表示还不明确。新移民家庭家长对孩子有自己的选择表示了肯定。一位被访者解释了新生代与中国之间发生经济联系的另外一种思路：

温州人群体的团体意识比较强。但特意培养孩子去对生意感兴趣，是比较难的。我的大女儿，基本上自食其力。有着自己的交往圈子。我们对她的影响就是表明自己的倾向，影响她，而不能要求她做什么。我们作为第一代的，只能是创造条件创造机会而已。至于继承家业,笼统地讲,我们都是改革开放以来离开中国,在外面成家立业。我们在国内也没有自己的企业,但和中国有着贸易和投资项目,这是我们家业的大背景。我们从事的行业也是以传统产业为主。我们所做的生意也离不开国内的根。这是第一代人做生意的特征。但就第二代来说,他们在人际关系上和中国没有关系,已经没有了根。他们和国内没有人际关系网络,所以也没有信用关系。比如,我和国内的人做生意,我是温州出来的,他们会认我,彼此之间有着很好的信用,如可以欠款。第二代今后和中国的联系,只能以另外的方式出现,因为他们在根上给阻断了。当然,他们会有他们的优势。可以从有利的一面去发展。比如他们和美国人相比的话,有着优势的地方包括,中国语言、生活习惯、价值观。这些都是我们家庭所能给予的熏陶。

这里,我们也看到了职业认同影响着地域认同。

3. 地域认同的多元特点及其原因

在最近的十几年间,温州海外移民已经在欧盟内部寻找生活归属,如拿到不同国家的居留身份证,生活归属发生了跨国界的变迁和流动。他们把自己构建成为带有跨国公民性质的一个社会新类,一个趋向于不受地区、民族、国家和领土来界定的一类社会人群①。这类现象在下一代身上将继续下去甚至更加扩大,也包括他们有更多的机会和愿望来到中国发展或生活。张秀明在对海外青田人与侨乡关系的研究中也发现有关生活归属(认同)的现实特征。她认为,跨国、流动会成为新的特征,尽管他们恢复了国内户口,以方便在国内经商、读书和生活。这其中原因有移居地的因素,如在当地发展空间受限、移居地移民政策的收紧以

① 邱国珍:《互动与重构:海外温州人民俗观念与行事方式的变化——以巴黎的温州人为中心》,载《第一届世界温州人研究国际学术研讨会论文集》2010年,第77—84页。

及国际金融危机的冲击等；也有中国因素的影响，如中国经济持续高速发展，国内有着广阔的发展空间，中国各级政府重视发挥华侨华人的作用，制定各种优惠政策等。张一力教授提出，海外温商创业的历程中，越进入后面阶段，海外创业者更加关注中国国内的快速发展并与其发生更为紧密的经济贸易联系①。说明海外温州人在当代全球化时代的地域认同是动态的、不是非此即彼的，世界公民、流动性成为新的特征。

由于新生代受教育程度较高，个人兴趣发展广泛，有着更多的选择机会，所以对温州新生代地域认同的讨论，不应只关注他们在经济活动范围内的行为。HD 就是这样的一个女孩子，她很愿意将来回到中国落后地区从事教育事业，现在一直在寻找各种机会。

我会从事教育工作。现在我在念硕士课程，也是有关教育的。我很想以后到中国落后的地区从事教书。我很感谢爸爸妈妈给我们创造了这么好的条件，在美国学习生活。但我相信自己的路自己走。但我有时候也不希望爸爸妈妈很辛苦，要不要去帮助他们的事业，这也是比较困扰我的一个问题。我相信如果我继承他们的事业，我也是能做得很好。但我想现在我还是做我自己喜欢的事情。

在 HD 身上，我们可以看到新一代的温州海外华人有了更多的梦想。这些梦想影响了他们的地域认同。

（四）职业认同

职业认同是对"所从事职业的认同程度"的回答。研究可以从"薪水""福利待遇""单位/公司内的升迁机会""工作自主性""对以后发展的帮助""工作量""公司劳动条件与设施""与同事的关系""与老板/上司的关系""与下属的关系""职业的社会声望"

---

① 张一力：《海外温州人创业模式研究——基于 32 个样本的观察》，《华侨华人历史研究》2010 年第 3 期。

以及"工作地点与住址的距离"等指标来测量其职业认同①。由于本研究中成年被访者数量有限,未能进行问卷调查,因此主要以访谈内容作为参考。

1. 职业满意度与兴趣

新生代对职业的满意度首先取决于是否合乎个人的兴趣。由于很多新生代能够在他感兴趣和擅长的领域内发挥作用,他们感到了很大的认同。一般来说,这些新生代的经济收入较好或者家庭有较好的保障。

BY:我大学时选择了石油专业,这不是热门专业,不过我很喜欢。我的主要工作是分析开采过来的石油成分。我现在在挪威的一家美国跨国公司工作。公司的福利待遇很好,社会保险、带薪休假、产假等等都令我很满意。公司在中国上海也有分公司,发展前景也不错。

WY:我一直都很喜欢电脑,在美国读书期间我可以有很多的时间去做自己喜欢的事情。我高中毕业就开始创业,念大学的时候我和现在工作的公司建立了业务联系,后来我到中国与朋友成立公司,主要客户是美国人。我很满意自己现在的状态。

CZ:我的父亲在国内拥有服装公司。他希望我从事他的事业,我没有同意,一方面我没有太大的兴趣,另一方面,做生意太辛苦了。可能以后我的想法会改变,但现在我希望做我自己的事业。我现在一年年薪属于中等,社会地位也较高。

2. 职业满意度与理性选择

虽然我们看到新生代对职业满意度与兴趣吻合之间存在很大关系,但职业认同也会受到理性选择的影响,尤其是职业选择和社会地位有关联的时候。

---

① 张文宏、雷开春:《城市新移民社会认同的结构模型》,《社会学研究》2009年第4期,第1—26页。

CR：我大学学的是法律专业，希望毕业之后做律师。我爸爸和我谈了很多次，希望我继承他在中国的事业。他说中国现在经济发展得不错，选择做生意是很好的决定。毕竟做律师一年的收入也只是几万的法郎。后来我听了他的话。现在做生意的过程中，感觉还不错。

中国 20 世纪 70 年代末以来的移民潮，就宏观而言，是中国深化改革开放的副产品，是西方国家政治、经济、文化等多方面影响在中国全面扩展的必然结果，是在全球化进程中中国人力资源不可避免地融入世界劳动力大市场需求的必然过程[①]。随着中国政治经济文化等方面在向外影响的开展，新生代与中国的联系需要重新加以审视。与父辈们不一样的是，他们可能反过来在中国寻找工作机会，也不排除放弃先前自己喜欢的事业。职业是移民最可能根据现实需要进行理性选择的部分，依附于职业上的情感依恋相对较少，因此职业是人们理性考虑下最容易发生变化的部分。区域间分割模式表明，经济发达地区总能为人们提供更加良好的竞争环境和职业发展空间，因此许多移民都希望通过地域变化带来职业成功，从而提升自己的社会地位[②]。

新生代创业除了过去的传统行业之外，也出现文化、教育、科技、物流等新型创业。他们所受的海外教育与海外人脉，以及理念的变化，对温州人创业模式将带来变化，未来联合外籍人士或资本创办高新技术企业也许会更多地出现[③]。对年轻一代来说，职业选择不再只是获得饭碗的问题，他们能够将兴趣和经济收入

[①]　李明欢：《"相对失落"与"连锁效应"：关于当代温州地区出国移民潮的分析与思考》，《社会学研究》1999 年第 5 期。

[②]　张展新：《从城乡分割到区域分割——城市外来人口研究新视角》，《人口研究》2007 年第 6 期。

[③]　张展新：《从城乡分割到区域分割——城市外来人口研究新视角》，《人口研究》2007 年第 6 期。

水平结合起来考虑。

我们还可以通过了解尚未就业的新生代的想法来补充了解他们的择业期待和未来职业认同。18 岁的 BB 的想法综合了收入、兴趣、社会地位和就业可能性。将来他的职业认同和这些目标的实现程度是相关的。

BB：我喜欢法律，法律在当地的地位是比较高的，收入也是很高的。我希望将来在比利时从事律师工作，我不喜欢父母的餐馆和超市行业，我会去做自己喜欢的职业。如果父母的生意需要继承，我会选择雇佣工人来做。我现在清楚在比利时当律师不是特别难，我知道比利时当地人如果能够胜任这一行，中国人则是次选的对象。不过我并不认为比利时排外，只是比利时不欢迎那些到比利时吃社会福利饭的人。

（五）政治认同

政治认同是关于效忠哪个国家的问题。在访谈中，新生代对不同的国家，包括祖籍国、自己成长的国家、其他移民经历中的国家产生认同，无法确定自己属哪一国。一位被访谈者认为：

中国是我的娘家，××（所在国）就像是我的夫家。我希望夫家和娘家都好。

由于本研究大多数调查对象年龄较小，没有政治参与行为，因此很难去考察他们的政治认同实质。在对成年新生代的访谈中，也没有一人在政治生活中充当角色。而如李其荣研究的美国新生代政治认同，其对象年龄较大，如曾任布什政府劳工部长的美国首位华裔高官赵晓兰女士就是 1953 年出生于中国台湾。他们对参政有更浓的兴趣，并在美国政坛扮演重要角色[1]。一位海外华人社团创立者认为新生代现在年龄尚小，还未能在各类社团

---

[1] 李其荣：《融合与认同：美国新华人与华人新生代角色的比较》，http://nias. ku. dk/issco5/documents/Li%20Qirong%20paper. doc.

中担当角色，再过 10 年左右他们将在这些社团中担当主要职位。因此，更深入的研究有待今后跟进。

三、影响温裔新生代认同的主要因素

研究发现，在温州海外新生代成长的过程中，影响个体对其社会身份认识的主要因素包括移民与多元文化政策、语言教育、家庭教育、人际互动，还包括生理的年龄与性别因素。

（一）移民与多元文化政策

很多国家推行的移民政策有利于移民群体融入当地国，如良好的社会福利，吸纳外来移民从事各种行业，没有歧视的社会环境，平等的就业机会，都激发新生代对所在国的热爱之情。新生代从幼年起就有很多机会与当地人群交往，他们了解当地文化，学习当地人行为和处事态度。比起父辈来说，他们有真正与当地人生活和交往的经历。义务教育是新生代融入该国的基础。在认同的不同方面，我们都可以看到新生代在自我决定方面有着很强的决定权，他们的思维方式、行动方式深深地受到当地国教育理念的影响。

多元文化政策的推行是尊重文化选择的表现，它鼓励新生代了解自己的传统文化。如开设中文课程，鼓励创办中文学校有助于新生代掌握中文语言、延续中华文化。

鼓励融入和推行多元文化对新生代的多元群体归属起到一定的作用。与父辈相比，新生代拥有更多的群体身份与相应的归属。在文化上的兼容并蓄将成为新生代未来的归属趋势。

（二）语言教育

新移民的大多数已经或正在融入当地社会，成为所在国居民中的"华族"，但他们同时希望子孙后代保留中华文化和民族的优良传统。正如世界海外华人研究学会会长王赓武教授所指出，新

移民中的"许多人无法摆脱他们关注中国未来发展的强烈的中国人意识,多数人在内心深处希望他们的后代能够传承中国人的价值观①"。所以他们都有一个共识,即"加强民族意识,促进母语教育和弘扬中华文化"②。

在国外办中文教育,是"为了下一代",这是许多新移民的共识。如创办了罗马第一所"免费中文学校"的温籍华侨林长孺女士多年来不遗余力地呼吁、奔走推广华文教育,取得巨大的成绩,广为称颂。她说:

我在国内是温州二中教师,从事教育事业三十几年。离开温州到罗马定居后,与海外子女有了较多的接触,感受到了他们强烈要求学习祖国文化、了解祖国文明历史的心声。我和同仁抓住了这个佳机,克服了重重困难,创办了罗马第一所"免费中文学校"。

很多在国外长大的孩子,不知道中国的情况,不知道祖国优良传统。他们接受西方教育,有些国家教育过程中充满对中国的不理解,造成下一代有时候心中有两个中国形象。通过中文教学,他们会知道作为中国人不是不好的事情,他们可以变得更加自信。学习中文,下一代还可以和父母更亲近,对中国更有感情。

中文语言的掌握水平影响着阅读视野和对中国的了解,进而影响民族文化认同。在当地出生的新生代对中国了解很少,他们大多通过当地媒体了解中国,而很多国家丑化中国、反华倾向也影响着他们对中国的认同。JP讲述了学习过程中的经历:

我们的教材认为德国人发明了活字印刷术,我平时自己通过看中文书看中文电视知道它是中国人发明的,我就找老师讨论这

---

① 王赓武:《新移民:何以新? 为何新?》,程希译,《华侨华人历史研究》2001 年第 4 期。

② 王友侠:《海外华文教育的发展及困扰》,《华声报》1991 年 10 月 8 日。

个问题，不过老师坚持认为中国人只是发明了木刻印刷。

我们可以想象那些无法阅读中文历史书籍的下一代将无从得知历史真相，相应地对中华民族的自豪感也会减弱。

在问卷中，认为"很了解中国"的只有 5 人（7.9%），"了解一些"的有 40 人（63.5%），"基本不了解"的有 16 人（25.4%），"完全不了解"的有 2 人（3.2%）。那些在中国出生，在中国学校待过一段时间的新生代中，有个别人会通过阅读不同语言的书籍、媒体，了解中国文化的特征，并对文化差异展开深度思考。

语言的掌握程度影响着新生代与中国的关系，也影响着他们的地域选择、职业选择及其相应的认同。即便不是从情感角度考虑，单从工具性价值考虑，学习中文也会显得越来越有必要，特别是随着中国经济在全球经济体系中作用的增强。

除了在海外参加中文学校，另一种学习中文的途径是参加中国举办的暑期夏令营活动。很多新生代表达了他们参加夏令营活动对于认识中国的意义：

HD：我 12 岁时参加了国内的寻根之旅夏令营活动。那是当时国内第一次办此类活动，觉得收获很大，除了中文教学，活动中还涉及了很多内容，如下各类棋。我回来之后对中国文化很有兴趣和感觉。

（三）家庭教育

虽然新生代成长的大部分时间不在中国，但其成长环境具有的中国性却是无法回避的。重视教育、重视沟通、身体力行、注意扩展社会关系的家庭，其孩子对认同各个领域的理解要更加深刻和圆通。

一位海外中文学校创办者在与新生代家长几十年的接触中，发现很多温州人家庭只重视赚钱、经常赌博，不关心孩子的学业。这些家庭的孩子通常学业成绩不良，早早辍学，无法适应当代社会的发展要求，对他们工作选择与价值实现造成影响。访谈中发现,学历低的新生代在群体认同、文化认同、地域认同、职业认同方面表现出一定的迷茫性。如他们一方面觉得在当地国发展不好,从事底层职业,感到不满意,希望回到中国;另一方面对中国的情况又是相当不熟悉,没有好感也没有动力回去;人生的兴趣也没有得到充分的发掘,生活得比较无趣。

沟通对于移民家庭来说非常重要。研究发现,重视沟通的家庭对新生代理解“我是哪国人”这个问题很有帮助。访谈中,男孩子表示自己在很多时候对多重身份很无奈,有时甚至生气。父辈将移民他国的历史平心静气地告诉孩子不仅是一个很好的人生教育课程,也是传递中国文化的重要方法。但并不是谁都能顺利地找到这些方法。如周敏在研究中发现,在唐人街或华人聚居区打工的蓝领阶层,父母对子女的教育和行为尤其坚持己见,但他们缺乏时间、耐心、财力和人力来与子女沟通和解。他们的朋友也是同样打工的父母,也是同样处理问题[1]。同样地,在温州海外新移民家庭中,有些父母能够认识到,平等、民主是沟通的基础,这也是他们在海外学会的。有很多父母并不敏感于孩子在非黄种人为主的国家中遇到的认同困境。我们将被访的家庭成员就认同问题进行了对比,发现沟通良好的家庭,父母与子女在认同问题上的态度很相近,父母传递了较多的个人经历和中国的事情,子女则反哺父母其个人成长过程中的故事与体验,他们在沟通中理解着彼此。

很多新生代长期与中国没有联系,关于中国的最多印象与想象来自父母的描述和言行举止。父母是孩子最好的学习榜样。林长孺女士在其多年的华侨子女教育工作和社团活动中,对此深有感受。她认为父母对中国持负面态度,其子女也不会对中国有

---

① 周敏:《美国华人移民家庭的代际关系与跨文化冲突》,《华侨华人历史研究》2006年第4期。

好感。文化素质高、关心中国经济社会发展的父母，其下一代身上兼具中西方优良文化传统与人格品质。有一位新生代被访者尽管接受过多次国内相关调研访谈，但他依然谈了很多自己的体会，其礼貌、尽责的态度令我们深为感动。后来了解到他的父亲为一所中文学校创办者。

生活在非华人社会，新生代没有和中国人及温州人群体建立紧密联系，大多数新生代的社会交往空间为学校和工作单位。这样的社会交往特点使得很多新生代对温州人群体和中国人非常陌生。但新生代身上流淌的华人血液与华人家庭背景必然影响着他们，有时候令他们十分困惑于自己的群体归属，有时候又令他们向往到中国工作。将新生代带入更多的社会交往空间，是很多海外有识父母的实际行动。这些社会空间可以是中国国内空间，也可以是所在国各类活动空间。如参加国内夏令营、回国参加培训、做义工、参与侨团事务都是结交朋友、拓展视野的好方法。

（四）人际互动

认同深受人际互动的影响。一个人对自己社会身份的认识，最初是来自与家庭、邻里亲密关系成员的互动。"移民大部分中国特性来自家庭关系。对普通中国人来说，这是一个最基本的事实。如果你来自一个认同自身华人身份的家庭，你就会成为一个华人。这些联系将所有有着相同认同的家庭结合在一起，组成了如今所谓的'华人'。从本质上来说，家庭与血缘紧密相关。这是一个生物学问题，其最根本的本能表现就是宗族。"[①]

随着年龄的增长，身份认识更多地受到次级群体的影响，包括学校、工作单位、社团等的影响。研究发现，幼年在中国长大的

---

　　① ［新加坡］《海峡时报》：《我们祖先是中国人　因此我们是华人——新加坡华人访谈录》，http://news.sina.com.cn/o/2005-08-16/10086702908s.shtml。

新生代,对童年伙伴、抚养人(一般是爷爷奶奶)、学校同学怀有较深的感情,这种感情慢慢地转化为对中国的文化记忆,影响着群体认同和文化认同。

HC:我每年有两次回到温州文成,那里有我从小一起长大的好朋友,还有很多亲戚,我会走访他们,和他们瞎聊,从考驾照到日常生活的琐碎。我和中国的感情是非常深的。我在家乡有一种亲切感。

HD:我现在经常回忆起小时候我们住的房子,那是带院子的落地房,亲戚们都住在一起,非常热闹。我还想起来搬家的时候(由于拆迁)奶奶很伤心的样子,因为大家要分开居住了。12岁那年回国的时候,我发现大家已经住到了各自的套房里面了。我有点失落。

MM:我12岁出国之前都是和奶奶一起生活。中国给我最深的记忆是学校生活。我觉得自己80%是中国人,20%是美国人。我喜欢看中国电视剧,上QQ联系中国人。

在成长的过程中,新生代主要与当地国同学发生人际互动。模仿、反思、整合是他们在人际互动中形成认同的不同阶段。被访者认为,由于两种文化共同的影响,与所在国同学交往过程中,必然存在发现自己有别于他们的一天,比如对个人自决权的认识。他们需要反思自己的各种社会属性,将它们整合起来,这样才不会发生太大的困惑。

CH:同学就是我的一面镜子,从他们的态度和行为中我看到了我自己的样子。他们会指出我是一个中国人,不是意大利人,我开始感到烦恼。我也渐渐感到他们把我排斥在外,不会主动邀请我参加他们的活动,他们说那些活动我可能不会喜欢,我想可能是我平时的想法和做法让他们有这样的感觉。而我自己对这些却是一无所知,直到他们告诉我。

被访者认为学业越是延长,接触所在国人的机会越多,特别是就读大学后。跨越了不安的青春期，新生代进入一个反思与整合认同的时期，大学时期有更多的时间去思考抽象问题。有被访者认为学业结束时间越早，个人认同越倾向中国化，其原因在于交往群体的局限性。

互动的另一方，即当地国人群，对移民的态度会影响新生代的各种认同。歧视是阻碍新生代融入当地社会的主要原因。虽然新生代生活的社会环境较父辈整体上存在较少的歧视，但还是存在令人感到不舒服的情境，如当地人认为中国人抢了他们的饭碗，应该回到中国去。有海外父母为了孩子有一个不受歧视的学习环境而有了"孟母三迁"的经历。正由于现实存在的歧视，有些新生代成立了自己的专门网站，发表自己对所在国国家事务、移民政策的看法，宣扬自己的观点，比父辈更加鲜明地亮出自己的融入主张。在推行多元文化政策的国家，学校教育亦尊重和鼓励文化的多样性①。

成年的新生代比年幼的新生代有更多的接触其他人群的机会，如在职业关系中与他人建立关系。这些关系的互动继续对先前的认同产生影响。如一位父亲认为其儿子在跟随他在中国做生意的过程中改变了以前对从商的看法，也改变了职业。

（五）年龄

年幼的新生代社会角色简单、经历有限，社会身份还未得到扩展；加上认知发展水平的限制，他们不会完整地思考不同认同层面的问题。我们看到的多是天真的、无忧无虑的脸庞。

到了青春期，随着社会关系的建立，人际互动的深入以及理性思维的发展，关于自我认同—"我是谁"的问题逐渐变得敏感起来。当国外的朋友告诉他"你是中国人"，而国内的朋友告诉他

---

① http://www.associna.com/modules.php?file=article&name=News&sid=514。

"你是外国人"时,他们容易出现"非此即彼"的思维方式。在经历苦恼、改变、徘徊之后,他们才能慢慢地包容各种社会身份,并在其间做出选择,以适应不同环境中的心理变化。可以说,土生土长的新生代对中国人归属的思考始于 15—17 岁左右,这是一个无法跳跃和回避的阶段。一般来说,人随着年龄的增长,寻根的意识会越来越强。研究中,成家立业的新生代则更加接纳自己血缘的中国性,很多新生代在自己对下一代的教育中也开始贯彻中文学习和中国文化教育。一位女性新生代认为那是人的本能体现。

那些幼年生活在中国的孩子,移民时年龄的不同也影响着认同。初中阶段(大约 15 岁)出国的孩子偏向认同中国文化,主要原因在于中文语言的熟练掌握,国内朋友关系的建立和认同定型。在对侨乡留守儿童出国适应的了解中,我们听到很多女孩子埋怨学习移民所在国语言的困难,社会交往空间的狭小以及家庭辅助劳动的辛劳和乏味,她们希望回到家乡生活。

(六) 性别

女孩子在青春期后期并不会经历太多的心理压力,表现出更好的适应性。这可能和中国文化中对男孩子、女孩子的期望不一样有关。男孩子被期待在群体中表现突出,具有领导力,至少不被排斥。但被别人告知"不属于这里"的时候,就是自信心受损的时候。

从婚配数量来看,外国的男孩子与中国女孩子结婚远超过外国女孩子与中国男孩子结婚。这在一定程度上反映了性别不同影响文化认同。

四、温裔新生代认同的影响及对策

如果用一个词来概括温裔新生代认同特点的话,"多元"最为合适。第一，它可以指个体社会身份的多元性，如拥有多元的群体身份、文化身份和地域身份，对于大多数新生代来说，这是一个事实。第二，它可以指不同因素影响下产生的个体认同差异。本研究通过访谈呈现了新生代内部存在的认同差异。

对于不同的主体，"多元"带来的影响并不是相同的。如对新生代自身来说，它可以成为一种历练也可能成为一种负担；对希望保持纯正中国人特色的父母来说，多元可能会变成一种令人担忧的事情；对国内侨务资源的运用来说，它可能意味着资源的分散；对当地国移民政策制定者来说，多元或许是一种不得不面对的历史与现实。

因此，本研究从不同的角度去分析新生代认同带来的影响，以及在不同的角度谈论相应对策。

（一）对移民家庭的影响

1. 影响两代人之间的相互理解

由于新生代与父辈祖辈所处的语言教育环境、社会交往对象群体差异甚大，带来的文化认同、群体认同比父辈复杂和多元，影响着两者之间的沟通。如有些新生代由于汉语水平有限无法更加深入了解中国而不喜欢甚至反感中国，与父母交往的过程中亦多有冲突；有些新生代对父母教育理念和内容感到非常不解，不知道如何取舍才能与个人的经验和谐共处；有些新生代幼年在中国长大，出国后语言适应不良，但中文水平也不是很好，处在一种不自在的生活状态；还有的新生代为所在国群体和他们保持的距离感到非常苦恼；等等。同样的，父母也会产生各种各样的疑惑。

沟通是增进相互理解的最好方式。通过沟通，人们有了交互的视界，对复杂社会身份的理解会越来越透彻、越来越通融。人们的社会身份不会是完全孤立的，按照费孝通先生"多元一体"的概念：每个个体作为能动的行动者，通过终身不懈的认同努力，都在缔造自身独特的"多元一体"的完整生命。"多元"是指每个行动者身上的多元社会身份,这些多元的社会身份又以行动者的肉身(及其延伸)作为具体表征,成就其独特的完整生命。① 我们认为:

首先,使用共同的语言传递意识与精神是必须的。所以,不仅新生代们需要学习中文,父辈们也要学习下一代的语言。语言背后承载的是一种文化,父母与下一代交错使用两种语言是文化沟通与理解的表现。其次,扩展开放沟通内容。新生代生活在全球化、信息化时代、物质富裕时代,他们与父辈们的世界观、价值观、生活方式存在很大的差异。创造沟通环境,倾听彼此的故事和经验非常重要。第三,平等的沟通方式是父辈们需要在他国社会环境中学会的。温州新移民生活的国家一般比国内更加注重民主、平等交流氛围。

在创造沟通平台方面,海外华人社团、国内政府部门需要创造条件推进家庭教育与沟通经验的交流。如举办交流会探讨如何与下一代沟通,鼓励熟悉中国和外国经济社会文化的有识之士从事教育指导工作,在相关华文媒体上开辟教育沟通专栏。

2. 影响家业继承

新生代父母,尤其是经济社会地位都不错的父母,很希望在海外创下的家业有人继承。而新生代的职业规划和职业认同倾向于与个人兴趣的结合;再加上很多新生代对温州这个中等城市所能提供的工作发展空间并不十分看好,在地域认同方面倾向于在其他城市。因此,我们可以做这样的推断:第一,未来的温州新移民在国内外创立的贸易公司、投资的产业股权及经营管理结构会发生相应的变化。实际上,有些家族企业或公司已经后继无人甚至解散;第二,新生代在家业继承方面会以其他的形式出现,如改变企业产品、全新的创业和管理模式;第三,很多新生代的职业

① 方文:《转型心理学:以群体资格为中心》,《中国社会科学》2008年第4期。

选择与父辈无任何关系。

有被访者将家业继承的担心转化为另外的思考：是不是可以让下一代在中国国内接受教育并大约在初中时出国？这样新生代一方面能掌握较好的中文水平，了解中国文化，更加热爱中国和家乡。另一方面又具有熟悉所在国、懂得多国语言的优势。当然，这里会产生几个问题：第一，幼年生活在祖籍国并在 15 岁左右出国的青少年，其自我认同在发展上比在本土出生的，或出国早的青少年经历更多的冲突、彷徨和葛藤。从移民者本身角度来看，是不是对他最有利？第二，带来侨乡留守儿童问题。父母在儿童早期外出打工，导致儿童心理发展过程中早期亲子关系的缺失。如果代理抚养人无法实现父母在亲子关系中的角色，将导致儿童缺乏安全感，进而影响儿童人格的形成。从儿童本身角度去看，我们认为应当保证孩子与父母一起生活的权利。

应该看到，海外温州人群体职业多元化本身说明整个社会群体在所在国和世界环境中地位的变化。对父辈来说，很多人被迫放弃了原先的职业而从事餐饮、制造业、贸易等，是对当时环境的一种适应。在新的时代背景下，我们应当更加接纳和欣赏新生代职业多元化这种改变。

（二）对移出国的影响

1. 对温州本地经济社会发展的影响

温州海外华商活跃在 130 多个国家和地区，是浙江、全国经济社会发展的重要力量之一。改革开放以来，"温州社会经济发展迅速，侨乡面貌大大改观，人民生活逐步得到改善，究其原因是多方面的，但其中温州海外侨胞爱国爱乡的行动及其作用不可低估。"[1]近年来，温州市政府在政府工作报告中越来越强调促进在

---

[1]　章志诚：《试论温州海外华侨与温州经济发展的关系》，载《中国侨乡研究》，厦门：厦门大学出版社，2000 年。

外温州人经济与本土经济互动发展,其中包括海外温州人群体经济。海外新移民与国内经济社会发展关系的方式有:直接投资、开展对外贸易、提供技术服务和捐资公益事业。

从地域认同来看,绝大多数新生代不希望回到中国工作,温州较其他大城市来说更是不被选择,影响该认同的原因包括中文掌握水平有限、不熟悉国内环境、缺乏对中国人群体认同、对中国文化认同不深、职业选择与温州创业环境存在差距以及生活习惯不适应。此外,不具备与家乡经济发生联系的社会关系网络和经济信任关系是现实的阻碍。

从职业认同来看,新生代在经济之外的领域工作并感到满意已经较为普遍。虽然目前很少有人在经济之外领域与中国建立联系,我们相信,随着年龄的增长以及与中国、温州交往的增加,他们对家乡的文化、教育、科技事业会有更多的联系与贡献。

如果要强化新生代与中国及温州的联系,政府及社会各界必须看到发生在新生代身上的认同变化,理解影响认同的相关因素,把握不同社会身份认同之间的关系,并推行政策来影响相关认同。这些对策包括:

第一,注意通过文化认同影响地域认同。我们研究发现,那些希望到中国发展的新生代与中国或中国文化之间的关系比较紧密。有条件的家庭需要经常带孩子到中国看看,鼓励成年的新生代参与中国人群体交往,增加对中国的感性了解,培养与中国及家乡的情感。对那些准备出国的孩子(留守儿童)来说,童年教育中可以加重文化体验,代理抚养人可以有意识地强化文化教育。如了解中国历史地理、风土人情,鼓励留守儿童与亲戚及当地人建立亲密关系,尽量在孩子出国前给予最深刻的中国文化课程。

坚韧不拔、敢为人先的温州人精神也是温州文化的部分,在凝聚海外力量方面正发挥着越来越重要的作用。现在,"世界温州人""温州人文化"正在学术界和政府工作中被广泛提及和构建,并在实际工作中得到运用。我们相信,新生代在这样的氛围中,也会对温州人和温州文化有新的认识。

第二,注意将新生代认同特点中优势一面挖掘出来。不希望回到中国发展并不意味着他们和中国脱离关系。如他们不一定在中国投资,但可以提供海外经商思路与信息;不捐献金钱盖学校,但可以贡献精力帮助办学。政府部分可以做更多的搭桥引线工作,将新生代的意愿与中国的发展对接。

如何看待未来新生代与中国经济社会发展之间的关系,我们需要改变理念。不要一味强调改变新生代,让他们"为国"服务,也需要我们思考如何根据他们的意愿,增加"为华"服务,以实现双方共赢。

2. 对侨务工作的影响

正因为新生代认同正在发生全方位的变化,作为"留根工程"的华文教育成为侨务工作的一项重要内容。它是一项事关中华民族文化传承、振兴和发展的基础性工作,具有深远的战略意义和现实意义。近年来温州市在开展华文教育工作上做了大量工作,进行了许多探索和努力,取得了相当的成效,尤其是华裔青少年寻根之旅夏令营活动已成为全市华文教育的一块特色品牌。我们需要肯定"寻根之旅"夏令营活动的语言教育和文化教育价值。当然政府在提高认识、编制规划、整合资源、加大投入、推进可持续和规范化发展方面,还有大量工作要做①。

"华文教育"学习的客体除了学习中文,还侧重学习一些中国历史地理以及中华文化,包括传统的伦理道德和价值观念,其目的除了掌握中文这一语言工具之外,还希望传承和弘扬中华文化,维系和加强华裔后代和中国的联系。但是应该看到,中国处

---

① http://www.wzrd.gov.cn/rdh.jspx? tid=z0g26zec33&id=z0g67dprco。

在巨大的社会转型期,其文化自身也正在发生很大的变化。新生代从实际生活中得到的关于中国的信息往往与华文教育中传授的中华文化有较大的出入。如果在华文教育中强调的都是过去的中国文化,是不是能解答他们的认同疑惑?更何况传统文化亦有不适应现代社会的内容甚至有其糟粕?因此如何将传统文化的变迁作为华文教育内容也是值得思考的。

在华文教育方式方法方面,新生代也给我们提出了新的要求。如一些新生代希望夏令营不要仅仅变成简单的语言学习和旅游活动。有一位被访者希望自己不要被"关在"一栋楼里面,希望从那里走出来,通过与中国学生家庭结对的形式走到寻常百姓家,看看真实的、现在的中国。由于很多新生代对中国知之甚少甚至一无所知,打开他们关闭的探索之门尤为重要。这时需要有非常个性化的教育方法,也将对当前的集中式、统一式的教学内容带来较大的挑战。如一位曾教育过无数意大利华侨子女的教育者认为,了解中国需要从当下的、身边发生的事情讲起。她提到一位新生代曾非常看不起中国人,她就地取材,拿女孩头发上中国生产的发饰讲起,让其理解中国经济与外界的关系。结果,女孩后来确实改变了对中国的看法。

因此,政府部门和社会各界还应当继续改进教学内容和方法,突出变化中的全球化这一时代特征,将课堂教学和实践体验结合得更加紧密一些,以有效满足新生代不断增长的理解中国和家乡的需要。

在访谈中发现,很多新生代通过多种渠道对中国还是有较多的了解的。但他们发现不同渠道了解到的信息有较大差异,信息之间缺乏对话。有被访者认为,国内资讯在向海外华人输出国内信息时,视角过于单一,并不能解答诸多问题,也影响着他们的文化认同、群体认同、职业认同等。这都提醒我们,今后在信息传播方面需要做较大的改变。

（三）对移民所在国的影响

从移入国来说，新生代虽然生活、成长在其国，但认同不同方面的特点也是变化的、复杂化的。强求新生代融入当地社会，在政治上效忠该国似乎是很难有成效的。因此越来越多的国家推行多元文化政策，以宽容的态度看待移民的认同问题。

由于温州移民在海外积累财富的快速增长，当地国人也出现了越来越多的排外倾向，认为温州移民抢占饭碗，这对新生代生存与发展并不利。因此，移入国需要继续支持新生代融入当地社会的政策和行动，包括贯彻教育中的多元文化政策，鼓励新生代通过媒体等渠道在社会中发出自己的声音。

第四编　践行海外温州人研究

千年瑞安　百年侨史

　　天瑞地安，人杰地灵。古邑瑞安地处浙东南，临东海依括苍，海域广山界深。自唐宋始，海贸渐兴，先民涉洋。南宋先贤徐霆出使北域，创移民之迹。此后境地乡民接续外出，至清季，循海遁陆者略成规模，瑞安华侨史由此方立。

　　百余年来，巾子山麓、飞云江畔的瑞安人编织了一幅充满传奇的海外移民图景。他们或留洋深造、或出国谋生，或单身闯荡、或结伴打拼；他们或近达东洋南洋、或远赴欧美非洲，或坐贾行商、或从文参军；他们或为革命、或为实业，或组团结社、或创校办报；他们或为侨界精英、或为普通侨民，或悲壮人生、或平淡生活；他们或英年牺牲、或安享晚年，或孑然一身、或儿孙遍洲；他们或创业在地、或返乡投资，或贡献侨居国、或情系祖籍地。一代代瑞安华侨，有落地生根者、有叶落归根者，但每一位海外乡贤都有那挥之不去的"根""魂""梦"，如今，或内心或言行、或自我或家族，集叶寻根。

　　逾百年来，海外瑞安人胼手胝足、砥砺前行。艰山险海无法阻拦他们移民的脚步，关东大地震、东瀛惨案无法阻止他们移民的步伐，两次世界大战无法阻挡他们移民的进程，经济危机无法阻滞他们移民的动力……瑞安华侨敢于远行的胆识跃然纸上，善于创新的气魄历历在目，书写成一部可圈可点的移民史。

　　时至当下，海外瑞安人已达 16 万之众，遍及近百个国家和地区。从冰岛到阿根廷，从加拿大到南非，处处有瑞安人的身影。从中餐馆到王室，从超市到市政厅，处处有瑞安话的声腔。但无论是集聚一城还是散居各地，他们都用心演绎中国形象，倾心讲好中国故事，全心发出中国声音。他们虽从瑞安出发、从中国起航，但都不忘初心，商行在"一带"，团行在"一路"，智行在"丝路"、善行在"海路"，且行且珍惜。

今天在此，回顾瑞安华侨百年历程，展览海外群贤珍贵足迹，旨在弘扬他们的敢为人先精神，彰显他们的爱国爱乡情怀，凝海内外瑞安人之心，聚天下瑞安人之力，以创造至美至善的瑞安社会，共筑瑞安人民更加美好的生活。

中国移民理论构建与实践
服务并进 30 年述评

移民是自人类社会诞生以来,世界范围内的普遍现象,地球上的人口分布态势正是人们在时空内不断迁移的结果。仅 15 世纪新大陆发现以来,"世界人口在国际间的迁移流动,经历了五个大的阶段和三次大的浪潮"①。随着全球化的推进,大规模和远距离的国际大迁移出现,②移民问题业已成为全球性课题。由此,许多西方学者从不同研究领域出发,对移民问题进行了不少的调查和研究,进而提出了一系列的移民理论,如同化理论、共和国理论、文化多元论、民族经济文化集聚区理论和跨国移民理论等。20 世纪 70 年代末期以来,在国际移民潮的影响下,作为世界第一人口大国的中国同样出现了大量的移民现象,既有以近 2.4 亿农民工为主流的国内流动人口,③也有 3000 万左右的海外华侨华

---

① 侯文若:《全球人口趋势》,北京:世界知识出版社,1988 年,第 262—263 页。

② 截至 2008 年初,全球预计移民总数达到 2 亿(包括非法人口)。参见金姬:《世界进入大移民时代?》,《新民周刊》2008 年第 4 期,第 25 页。

③ 国外一般只有"人口迁移"概念而无"人口流动"的概念。国际上通常把"人口迁移"定义为人口在空间上的位置变动。根据中国现实情况,人口流动有两种基本表现形式:第一种是户口迁移,即改变户籍登记地的人口迁移;第二种是不改变户籍登记地的人口流动,这是具有中国特色的"人户分离"的现象。流动人口也就是指常住地与户籍所在地分离的人口。唐伟杰:《国务院专家称中国农村人口 30 年后将减至 4亿》,《新京报》2010 年 2 月 24 日。

人，并日渐成为全球最大移民输出国。① 循着这个角度，开展中国移民问题研究实有必要，创建符合中国国情的移民理论及其体系确有价值。

一、中国移民理论研究的范畴

移民、移民社会和移民理论是研究移民问题首先必须解决的三个基本范畴，这自然也是中国移民理论研究最基本的要素，是形成中国移民理论体系的基石。

（一）移民

移民虽早已客观存在，但移民的涵义却至今未明确统一，中国许多学者从不同角度作了解说。

《辞海》释义"移民"为：(1)迁往国外某一地区永久定居的人。(2)较大数量的、有组织的人口迁移。② 葛剑雄等著的《中国移民史》确定移民是："具有一定数量，一定距离，在迁入地居住了一定时间的迁移人口"③。陈孔立认为，"移民"一词具有两层含义：一是指一种人或人群，二是指一种行为或社会现象。④ 孙嘉明、王勋认为，"移民，即人口由原来的居住地迁往较远的地方定居，甚至跨越国界而定居"⑤。文军则专门界定了城市劳动力这种新移民："通过非正式渠道来实现自我劳动力区域转移，并在城市中主要从事以体力劳动为主的简单再生产工作，但已经获得相当稳定工

---

① 央视《新闻1＋1》：《报告指出中国正成为世界上最大移民输出国》，新浪网，2010年6月10日。

② 辞海编委会：《辞海》，上海：上海辞书出版社，2000年版，第2115页。

③ 葛剑雄：《中国移民史》(第一卷)，福州：福建人民出社，1997年版，第10页。

④ 陈孔立：《有关移民与移民社会的理论问题》，《厦门大学学报》(哲学社会科学版)2000年第2期，第49页。

⑤ 孙嘉明，王勋：《全球社会学——跨国界现象的分析》，北京：清华大学出版社，2006年版，第88、95页。

作和固定住所且主观上具有长期定居于所在城市的群体"①。有人据此认为,深圳市是一个新兴的移民城市,但传统意义上的狭义移民,即取得深圳户籍人口的还是少数,多数是暂住人口,即广义的移民。② 综合国内各种"移民"解释,可以得出的结论是:移民有广、狭义之分。其中广义的移民概念包括三个要素:第一,移民是相当大数量的人口迁徙。就国外而言,第二次世界大战后,随着新经济的成长,世界性的移民迁徙更加频繁,移民规模更加庞大;就国内而言,主要是广大进城务工的农民工以及部分来自其他城市的无业人员,他们实际上已经构成为城市的新移民。第二,移民的方式多种多样,包括自发移民、强制移民、计划移民、工程移民、下山移民、生态移民、技术移民、投资移民和留学移民等。第三,移民具有置业安家定居的动机,一旦条件成熟,他们中的许多人就举家迁徙,或在迁入地结婚成家,成为长期的定居者。

(二) 移民社会

陈孔立认为,移民社会"有广义与狭义之分,广义是指凡有较多外来移民的社会都称为移民社会","狭义的是指那些以外来移民为主要成分的社会,它是一个过渡形态的社会,逐渐从移民社会转化为定居社会或土著社会,"③。任柏强等认为,移民社会是指相当大规模的外来人口或族群按照一定的需要,以一定的方式与本地居民交互作用所结成不同社会关系的生活共同体。④

综上观之,移民社会的具体内涵可作如下概括:第一,有相当

---

① 文军:《从分治到融合:近 50 年来我国劳动力移民制度的演变及其影响》,《学术研究》2004 年第 7 期,第 33 页。

② 老亨等:《十字路口的深圳》,北京:中国时代经济出版社,2004 年,第 273 页。

③ 陈孔立:《有关移民与移民社会的理论问题》,《厦门大学学报》(哲学社会科学版)2000 年第 2 期,第 53 页。

④ 任伯强、方立明、奚从清等:《移民与区域发展——温州移民社会研究》,北京:人民日报出版社,2008 年,第 24 页。

大规模的外来人口或族群迁入异地，这是移民社会的首要条件。第二，外来人口或族群与本地居民按照自己不断增长和提高的生产、生活的需要，建立各种不同的社会关系，并且受着生产关系性质的制约，随着生产关系的变化而变化。第三，由于相当大规模的外来人口或族群迁移到异地，便生成了带有新的构成因素的社会生活共同体——移民社会。第四，移民社会是人类社会发展的一个有机组成部分，是具有独特性的过渡形态社会。

（三）移民理论

移民理论在学界至今同样无明确界定。总结现有研究成果可以认为，移民理论是指在移民实践的基础上对移民的内涵、动因、方式、问题以及移民与社会诸种关系的概括和总结。它主要包括四个方面的内容：

1. 专项意义上的移民理论

以水库移民理论为例，许多学者结合当地实践，阐述水库移民补偿理论、水库移民生态理论、水库移民区域理论、管理理论，以及水库移民可持续发展的对策等。移民工作管理百科全书编委会的《移民工作管理百科全书》和施国庆等著的《水库移民系统规划理论与应用》是该研究领域的代表性成果。此外，还有城镇化移民理论、下山移民理论、生态移民理论、投资移民理论、科技移民理论及留学移民理论等，研究成果甚多。

2. 阐释意义上的移民理论

移民作为一种复杂的社会现象，必然要受到迁出地和迁入地的社会、经济、政治、文化等多个方面的影响。要阐释这种复杂的社会现象，必须要有相应的理论来说明。20 世纪以来，阐释移民问题逐渐成为西方学者研究的一个重要课题并著述颇多。这些阐释意义上的移民理论包括两大部分，即发展中国家内部的移民理论与发展中国家向发达国家人口迁移的国际移民理论。前者主要是劳动力迁移理论，如刘易斯模型、拉尼斯-费景汉模型、乔根森模型、托达罗模型、推拉理论等;后者主要是新古典经济均衡理论、历史—结构主义理论、双重劳动市场理论、移民系统理论、世界体系理论、新迁移经济学理论、移民网络说、循环积累因果效应说和国际移民的社会跨境适应理论等。

毋庸置疑,中国移民实践需要借鉴国际相关移民理论来加以说明,但更需要有符合本国国情的移民理论来指导。所以,根据中国是一个移民历史悠久的人口大国的实际,创立具有中国特色的移民理论,利用好移民这一优势资源,促进中国经济社会更好更快的发展,是当务之急。

3. 学科意义上的移民理论

随着经济全球化的不断深化发展,国际移民日益频繁和快速发展,并且对世界经济、政治和文化产生重大影响。由此,国际移民和华侨华人成为一些学者们构建相关移民理论的重要考察对象。譬如,李明欢撰写的《国际移民学研究:范畴、框架及意义》一文,孙嘉明、王勋编著的《全球社会学——跨国界现象的分析》一书,就是如此。而李安山等则明确主张建立"华侨华人学"①。

4. 移民史意义上的移民理论

移民史是研究移民和移民社会产生、形成和发展的科学。它不仅要探讨这门学科产生的原因和背景,要分析研究移民的各种学说和学派产生的社会、经济、政治和文化条件,而且要厘清移民在适应各自移民目的地社会时所表现出来的各种实践方式,与移居地区或国家居民之间共存(多元族群共存)的过程,并探讨该过程给现有制度实践所带来的各种问题。例如,葛剑雄主编的六卷本《中国移民史》是目前国内一部比较完整、系统的中国移民史,

---

① 李安山:《中国华侨华人学——学科定位与研究展望》,北京大学出版社,2006 年。

论述了自先秦至 20 世纪 40 年代发生在中国境内的移民。① 孟彦弘在《〈中国移民史〉的史料和史实问题》一文中指出,《中国移民史》是新近出版的一部多卷本移民通史。全书的重点是描述移民的过程,勾勒移民对社会的作用和影响。它可以使我们对中国移民史有一个较为全面的了解。② 此外,还有区域移民史研究,例如,李德滨、石方撰写的《黑龙江移民概要》,林国平、邱季端主编的《福建移民史》,章志诚主编的《温州华侨史》,等等。可以说,移民史不仅仅是该学科的具体史实叙述,也是移民理论的重要组成部分。

二、中国移民理论体系的初创

移民问题是全世界共同关注的话题。国外学者对此进行了多维度多层次的研究,中国学者为了科学地说明中国移民问题,一方面用国际移民理论来阐释国内的人口流动现象,另一方面从基本国情出发,努力创建具有中国特色的移民理论。中华人民共和国成立 60 年来,特别是改革开放 30 年来,中国学术界从人口学、地理学、文化学、社会学、历史学等不同领域对中国人口迁移的动因、方式、机制,特别是有关制度因素或政策因素以及社会网络因素进行了大量调查和深入研究,提出了许多吻合中国移民实际的概念、模型与分析框架,使中国移民研究取得了较大的理论突破,形成了中国移民理论体系的雏型。笔者择取其中九大理论进行述评,以实证中国移民理论研究的本土性、实践性和可操作性。

---

① 葛剑雄:《中国移民史》(第一卷),福州:福建人民出版社,1997 年,第 10 页。
② 孟彦弘:《〈中国移民史〉的史料和史实问题》,《历史研究》2001 年第 3 期,第 147 页。

（一）移民类型理论

从宏观全局视阈出发,移民现象通常被分为外部移民(external migration)和内部移民(internal migration)两大类。前者指的是跨越国界的移民,也称为国际移民;而在某一国范围内不同地区间迁移的移民称之为内部移民,在中国也被称为流动人口。李培林等主编的《社会学与中国社会》一书认为,中国社会学家对移民问题的研究兴趣源于中国社会本身正在发生的大规模的城乡人口流动现象。中国的城乡人口流动是一种内部移民运动,但由于户口制度和城乡二元结构的作用,又使它具有某些国际移民运动的特征。另一方面,中国也一直存在着国际移民潮流,特别是东南沿海的某些地区和东北的某些地区的人口向欧洲和其他地区国家的移民运动,但是,流往国外的移民的人数与庞大的城乡流动人口相比则显得微乎其微。因而,中国社会学家更为关注的是内部的城乡移民问题。[①]

有些学者则结合典型移民区域的个案调查,概括出移民范式。如任柏强等著的《移民与区域发展》一书总结温州移民类型有三:一是"由外向内移民"类型。即 300 多万外省来温州的农民工组成的一个过渡性的社会阶层;二是"由内向外移民"类型。即 220 多万闯荡世界和全国各地的温州人;三是"由内向内移民"类型。这主要是指温州地区内的 100 多万城镇化移民、水库移民、扶贫下山移民和生态移民等。该书认为这三种类型虽然从职业流动上看总趋势都是从农业向工商业的流动,但在流动范围上却有国际间的、区域间的和区域内的区别,而正是这个流动范围的区别,带来了三个移民群体所面临问题的巨大差异。这些差异表现在生活方式、就业取向、劳动和人际关系、文化适应、社会保障

---

① 李培林、李强、马戎:《社会学与中国社会》,北京:社会科学文献出版社,2008年,第495页。

待遇、子女教育等各个方面。①

（二）反城市化战略理论

中国是一个人口众多的国家，而且有着庞大的农业人口，这使得中国工业化过程中的城乡移民问题尤为突出。而中国政府曾经采取过一种特殊的工业化战略，在大力推进工业化的同时限制城市化的自然发展，在相当长一个时期强力阻止城乡移民潮流，并在城市居民和农村居民之间设置制度隔绝和身份隔绝（户口制度和户口身份），这也导致后来爆发的城乡移民运动规模极为庞大，潮流极为汹涌。《社会学与中国社会》一书同时指出，20世纪50—70年代末期的那场按政府计划指令和政治需要所推动的移民运动，不是常规性的。这些移民运动常常是反向性的城乡移民运动——由城市迁往乡村、由经济发达地区或核心地区迁向经济不发达或边远地区。② 比较典型的如知识青年上山下乡、市民返乡、干部下放，等等。有些学者称这种颇具独特性的中国移民运动为"反城市化"战略（李强，2003）。③

一百多年来，中国城市发展本来就走得十分曲折反复，再加上这种"反城市化"战略，必然使城市化长期处于停滞状态。不仅如此，"到了改革开放以后，人口从农村向城市的流动就呈现出一种突然爆发的局面，而没有一个渐进的过程"。

（三）社会隔绝理论

李培林和其他一些学者在考察来自农村的流动劳动力或流动人口之所以在城市中遭遇重重困难而难以定居下来的原因时认为，

① 任伯强、方立明、奚从清等：《移民与区域发展——温州移民社会研究》，北京：人民日报出版社，2008年，第30—45页。

② 李培林、李强、马戎：《社会学与中国社会》，北京：社会科学文献出版社 2008年版，第512—514页。

③ 李强：《当前我国城市化和流动人口的几个理论问题》，《江苏行政学院学报》2002年第1期，第62页。

这不仅仅是由于控制城乡人口流动的制度安排,更为重要的原因是,这种制度安排形成了一道无形的社会隔绝壁垒,它把农村移民排斥于城市正常生活领域之外。基于这种分析,他们相继提出中国城乡移民的社会隔绝理论,并进一步指出,由于这种社会隔绝壁垒的存在,农村移民常常难以挤入城市人的生活领域和空间。为了能在城市里生存下去,他们不得不自己创造一些新的领域和空间。①

　　社会隔绝理论同样可以用来阐释归侨、侨眷以及出国移民曾被排斥于社会正常生活领域之外的现象。"文革"时期,侨务政策遭到践踏,侨务工作几乎停止。相当多的干部、群众受"反动的海外关系论"的影响,害怕受"海外关系"的牵连,连自己在国外的华侨亲属也不敢认,华侨也不敢回乡探亲,更不要说申请出国移民。直到1978年国务院批准执行《关于放宽和改进华侨、侨眷出境审批的意见》,着手制定保护华侨权益的法律和一系列侨务政策,侨务工作蓬勃发展,归侨、侨眷以及出国移民的社会隔绝壁垒终于被打破,并掀起了一股"出国热"和移民潮。

　　(四) 就地转移理论

　　1978年经济体制改革开始后,大规模的城乡移民运动在新一轮工业化高潮的驱动下开始涌动。由于改革最初是从农村地区开始推行的,家庭联产承包责任制使农业劳动生产率得到极大提高,大量农村劳动力从土地的束缚中解放出来,迫切需要寻找就业门路,农村剩余劳动力问题变得日益突出,引发农民向非农产业流动的强烈愿望。尽管如此,但当时限制人口和劳动力城乡流动的户口制度还相当严格,政府的政策导向仍倾向于禁止城乡之间的自由流动。于是,无法进城谋取工作的农民只好在当地农村创造一些非农就业机会,他们开办起一些小型加工企业——时称社队企

---

　　① 李培林、李强、马戎:《社会学与中国社会》,北京:社会科学文献出版社,2008年,第518—519页。

业。受到这种现象的启发，著名社会学家费孝通先生和其他一些学者顺势提出了农村剩余劳动力就地转移模式，这种观点当时立即获得政府决策者的肯定。1984 年中央政府的 4 号文件将"社队企业"改称为"乡镇企业"，各地政府纷纷支持本地乡镇企业的发展。①

（五）特殊社会群体理论

20 世纪 80 年代以来，以苏南模式、温州模式、珠江模式为代表的中国乡镇企业异军突起。实践证明，乡镇企业已成为中国农民脱贫致富的必由之路，也是国民经济的一个重要支柱。尽管如此，乡镇企业还是解决不了农村劳动力大批涌入城市。他们主要涌向东部经济发达地区和各地的大城市，并逐渐形成规模越来越庞大的"民工潮"，进而形成了"一个特殊的社会群体"。② 起初，这批外出流动的农村劳动力被赋予一个极为否定性的称谓——"盲流"。政府官员和许多专家学者认为，这些劳动力的地区间流动扰乱了社会管理秩序和社会稳定。各大城市的政府部门，为了阻止这些农村人涌入城市，不断出台各种行政法规，采用各种行政司法手段，遣送或驱赶外来的农村人，限制他们在城市中的就业。但是，这些措施收效甚微，涌入城市的农村人数量不但没有减少，反而迅猛发展。每年春节前后的民工大潮成为各大城市政府的心头之痛，也是整个社会系统管理的难点。据国家统计局调查，2004 年全国进城务工人员高达 1.2 亿左右。农民工广泛分布在国民经济的各个行业，其中在加工制造业中占从业人员的 68%，在建筑业、采掘业中接近 80%，在环卫、家政、餐饮等服务业中达 50% 以上。③

---

① 李培林、李强、马戎：《社会学与中国社会》，北京：社会科学文献出版社，2008年，第 514 页。

② 国务院研究室课题组：《中国农民工调研报告》，北京：中国言实出版社，2006年，第 1 页。

③ 国务院研究室课题组：《中国农民工调研报告》，北京：中国言实出版社，2006年，第 2 页。

大量事实说明,农民工已是中国产业大军中的一支重要力量,他们在中国工业化、城市化、现代化建设中发挥着重要作用。农民工群体是一个人数多、贡献大的劳动群体,同时又是一个值得全社会理解、尊重、善待和关心的弱势群体。因此,众多专家学者纷纷撰文,对这一特殊社会群体的涵义、特征和作用等展开论述。

(六) 有序转移、服务和管理理论

20世纪80年代以来,伴随中国经济体制转轨、社会结构转型,中国大规模的农村富裕劳动力转移到城市和乡镇就业,农民工这一特殊社会群体产生。然而由于种种原因,农民工一直生活在城市的边缘,他们的生存状况尽管比以前有了很大改观,但仍存在一些问题不容乐观。为此,近年来,党中央、国务院高度重视农民工问题,并于2006年3月27日发布指导性文件——《国务院关于解决农民工问题的若干意见》(以下简称《意见》)。《意见》在充分肯定了农民工在我国经济社会发展中的地位和作用,深刻阐述了解决好农民工问题的重要性、紧迫性和长期性的基础上,明确提出进一步改善农民工的就业环境,引导农村富余劳动力合理有序转移,推动社会主义新农村建设和中国特色的工业化、城镇化、现代化健康发展,具有重大的意义。《意见》就农民工工资、就业、技能培训、劳动保护、社会保障、公共管理和服务、户籍管理制度改革、土地承包权益等具体方面提出了政策措施。2008年10月12日,《中共中央关于推进农村改革发展若干重大问题的决定》则通过统筹城乡产业发展、基础设施建设、公共服务和劳动就业等,为农村农业改革发展创设良好环境,积极引导农民有序外出就业,鼓励农民就近转移就业,扶持农民工返乡创业;通过劳动报酬、劳动条件、子女就学、公共卫生、住房租购、医疗、养老保险等多个渠道改善农民工待遇,加强农民工权益保护。与此同时,通过推进户籍制度改革,放宽中小城市落户条件,使在城镇稳定就业和居住的农民有序转变为城镇居民,以及推动流动人口服务

和管理体制创新等途径，统筹城乡社会管理。

（七）跨社会建构行动理论

格雷佛斯（Nancy B. Graves and Theodore D. Graves：1977）认为，国际移民"在适应周围环境时，个人会有不同的资源可供使用，其中有他们自身的资源、核心家庭的资源、扩大家庭的资源甚至邻居朋友的资源，或更宽广的社会资源。……在依赖族人的策略（kin-reliance strategy）中，移民是利用核心家庭以外的亲戚资源以适应环境；依赖同辈的策略（peer-reliance strategy）则运用同辈及相同社会背景的人的资源进行调适；依赖自己的策略（self-reliance strategy）则依靠自己及核心家庭或外界非人情关系（impersonal）的组织资源"①。王春光在实地调查巴黎的温州人后撰写成的《巴黎的温州人》一书，不仅佐证了上述观点，而且进一步提出了移民跨社会建构行动理论。他调查发现，社会网络是温州人在他乡或别国生存、发展和融入的重要法宝和社会资本，而不是移民融合的障碍。因为对于许多在巴黎的温州人来说，个人自身的资源相当有限，比如教育水平不高，语言不通，身无技术，资本不多，不足以支撑他们的生存和发展。他们更多的是采用依赖族人和同辈策略，通过族亲、朋友、乡邻三者编织起自己的社会网络，或者说这样的网络为他们的流动和迁移、非法存在、就业、融资及情感沟通等活动提供了支助。反过来，他们的生存和发展又进一步扩大了他们的社会网络。可以说，巴黎的温州人正是凭借着他们拥有的社会网络，突破了地处中国东南沿海一隅的温州狭小地域，跨越了地区和国家的界限，来到法国巴黎。又靠着社会网络，赢得了他们在巴黎生存和发展的基础和条件，实现

---

① Graves, Nancy B. & Graves, Theodore D, Understanding New Zealand's Multi-Cultural Workforce, Report to the Polynesian Advisory Committee of the Vocational Training Council of New Zealand, Wellington: Vocational Council, 1977，p. 8.

对自己局限的突破和逾越。在与当地社会的交往中,他们所拥有的社会网络起到缓冲交往中所出现的各种紧张和摩擦,促进与当地社会重构(或建构),突破和逾越主流社会对他们的限制作用,形成了一个很大的移民社区,而且由于自身的努力,使得他们与周围社会形成一种新的关系状态。①

(八) 文化适应理论

不论哪种方式的移民,他们在原居住地长期生产、生活中积淀下来的文化体系,包括情感方式、思维模式、价值观念、道德规范、礼仪行为、风俗习惯及宗教禁忌等,必然会同移入地的文化体系存在这样或那样的冲突与矛盾。他们面临移入地新的文化环境和新的社会群体,深感外界压力冲击较大,不得不尽快调整自身,以适应新的社会环境。不列颠哥伦比亚大学的精神病学者赫斯特(Hirst)描述了移民们移居后的适应性调整的几个阶段:起初的第一阶段,人们关心的是眼前的情况,试图找到工作、挣钱和找到住处。这些特征通常伴随着焦虑不安和不断增多的心理活动而展开,常常处于一种临界状态。第二阶段,即"心理到达"阶段。异地他乡,孑然一身的感觉在日趋加剧,表现为明显的心神不安和情绪不稳定。这个阶段可能会持续一个月到几个月不等。只有到了第三个阶段,相应地作适应新环境的调整,即开始进入新的环境。因此,有些学者认为,为了生存和发展,移民必然要经历一个由不适应到逐步适应以至基本适应的过程,他们与当地居民必然要经历一个较长的磨合时期。这种磨合,归根结底,是心理的磨合、认知的磨合、文化的磨合。

(九) 侨乡社会资本理论

所谓社会资本(social capital),一般是指个人在一种组织结

---

① 王春光:《巴黎的温州人——一个移民群体的跨社会建构行动》,南昌:江西人民出版社,2000年,第87—88页。

构中,利用自己特殊位置而获取利益的能力。一般就是指个人的亲戚、朋友、同学、老乡等关系,一个人能从这些关系中获取的利益越高,那么他的社会资本就越高。这一概念自 20 世纪 70 年代开始受到经济学、社会学、行为组织学以及政治学等多个学科的关注。进入 20 世纪 90 年代,因社会资本理论(Social capital theory)具有强大的解释力而逐渐成为学界关注的焦点,许多学科都从自身角度对其进行了研究,用以解释经济增长和社会发展。它甚至被西方国家的决策圈看成是解决社会矛盾的新思路,即所谓的"第三条道路"。国内学者同样对社会资本理论做了深入探究,其中在移民问题的应用上也取得不少成果。如李明欢在《"侨乡社会资本"解读:以当代福建跨境移民潮为例》一文中提出了侨乡社会资本理论。该文提出,跨国民间网络是侨乡社会资本的基本载体,跨国互惠期望是侨乡社会资本的运作机制,跨国链接增殖是侨乡社会资本的效益特性。侨乡通过已定居移民、信息网络和人情互惠提高移民操作的成功率及获益率的能力,是一种社会资本。这种资本有望转化为经济资本、文化资本乃至政治资本,但这种转化只有在如愿跨境输出人力资源的条件下才能实现。侨乡社会资本的特殊性体现在它与发达国家劳动力市场的链接,其效益通过其投资对象——"移民"进入发达国家劳动力市场而实现转换与增值。当移民作为一种投资途径并且存在有效运作空间时,移民行为必然生生不息,而侨乡社会资本正是通过一次次诸如此类的跨国运作不断增殖。①

　　综合上述,可以得出如下结论:第一,中国移民的每一理论,往往带有鲜明的时代特征。正因此,在分析中国移民的每一社会现象时,就要把中国移民的每一理论放在一定的历史范围内加以

---

① 李明欢:《"侨乡社会资本"解读:以当代福建跨境移民潮为例》,《华人华侨历史研究》2005 年第 2 期,第 38 页。

考察,从中得出科学的结论或评价。第二,中国移民理论中的某种具体理论,一旦转化为政府的重大决策,就会产生伟大的社会运动,发挥巨大的社会效应。例如,目前倡导的有序转移、服务和管理理论就是如此。第三,随着中国移民实践与认识的发展,必将有新的移民内容得以充实,并在实践中得到检验,使之日趋完善,成为具有中国特色的移民理论,从而发挥其对实践的服务与指导作用。

三、创建中国移民理论体系的意义

改革开放 30 多年来,中国移民规模不断扩大,移民问题层出不穷,移民研究亦呈现出空前繁荣的景象,这就意味着建立中国特色移民理论体系的时机已经成熟,而且这对中国移民理论的进一步研究和中国移民实践的继续发展都将产生深远的意义。

(一)有助于探索中国移民活动的具体规律

创建中国移民理论体系的出发点,就在于探索中国移民活动的具体规律,从而对它的未来发展趋势做出基本的科学预测与判断。

首要的是,正确认识和高度重视中国农村劳动力转移问题及农民工在中国经济社会发展中的地位和作用,这是建设中国特色社会主义事业中的一个重大的历史性课题。"城市农民工、流动人口的问题,意义极为重大。它涉及未来 50 年中国社会能否持续发展、经济能否持续增长和社会能否长治久安的基本问题。"①因此,如何促进农村劳动力向城市有序转移,乃至实现农民工的市民化,无论是在理论探索还是在实证分析以及具体政策措施的

① 李强:《当前我国城市化和流动人口的几个理论问题》,《江苏行政学院学报》2002 年第 1 期,第 61 页。

制定上，其目的都在于探索其发展的具体规律，这必将成为解决问题的关键，必将成为政府和学界更为关注的问题。

　　与此同时，要重视中国国际移民问题的研究，探索海外华侨华人这一特定移民群体离乡背井后的生存和发展规律。这是中国移民理论研究中不可分割的两个方面。此外，从移民犯罪研究的角度来说，探索非法移民和城乡移民中少数人犯罪发生的规律，以便为有关部门更有效地治理非法移民及城乡移民中少数人的各种犯罪活动提供科学依据；从移民心理研究的角度来说，探索移民心理发展的规律，以便及时做好移民心理的疏导工作；从移民文化的角度来说，探索移民文化适应的规律，以便使其融入移入地的文化环境；从移民社会化的角度来说，探索移民认识和学习的规律，以便使其自觉提高自身素质；从移民角色转化的角度来说，探索移民角色转化的规律，找准角色位置，自觉扮演角色，协调好角色转换过程中的各种关系和心理适应，等等。深入研究这些方面带有规律性的内容，乃是探索中国移民活动规律的内在要求和必要补充。

（二）有助于解决中国移民发展的实际问题

　　创建中国移民理论体系的目的，就在于解决中国移民发展进程中的实际问题，从而使理论创新成为实践发展的强大动力。

　　以有序转移、服务和管理理论为例。随着当前经济发展方式的转变，中国内地进入人口流动迁移活跃高峰时期。根据国家统计局2010年3月公布的《2009年农民工监测调查报告》，去年全国农民工数量达到2.29亿人，其中"80后"成为流动人口主体，占到总量的61.6%。[①] 这就意味着流动人口年龄结构和利益诉求发生了较大变化，从而给政府人口服务管理工作带来新挑战。例

---

　　① 齐明：《千万不能让农民工"被市民"》，http://www.lnjn.gov.cn/government/gaige/2010/8/176908.shtml，2010年8月9日。

如,"80后"在流入地结婚、生育的比例增加,对计划生育、优生优育、生殖健康的需求更加强烈。然而,由于体制机制不顺、投入保障不足、信息化建设滞后,使得流动人口工作底数不清、情况不明、服务缺失、管理缺位、维权困难,一些长期困扰流动人口服务管理的难题还没有实质性突破;而部分流入地基层基础工作薄弱,缺乏必要工作保障条件,属地化管理责任不落实,流动人口漏管严重,免费服务覆盖面较低;少数省份则由于信息化建设滞后,致使流入、流出地信息沟通不畅,双向服务管理均不到位。在此情势下,开展有序转移、服务和管理就显得十分重要。如国家人口和计生委就于2009年7月启动了重点地区流动人口监测试点调查,有效摸清了没有参加任何形式社会保险的流动人口数和未能在流入地得到免疫接种的农业流动人口子女数等情况,从而为下一步进行流动人口享受社会保障和公共服务提供了依据。

毋庸置疑,在中国移民发展的道路上碰到众多的实际难题是不可避免的。但这也说明,一种中国移民理论的建立以至成型,还需要在解决中国移民发展的实际问题的长期过程中获得检验、完善和充实,逐步走向特色化、规范化和科学化。

(三) 有助于建立具有中国特色的移民模式

创建中国移民理论体系的目标,就在于推进中国移民研究范式的创建。

16世纪地理大发现以来,伴随现代国际关系体系的孕育和萌芽,世界范围的移民模式逐渐成为快速变化的国家间经济、政治和文化联系的一种必然反映。其中安东尼·吉登斯通过描述1945年以来主要的全球人口迁移,归纳出四种移民模式:第一种为经典模式(classic model)。如加拿大、美国和澳大利亚等国家,已经发展成为"移民们的国家"。第二种为殖民模式(colonial model)。如法国和英国更倾向于接纳来自前殖民地国家而不是其他国家的移民。第三种是德国、瑞典和比利时等国遵循的客居工人模式（guest workers model）。第四种为非法模式（illegal model）。①

　　毫无疑问，近现代以来形成的各种国际移民理论和模式中无疑存在积极合理的成分，是值得中国学者吸纳和借鉴的。然而，要建立具有中国特色的移民模式，必须立足于社会主义初级阶段的基本国情，坚持以社会主义核心价值体系为指导，总结中国移民发展的实践，提炼出新的移民模式，以适应新的移民发展要求。

（四）有助于促进中国移民理论的学科建设

　　创建中国移民理论体系的理论价值，就在于促进中国移民学的学科建设。

　　无论是国内人口流动还是国际移民，都是十分复杂的现象，其影响也是非常深刻，因此，解决移民问题需要十分多样的知识，需要多学科的共同努力，"需要来自不同学科学者相互之间的理解与协调，需要团队合作，需要我们在世界性的学术大视野下，既坚持中国学者的本位立场，又展示虚怀若谷的开放性，开创性的研究领域，推动学术理念创新"②。中国社会学会会长、中国社科院社会学所所长李培林在为《移民与区域发展——温州移民社会研究》一书做的"序言"中写道："作者看到了移民是一种国际普遍现象，并力图把国内的劳动力流动和移民现象与国际移民现象放在一个统一的理论框架里进行分析，在看到国内移民和国际移民的差异的同时，也努力去发现其统一的规律……在作者看来，移民社会是人类各种生活共同体的一种类型，而且随着社会流动的加快越来越成为一种非常普遍的类型，有必要建构移民社会学进行专门的研究，使之成为社会学学科中一门相对独立的学科，作

---

　　①　[英]安东尼·吉登斯：《社会学》（第四版），赵旭东等译，北京：北京大学出版社，2003年，第250页。
　　②　李明欢：《国际移民学研究：范畴、框架及意义》，《厦门大学学报》（哲学社会科学版）2005年第3期，第48页。

者在本书中对移民社会研究学科化的初步尝试,是很有意义的探索。"①而在 2009 年 7 月召开的第 19 届中国社会学年会"移民与社会发展论坛"上,与会学者们一致主张筹建中国社会学会移民社会学专业委员会,更是对移民理论在学科发展上的一个重大推动。当然,移民学是一个跨学科的综合领域,属交叉学科性质。中国移民学的创建与深化,不仅需要利用社会学、人类学、人口学、历史学、政治学、经济学、法学等社会科学领域的知识,而且在若干领域还需要与自然科学合作。

①　任伯强、方立明、奚从清等:《移民与区域发展——温州移民社会研究》,北京:人民日报出版社,2008 年,第 2 页。

发挥乡土优势　借助多重资源
开展"温州人"研究

——温州市"世界温州人研究中心"
成立学术研讨会综述

　　2008年11月8日—10日,时值中国改革开放30周年,温州隆重召开第二届世界温州人大会。而作为大会的一项重要内容,温州市"世界温州人研究中心"于8日下午在温州大学正式成立。成立仪式前,温籍学者、浙江工商大学副校长张仁寿教授和中国社科院研究员王春光博士,分别从各自的研究角度作了解读天下温州人的主题报告:《温州人、温州文化与温州模式》和《研究温州人的价值、视角和方法》。在盛大的成立仪式后,研究中心随即举行了专题学术研讨会。会议由温州大学党委副书记、世界温州人研究中心主任周湘浙教授主持。来自香港中文大学、浙江大学、暨南大学、厦门大学、浙江师范大学、浙江工商大学等高校和中国社会科学院、上海社会科学院等科研机构的专家学者,以及关心关注温州发展的社会人士与温州大学的相关研究人员共50余人参加了会议。

　　会议首先由研究中心下属的华侨华人研究所、商人商会研究所和华文教育研究所的负责人从历史沿革、研究对象、研究团队、前期成果和近期目标等方面对三个研究所做了简要介绍。尔后,与会的专家学者们从自身研究领域出发,结合国内外有关温州的研究成果,针对该研究中心的状况,紧紧围绕"温州·温州人·温州人研究·温州人研究中心"展开热烈研讨。现就有关海外温州人的讨论内容综述如下：

一、关于开展"温州人"研究的意义

温州，作为中国改革开放最前沿的城市，自 20 世纪 80 年代开始，以其大胆和超前的改革实践引起了社会的广泛关注。三十年来，她不仅创造了闻名于世的"温州模式"，也凝聚出富有特色的"温州精神"；不但有 170 多万温州人活跃在全国各地，也有 50 多万人走向世界各洲。正因此，不管是国内学者还是国外研究者，不管是经济学、社会学领域还是历史学、人类学角度，不管是学界还是政界，"温州"和"温州人"都深深吸引着他们的眼球。与会的温籍学者和非温籍专家对此都表达出强烈的情怀。

从事华侨华人研究 20 多年的厦门大学李明欢教授就是带着对温州的一份特殊感情和对温州人的感恩之情而欣然赴会的。她特别指出，"全世界做移民研究的圈内人几乎没有不知道温州人的"，在关于国际移民的会议上，出现"温州人"的频率也是相当高的。她亦提请大家注意，目前，对温州的研究不仅有我们国内侧重于温州模式的探究，也有英、法、德等国的学者从移民视角对侨居当地国的温州海外移民的考察；而暨南大学廖小健教授则从东南亚闽粤籍华侨和欧洲温籍华侨的比较视野，强调进行"温州人"研究的学术价值。我们以往谈及海外华侨，更多地是提及东南亚华侨的"财库/钱库现象"和北美华侨的"智库现象"，即便谈到浙江华侨也是讲宁波人为多，很少说温州人。但近一二十年来，温州人异军突起，这是非常值得注意和研究的。因此，她认为有必要认真思考温州人迅速崛起并令全球瞩目的真正原因，只有"找出温州人成长尤其是在欧洲成功的内涵、特质，才能挖掘、培育和利用好海外温州人这一有利资源"，从而为温州经济的发展提供有力支持；其他与会人员在发言中也都对"温州人"这个特定现象表现出了极大的兴趣，并充分肯定了进行"世界温州人"研究的必要性。而作为温州人的王春光研究员在表达自豪的同时，认为需要以反思的理路来深入地探讨温州模式和温州人。当然，今天在温州本土成立研究温州人的学术机构，并邀请同行专家共同商讨如何研究"世界温州人"这个热门话题，更是彰显了"温州人"研究的现实意义和理论价值。

二、关于"温州人"研究的学术定位

"温州人"作为特定区域特定时期出现的一个特殊群体，人们从各自的眼光进行了观察、思考和分析，由此也赋予了不同的诠释。有人称其为"中国的犹太人"，有人说，只要有太阳的地方就有温州人，也有人讲，只有鸟儿飞不到的地方，没有温州人到不了的地方，还有人出版《可怕的温州人》……那么，究竟怎样去理解这片不断创造奇迹的土地，怎样去看待这个足迹遍布全球的人群？各位专家学人从研究对象、研究方法和研究内容等方面进行了广泛的交流。

1. "温州人"的学术界定

温州自东晋建永嘉郡以来，行政区域几经变迁。时至今日，除主体区域的三区（鹿城、龙湾、瓯海）两市（乐清、瑞安）六县（永嘉、平阳、苍南、文成、泰顺、洞头）全部归属当今温州地区外，还存在一个"地理文化史"层面的"附着区"。即现属丽水地区的青田县和台州地区的温岭市、玉环县在历史上曾多次与温州离合。加之此三县市与温州有着悠久的文化、社会和经济的相近性、相似性和亲缘性，特别是在"温州模式"的辐射影响下，使三县市与温州之间形成双向的互动格局。基于此，尤其是随着近年来温州经济的快速增长,引发了一些海外青田人对温州的个体认同,他们往往习惯于说自己是温州人。因此,我们认为在进行学术研究时,对"温州"的解释要有别于现实的行政区划,应当将上述三县市纳入"大温州"的范畴来考察(其实,这样的"大温州"曾俗称为"温台处"或者更通俗意义上的"浙东南",只是现实中使用的不多而已)。以青田为实证:第一,青田县在20世纪50年代归属温州市管辖,故当时青田人出国,都由温州市公安局开具证明;第二,更重要地是,青田和温州同属瓯越文化,所说方言极其相近,许多青田人都能讲温州话。不仅如此,两地素有重商之传统,手工业相当发达。它们之间的社会和经济交往非常频繁,温州市可以说是青田人的经济和社会交往中心,许多青田人倾向于迁移到温州市生活和工作,温州市是包括青田在内的浙南地区的区域中心。正因此,像王春光在《巴黎的温州人》等论著中所涉及的温州人就包括了青田人。

2. 研究"温州人"的方法

开展任何一项学术研究都必须讲究方法,如果不掌握一定的方法论,没有合适的方法,缺乏独特的视角,那再丰富的材料也可能熟视无睹。当然,各个学科既有自身的独特研究方法,也有一些通用的研究方法。移民研究就是一个多学科研究领域,社会学、人类学、政治学、历史学、经济学等学科都非常关注移民问题。移民研究在欧美国家是一门显研究,已经涌现非常多的研究成果,提出了很多较成熟的理论。

就海外温州人的研究而言,至今大多停留在文献资料的收集,更多地是从华侨史的角度做了大量的工作。即便在华侨史的研究上,目前也存在一个缺陷,即"只重视所谓侨领的研究,而忽视了普通侨民的历史研究。而社会学方法、人类学方法和口述史方法等很少被使用。"(王春光)对此,各学科专家希望温州人研究中心能更好地利用现有多学科的有效研究方法,对温州人进行多角度的研究。其中李明欢结合自己长期研究移民的经验，中肯地提出了三条建议：温州是华侨华人研究的沃土，要充分利用乡土资源；累积来华留学的华裔留学生素材，认真做好"送上门"的特色研究；加强研究所内部的合作，大力拓展横向互动和比较研究。王春光则更针对性地强调，一是要重视田野调查和研究。如可以从温州本地的侨乡入手，去研究温州人移民国外对本地的影响，可以利用海外温州人经常回家乡探亲的机会，对他们进行深度的访谈，这样还能收到投入少、见效好的效果。二是要跳出温州人的视角来研究温州人，具体说要有比较视野、应用视野和批判视野。如在研究海外温州人时，最好能将他们与其他移民乃至居住国居民做比较研究，这样就能更清楚地看到温州人的特性；此外，暨南大学副校长纪宗安教授从繁荣人文社会科学的宏观眼光对研究中心呈现出多学科研究趋势予以肯定，认为这不仅适应海外移民群体的客观情况，也符合教育部繁荣人文社会科学计划所提倡的交叉学科研究的指导原则。

3. "温州人"研究的内容

自 1986 年著名社会学家费孝通先生写下名篇《温州行》以来，国内外对温州的研究可谓风起云涌。既有专著也有学术论文，既有文学报告也有社会经济蓝皮书。但有关温州华侨华人方面的学术性文章却显然与为数众多的海外温州人不相称。现有研究温州海外移民的成果也大多是宣传、介绍性文章，如温州华侨华人研究所编写的《温州华侨建温州》(2003.9)、《温州瞭望》刊载的《温州九章》(2003.10)等。而具有较强学术性的专著、论文，主要就是王春光的《巴黎的温州人》(江西人民出版社，2000)和《移民的行动抉择与网络依赖——对温州侨乡现象的社会学透视》(华侨华人历史研究，2002.3)，以及李明欢的《"相对失落"与"连锁效应"：关于当代温州地区出国移民潮的分析与思考》(社会学研究，1999.5)。针对这种研究状况，与会专家殷切期望温州的科研人员能以中心的成立为契机,全面统筹、精心设计,进行一些有深度的专题研究,以提升海外温州人研究的层次,并对此提出了许多建设性意见。

首要任务无疑是资料建设。由章志诚主编的《温州华侨史》(今日中国出版社,1999)和周南京主编的《华侨华人百科全书》中的一些章节,可以说是目前为止有关温州华侨华人的代表性资料。但这两部编著的出版已有十年左右,很多新鲜的材料、深度的资料都没有被编入。为此,需要建立一种机制,以便全面、及时、长期地收集编辑海外温州人的素材。中国社科院康荣平研究员就此主张,研究中心要确立发展成为研究温州人的文献中心的长远目标;李明欢教授更是倡导一种较为前沿的资料汇集法——口述史。她在对一批见证历史的老华侨纷纷离世的感触中极力主张抓紧时间挖掘、抢救现存的老一代华侨华人的口述资源;暨南大学张应龙教授也表示要进行有关数据库的建设,使海内外学者意识到世界温州人研究的真正中心就是在温州大学;廖小健则强调既要重视本土研究成果,也不可忽略海外的研究著作。周湘浙专门介绍了中心即将设立华人华侨(世界温州人)博物馆的构想。

其次是认真选题,有序地开展具体领域的专题研究。温州作为中国民营经济发展的特色区域,对它的研究自然离不开经济、社会、文化等方面,特别是"温州人"这一社会主体及其社会价值观、核心精神,以及海外温州人与温州经济发展的关系等都应是研究的题中之义。李明欢认为首要的是立足于温州侨乡层面的研究,要做好做透自己乡土特色的侨乡文化研究,然后再做全国各侨乡的比较研究。她还结合温州大学的华裔夏令营活动,建议要利用华文教育基地开展长期的新一代海外移民跟踪调查研究。同时,她也充分肯定了对海外商会、侨团进行研究的必要性。

三、关于温州人研究中心的运作机制

对世界温州人研究中心的成立及其下设研究所已经开展的研究工作，全体与会人员都给予了高度评价，认为"研究中心的架构是很好的"。纪宗安认为，温州大学成立世界温州人研究中心既是"华侨华人研究的一个好契机"，也是展示温州华侨华人研究的好渠道，有利于促进与兄弟机构的学术交流。当然，她也结合暨南大学创建华侨华人研究院的经验教训，向中心提出了具体的建议；张应龙则综合国内各种研究机构建设过程中的得失，中肯地提出了许多完善机构机制的意见；与会的其他专家也都积极为中心的未来规划出谋划策，并期待中心能成为国内外研究温州的一面旗帜。综合各专家的意见和建议，研究中心今后还要做以下工作：1. 力争设立基金，这既有利于中心的正常运转以推进"温州人"研究的深入开展，也为国内外热心家乡的温州人搭建了报效桑梓的良好平台。2. 创办一个定期和不定期的刊物，这一方面可与国内各高校及同行研究机构进行交流，形成联系网络，汇聚专家学者和研究成果；另一方面，可借此展示该中心及其研究所学人们的成果。3. 创建网站，这是研究中心和兄弟单位沟通的桥梁。4. 制定合理目标，量力而行，应当把中心目标与个人抱负结合起来，把学术目标与实际能力结合起来，打造出一股合力去实现五年或十年计划。要有举办"温州人"国际学术研讨会的打算。

在研讨会上，研究中心理事长、温州市委原副书记、温州大学党委原书记陈艾华向有关专家分别颁发了学术委员会委员、兼职研究员和特邀研究员聘书。会上还进行了《乐清华侨志》的发行仪式。

开展"世界温州人"研究
推进内外温州人互动
——第一届世界温州人研究国际学术研讨会综述

2010年4月8日—9日,由温州大学、世界温州人联谊总会联合主办,温州市世界温州人研究中心承办的第一届世界温州人研究国际学术研讨会在温州大学隆重召开。与温州大学合作开展海外移民研究的澳大利亚莫纳西大学所举办的第三届"普拉托的中国人"专题学术研讨会也同时举行。来自澳大利亚、意大利、日本等六个国家和地区,以及中国社会科学院、中国华侨华人历史研究所、香港大学、厦门大学、暨南大学等10多所国内高校和科研机构的60多位专家学者与会。开幕式由温州大学党委副书记、世界温州人研究中心主任周湘浙教授主持,温州市市长、意大利普拉托省议会议员等分别致辞,国务院侨办、中国侨联、浙江省侨办、省侨联以及温州市的有关领导出席开幕式。会议还受到《中国社会科学》《华侨华人历史研究》和《管理世界》等期刊以及人民网、中国新闻网等多家媒体的关注。

大会进行了六场主旨发言,分别由厦门大学李明欢教授、莫纳西大学 Graeme Johanson 博士和温州大学陈安金教授主持。其中温籍学者、中国社科院研究员王春光博士,佛罗伦萨大学教授 Gabi Dei Ottati 和温州大学商人商会研究所所长张一力教授从各自研究领域出发,分别做题为"华侨华人社团的'拟村落化'现象""普拉托工业分区及其中的中国(温州)移民企业家"和"海外温州人创业模式研究"等涉及海外移民问题的学术报告。

"普拉托的中国人"是 2007 年 7 月由温州大学与莫纳西大学签署合作备忘录，共同在意大利开展的研究项目。围绕该项目及其成果，两校已于 2007 年 11 月和 2008 年 10 月在意大利普拉托成功举办了两届专题学术研讨会。此次举行的第三届专题学术研讨会的主要目的是为了确定这个课题研究的下一步进程。在此研讨会上，有来自中国、澳大利亚、意大利和南非的九位学者分别就普拉托中国移民的社会生活、企业经济、信息通讯以及与侨居地政府的关系等问题作了报告，并进行了现场问答互动。

首届世界温州人研究国际学术会议不仅备受海内外温州人的热情关注，还得到众多中外研究者的支持。本次会议所收到的43 篇学术论文主要是围绕世界温州人研究回顾与展望、温州传统文化与世界温州人、温州移民与文化认同、教育与世界温州人发展、温州商人商会及温州人国际形象等议题而展开阐述。在分组讨论会上，提交论文的作者分"文化视野下的世界温州人研究""内外温州人互动与温州发展研究"和"国内外学术资源整合与世界温州人研究"等三个主题进行了自由研讨。就海外温州人研究而言，会议论文具有下述特点：该方面的文章数量最多，约占六成；学者以本土和温籍为主，年龄层集中在中青年阶段；研究内容涵盖温州海外移民历史、移民模式、移民文化、移民认同、移民创业、华侨社团、侨乡社会及其变迁、华侨留守儿童、华文教育、华文教师培训以及华裔青少年夏令营等诸多问题；研究涉及的学科既有传统的历史学、经济学，也出现了社会学、民俗学、心理学、教育学和文化学等新的研究视角，充分显示出多学科交叉研究在华侨华人课题上的切实需求和巨大潜力。

后　　记

　　"温州海外移民群体研究"是我2008年获得立项的浙江省哲学社会科学规划重点课题。当时考虑撰写一系列论著,形成"温州海外移民系列研究"成果,但限于精力和结题时限,在发表了十数篇论文后,只得先行出版《温州海外移民与侨乡慈善公益》以结题。然而,事实上,还有不少相关学术论文和应邀撰写的随笔短文没有辑录或发表。

　　与此同时,我于2017年开始调动工作,并最终服务在杭州的浙大城市学院。很多熟悉我研究方向的人因此认为,我离开了浙江华侨研究的重要场域——温州,那应该会自然减弱甚或不再研究温州。而且,我当前的岗位是在马克思主义学院,所以又有些学术圈朋友认为我今后不太适宜继续研究温州海外移民。其实不然。从宏观角度讲,人文社科领域的研究是可以实现交叉、融合的。何况温州的发展也是马克思主义中国化进程中,创建中国特色社会主义理论体系的有力实践。温州区域性的普遍价值和世界意义,正如习近平总书记所期许的,"希望温州总结经验,抓住机遇,发挥优势,加快走出去步伐,不但成为'本土的温州''全国的温州',更要发展成为'世界的温州'"。从研究视角讲,温州海外移民是中华民族的一份子,而"团结统一的中华民族是海内外中华儿女共同的根,博大精深的中华文化是海内外中华儿女共同的魂,实现中华民族伟大复兴是海内外中华儿女共同的梦",所以，温州海外移民依然是"中华民族共同体"研究、"中华民族凝聚力"研究的重要样本和实现中华民族伟大复兴的重要力量。

或许基于前述诸多缘由，我在这一时间节点集辑出版此书，以作《温州海外移民与侨乡慈善公益》的姊妹篇。

十余年间，与温州海外移民研究亦聚亦散、若即若离的情形，也许就是一种"离散与凝聚"的真实写照。

与上海三联书店杜鹃责编结识在 2011 年，如今已有整整十年，偶有问候、时有关注，得其襄助，现在上海三联书店再度出书。此乃情谊与缘分也！

图书在版编目(CIP)数据

离散与凝聚：温州海外移民群体研究/徐华炳著.—上海：
上海三联书店,2022.1
ISBN 978-7-5426-7656-6

Ⅰ.①离… Ⅱ.①徐… Ⅲ.①华人－移民－研究－温州
Ⅳ.①D634.3

中国版本图书馆 CIP 数据核字(2021)第 277744 号

离散与凝聚：温州海外移民群体研究

著　　者 / 徐华炳

责任编辑 / 杜　鹃
装帧设计 / 一本好书
监　　制 / 姚　军
责任校对 / 王凌霄

出版发行 / 上海三联书店
　　　　　(200030)中国上海市漕溪北路 331 号 A 座 6 楼
邮购电话 / 021-22895540
印　　刷 / 上海惠敦印务科技有限公司

版　　次 / 2022 年 1 月第 1 版
印　　次 / 2022 年 1 月第 1 次印刷
开　　本 / 890mm×1240mm　1/32
字　　数 / 260 千字
印　　张 / 9.375
书　　号 / ISBN 978-7-5426-7656-6/D·526
定　　价 / 68.00 元

敬启读者,如发现本书有印装质量问题,请与印刷厂联系 021-63779028